中華文化促進會主持編纂

國家“十一五”重點圖書出版規劃項目

中國社會科學院哲學社會科學創新工程學術出版資助項目

出品人 王石 段先念

今注本二十四史

南史

一五

傳〔一二〕

唐 李延壽 撰

趙凱 汪福寶 周群 主持校注

中國社会科学出版社

南史　卷六四

列傳第五十四

江子一　胡僧祐　徐文盛　陰子春 子鏗
杜崱 弟岸[1] 幼安 兄子龕　王琳　張彪

[1]弟：大德本、汲古閣本、南監本、北監本同，殿本作“兄”。按，杜岸乃杜崱之兄。

江子一字元亮，[1]濟陽考城人，[2]晋散騎常侍統之七世孫也。[3]父法成，奉朝請。[4]

[1]字元亮：《梁書》卷四三《江子一傳》作“字元貞”。

[2]濟陽：郡名。治濟陽縣，在今河南蘭考縣東北。　考城：縣名。治所在今河南民權縣東北。東晋時僑置濟陽考城於今江蘇鎮江、無錫二市間。按，考城江氏的原籍爲陳留圉縣（今河南杞縣），江氏究竟是南渡前已遷至考城，還是南渡後因土斷而改籍，學界尚有争議（参見丁福林《江淹事迹新證》，《揚州師院學報》1994 年第 3 期；周明洋《仕宦選擇與家族命運：以魏晋南北朝江氏家族爲例》，碩士學位論文，河南大學，2020 年）。

[3]散騎常侍：官名。漢獻帝建安二十五年（220）置。掌規

諫，侍從皇帝。西晋時員四人。三品。　統：即江統。字應元，陳留圉（今河南杞縣）人。《晋書》卷五六有傳。

［4］奉朝請：官名。意謂奉朝會請召。本指部分官員所享有的定期參加朝會的特權。梁時屬集書省，以安置閑散官員。梁二班。

子一少慷慨有大志。家貧，以孝聞，苦侍養多闕；因終身蔬食。仕梁起家爲王國侍郎、奉朝請。[1]上書言事，爲當軸所排，[2]乃拜表求入北爲刺客。[3]武帝異之。[4]又啓求觀書秘閣，[5]武帝許之，有敕直華林省。[6]其姑夫左衛將軍朱异權要當朝，[7]休下之日，[8]賓客輻凑。[9]异不爲物議所歸，[10]欲引子一爲助，子一未嘗造門，其高潔如此。爲遂昌、曲阿令，[11]皆著美績。後爲南津校尉。[12]

［1］王國侍郎：官名。王國屬官。梁時皇弟皇子國侍郎爲一班。

［2］當軸：當權者。

［3］拜表：上奏。

［4］武帝：南朝梁武帝蕭衍。武爲其謚號。本書卷六、卷七，《梁書》卷一至卷三有紀。　異：器重。

［5］秘閣：宫中藏書之處。由秘書省掌管。在臺城内城帝寢區西部。

［6］華林省："華林"即華林園，位於臺城内城後宫區以北，南朝諸帝常在此宴飲游樂、臨政聽訟、侍講經書。梁武帝時曾在華林園中總集釋典，並置學士，敕命編纂《華林遍略》。史載，何思澄、劉杳、顧協等人皆曾任華林學士。

［7］左衛將軍：官名。三國魏末分中衛將軍爲左、右衛將軍，爲禁衛軍重要統帥。有軍府，領營兵，負責殿内宿衛及皇帝出行時

的隨從保護。南朝梁時任左、右衛將軍者多兼散騎等内侍文職。十二班。左衛將軍，《梁書》卷四三《江子一傳》、《册府元龜》卷七八一作“右衛將軍”。按，據《梁書》卷三八《朱异傳》記載，朱异於梁武帝大同四年（538）任右衛將軍，太清元年（547）遷任左衛將軍。　朱异：字彦和，吴郡錢唐（今浙江杭州市）人。本書卷六二、《梁書》卷三八有傳。朱，大德本、南監本、北監本、殿本同，汲古閣本作“未”，當以“朱”爲是。

[8]休下：《資治通鑑》卷一五八《梁紀十四》武帝大同五年胡三省注云：“休沐之日，自省中出還私第爲休下。”即官員休假下值。

[9]輻湊：車輪的輻條集中於車轂，意謂從各處聚集。

[10]物議：衆人的議論。

[11]遂昌：縣名。治所在今浙江遂昌縣。　曲阿：縣名。治所在今江蘇丹陽市。

[12]南津校尉：官名。南朝時，姑孰别稱南州，爲江防要地。梁武帝普通七年（526）置南津校尉，負責管衛此處。

弟子四，歷尚書金部郎。[1]大同初，[2]還右丞。[3]兄弟性並剛烈。子四自右丞上封，[4]極言得失，[5]武帝甚善之，詔曰：“屋漏在上，知之在下，其令尚書詳擇，施於時政。”左户郎沈炯、少府丞顧璵嘗奏事不允，[6]帝厲色呵責之。子四乃趨前代炯等對，對甚激切。帝怒呼縛之，子四乃據地不受。[7]帝怒亦歇，[8]乃釋之，猶坐免職。[9]

[1]尚書金部郎：官名。尚書省金部曹長官。掌庫藏、金寶、貨物、權衡、度量等事。梁五班。

［2］大同：南朝梁武帝蕭衍年號（535—546）。

［3］右丞：官名。即尚書右丞。尚書省佐官。與尚書左丞共佐令、僕射總理省内衆事，並掌本省庫藏及廬舍、凡諸器用之物，督録遠道文書章表奏事。梁八班。

［4］封：北監本、殿本、《梁書》卷四三《江子一傳》“封”後有“事”，大德本、南監本、汲古閣本無。封事，即臣下所上的密封奏章，可以直達皇帝。

［5］極言：直言規諫。

［6］左户郎：《梁書·江子一傳》作“左民郎”，本書避唐太宗李世民諱改。官名。尚書省左民曹長官。掌户籍。梁五班。　沈炯：字禮明，吴興武康（今浙江德清縣）人。本書卷六九、《陳書》卷一九有傳。　少府丞：官名。爲少府卿佐官。梁時爲四班。　允：得當。

［7］據地：雙手按地。

［8］歇：《册府元龜》卷二一八、《梁書·江子一傳》一本作“殆”，《梁書·江子一傳》一本作“止”。

［9］坐：判罪。

及侯景攻陷歷陽，[1]自横江將度，[2]子一帥舟師千餘人於下流欲邀之，[3]其副董桃生走，子一乃退還南洲，[4]收餘衆步赴建鄴，[5]見於文德殿。[6]帝怒之，具以事對，且曰：“臣以身許國，常恐不得其死，[7]今日之事，何所復惜。不死闕前，[8]終死闕後耳。”及城被圍，開承明門出戰。[9]子一及弟尚書左丞子四、東宫直殿王師子五並力戰直前，[10]賊坐甲不起。[11]子一引矟橦之，[12]賊縱突騎，[13]衆並縮。[14]子一刺其騎，騎倒矟折，賊解其肩，時年六十二。弟曰：“與兄俱出，何面獨旋。”乃免胄赴敵，[15]子四矟洞胷死，子五傷脰，[16]還至塹一慟而絶。[17]賊義子一之勇，歸之，面如生。詔贈子一給事黄門侍郎，[18]子四中書侍郎，[19]子五散騎侍郎。[20]侯景平，元帝又追贈子一侍中，[21]謚義子；子四黄門侍郎，謚毅子；子五中書侍郎，謚烈子。

[1]侯景：字萬景，懷朔鎮（今内蒙古固陽縣）人。原爲東魏大將，後叛至梁，又在梁發動叛亂，史稱“侯景之亂”。本書卷八〇、《梁書》卷五六有傳。　歷陽：郡名。治歷陽縣，在今安徽和縣。按，據《梁書》卷三《武帝紀下》記載，梁武帝太清二年（548）十月丁未，歷陽太守莊鐵降於侯景。

[2]横江：津渡名。在今安徽和縣東南長江北岸，與采石（今安徽馬鞍山市雨山區采石街道江濱）隔江相對。《梁書·武帝紀下》記載，梁武帝太清二年十月己酉傍晚，“景自横江濟于采石”。采石是建康西邊門户，與横江間江面狹窄，爲江防重地。　度：渡。

[3]舟師：水軍。　邀：中途截擊。

[4]南洲：指南豫州治所姑孰，在今安徽當塗縣。

[5]建鄴：指建康，在今江蘇南京市，是南朝梁國都。“建鄴”是建康古稱。西晋滅吴後，先將吴都建業更名爲秣陵，又於武帝太康三年（282）將秣陵以秦淮河爲界分爲建鄴和秣陵。後爲避晋愍帝司馬鄴諱，改“建鄴”爲“建康”。

[6]文德殿：梁建康宫内朝宫殿。武帝在此召見大臣、宴集、講學、藏書。又曾置文德省，召高才碩學者在此編書。

[7]常恐不得其死：此句下《資治通鑑》卷一六一《梁紀十七》梁武帝太清二年作：“今所部皆棄臣去，臣以一夫安能擊賊！若賊遂能至此，臣誓當碎首以贖前罪，不死闕前，當死闕後。”

[8]闕：夾宫門而建的高臺，常作爲宫門的標志。

［9］承明門：即臺城北掖門，在臺城北墻的大通門與平昌門之間。係東晋桓玄主政時所開，門有三道，初名“廣莫門”，南朝宋文帝元嘉二十五年（448）改名“承明門”。案，江氏兄弟出城擊敵，《資治通鑑》繫於太清二年十一月乙亥。

［10］尚書左丞：前文云江子四爲尚書右丞，《梁書》卷四三《江子一傳》所載册謚詔書亦稱江子四爲“前尚書右丞”，疑“左”當作“右”。　東宫直殿王師：王師，大德本、南監本、北監本、汲古閣本、殿本作“主帥”。據《梁書·江子一傳》所載册謚詔書，當以“主帥”爲是。東宫直殿主帥，官名。掌東宫宿衛。　直前：徑直向前。

［11］坐甲不起：被甲而坐，不起身。《資治通鑑·梁紀十七》胡三省注云：“未測其情，故不動。”

［12］矟：騎士所持的長矛，爲當時騎戰中主要的刺殺兵器。　橦（chōng）：擊，刺。大德本、汲古閣本同，南監本、北監本、殿本作“撞”。

［13］突騎：用來衝殺擊刺敵軍的騎兵。早期騎兵多采用騎射戰術，西漢以來突騎逐漸在騎兵體系中占據重要地位。南北朝突騎一般“甲騎具裝”，不但騎士披挂鎧甲，馬身上也有護鎧，衝擊力很强。

［14］縮：退。

［15］免胄：脱下頭盔。

［16］脰：頸項。

［17］一慟：痛哭一場。

［18］給事黄門侍郎：官名。省稱“黄門侍郎”。門下省次官。與侍中俱掌門下衆事，侍從左右，顧問應對。有審署詔書和平省尚書奏事之權。梁時員四人，十班。

［19］中書侍郎：官名。中書省屬官，掌起草詔令。南朝時中書通事舍人漸奪其事權，中書侍郎職閑官清。梁時員四人，以一功高者主持中書省事務。九班。

[20]散騎侍郎：官名。漢獻帝建安二十五年（220）置。梁時屬集書省，員四人，位在員外散騎常侍下、通直散騎侍郎上。梁八班。

[21]元帝：南朝梁元帝蕭繹。元爲其謚號。本書卷八、《梁書》卷五有紀。　侍中：官名。門下省長官。掌侍從左右，應對顧問，審署並下達詔令，平省尚書奏事。梁時員四人，十二班。

子一續《黄圖》及班固“九品”，[1]并辭賦文章數十篇，行於世。

[1]《黄圖》：即《三輔黄圖》。又名《西京黄圖》。成書於漢魏之間。記載秦都咸陽和漢都長安的布局、設施。初本爲一卷，今本擴爲六卷，出於唐人之手。　班固：字孟堅，扶風安陵（今陝西咸陽市東北）人。《漢書》的主要撰寫者。《後漢書》卷四〇上有傳。　九品：《漢書》中的《古今人表》將漢代之前的人物分爲九品，即上上聖人、上中仁人、上下智人、中上、中中、中下、下上、下中、下下愚人。

胡僧祐字願果，南陽冠軍人也。[1]少勇決，有武幹。仕魏位銀青光禄大夫。[2]以大通三年避爾朱氏之難歸梁。[3]頻上封事，武帝器之，拜文德主師，[4]歸使戍項城。[5]魏剋項城，因入北。中大通元年，[6]陳慶之送魏北海王元顥入洛陽，[7]僧祐又歸梁，徐南天水、天門二郡太守，[8]有善政。性好讀書，愛緝綴，[9]然文辭鄙野，多被嘲謔，而自謂實工，矜伐彌甚。[10]

[1]南陽：郡名。治宛縣，在今河南南陽市。　冠軍：縣名。

治所在今河南鄧州市西北。

[2]銀青光禄大夫：官名。即光禄大夫，假銀章青綬，故稱。位在金紫光禄大夫之下。北魏孝文帝太和十七年（493）定爲從二品中，二十三年改爲三品。

[3]大通：南朝梁武帝蕭衍年號（527—529）。　三年：《梁書》卷四六《胡僧祐傳》作“二年”。　爾朱氏：即以爾朱榮爲首的爾朱家族。爾朱榮，字天寶，北秀容（今山西朔州市）人，契胡族。北魏孝明帝武泰元年（528）四月，他借爲孝明帝舉哀爲名，發兵入洛陽，擁立孝莊帝，殺胡太后、元釗，並於河陰誘殺北魏宗親、大臣二千餘人，史稱“河陰之變”。爾朱榮壟斷北魏朝政，後被孝莊帝所殺。《魏書》卷七四、《北史》卷四八有傳。

[4]文德主師：師，大德本、南監本、北監本、汲古閣本、殿本作“帥”，當以“帥”爲是。文德主帥，官名。掌文德殿宿衛。

[5]歸：《梁書·胡僧祐傳》無此字。　項城：縣名。治所在今河南沈丘縣。

[6]中大通：南朝梁武帝蕭衍年號（529—534）。

[7]陳慶之：字子雲，義興國山（今江蘇宜興市）人。本書卷六一、《梁書》卷三二有傳。　北海王元顥：字子明。其父是北魏獻文帝之子拓跋詳。襲父爵爲北海王。梁武帝大通二年四月歸降蕭梁。大通二年十月至中大通元年六月，梁武帝趁北魏内亂，以元顥爲魏王，派陳慶之率軍北伐中原，一度攻入北魏國都洛陽。終爲爾朱榮所敗，在臨潁（今河南臨潁縣）被殺。《魏書》卷二一上、《北史》卷一九有附傳。北海，郡名。治平壽城，在今山東濰坊市西南。　洛陽：北魏國都，在今河南洛陽市東北。按，梁武帝中大通元年五月，梁軍攻入洛陽，北魏孝莊帝出逃。僅月餘便遭爾朱榮圍攻，幾乎全軍覆没。

[8]徐：《梁書·胡僧祐傳》作“除”，當以“除”爲是。　南天水：郡名。僑寄於巖州，在今湖北宜城市東。　天門：郡名。治澧陽縣，在今湖南石門縣。

[9]愛緝綴：《梁書·胡僧祐傳》云其“不解緝綴，然每在公宴，必强賦詩”。

[10]矜伐：誇耀。

晚事梁元帝。侯景之亂，西沮蠻反，[1]元帝令僧祐討之，使盡誅其渠帥。[2]僧祐諫，忤旨下獄。

[1]西沮蠻：荆州南郡境内的少數民族，分布於沮水流域。

[2]渠帥：魁首，此處指部族首領。渠，大。

大寶二年，[1]景圍王僧辯於巴陵，[2]元帝乃引僧祐於獄，[3]拜爲假節、武猛將軍，[4]封新市縣侯，[5]令援僧辯。將發泣下，謂其子玘曰："汝可開朱、白二門，吾不捷則死。吉則由朱，凶則由白也。"[6]元帝聞而壯之。前至赤沙亭，[7]會陸法和至，[8]乃與并軍，大敗景將任約軍，[9]禽約送江陵。[10]侯景聞之遂遁。後拜領軍將軍，[11]厚自封植。[12]以所加鼓吹恒置齋中，[13]對之自娱。人曰："此是羽儀，公名望隆重，不宜若此。"[14]答曰："我性愛之，恒須見耳。"或出游亦以自随，人士笑之。

[1]大寶：南朝梁簡文帝蕭綱年號（550—551）。

[2]王僧辯：字君才，太原祁（今山西祁縣）人。時被蕭繹任爲大都督，率軍東下迎戰侯景。本書卷六三有附傳，《梁書》卷四五有傳。　巴陵：縣名。治所在今湖南岳陽市。其地有巴丘山，孫吴時在山上建邸閣城以爲軍儲之所，西晋武帝太康元年（280）以此爲基礎置巴陵縣。按，梁簡文帝大寶二年四月侯景攻陷江夏後，王僧辯聽聞消息，屯軍巴陵。侯景遂親自率軍進攻巴陵。

［3］引：徵召，辟官。

［4］假節：古代大臣奉皇帝之命出行，持符節以爲憑證並示威重。南北朝軍事長官的職權分爲使持節、持節、假節三等。使持節可誅殺二千石以下官員。持節可殺無官位之人，在軍事中可誅殺二千石以下官員。假節唯軍事中得殺犯軍令者。　武猛將軍：官名。梁武帝天監七年（508）定爲武職二十四班中的十二班，大通三年（529）定爲武職三十四班中的二十一班。按，胡僧祐此時所帶軍號，《梁書》卷四《簡文帝紀》、卷五《元帝紀》作“游擊將軍”，《梁書》卷四五《王僧辯傳》、卷五六《侯景傳》作“平北將軍”。

［5］新市縣侯：封爵名。梁爵制，分王、五等爵、列侯共三等十三級。縣侯屬五等爵，在縣公下、縣伯上。位視孤卿、重號將軍、光禄大夫，班次之。屬官置相、典祠、典書令、典衛長一人。新市，縣名。治所在今湖北京山市東北。

［6］凶則由白：六朝時喪家有塗白門之風習（參見周一良《魏晋南北朝史札記》，中華書局 1985 年版，第 132—133 頁）。

［7］赤沙亭：其地有赤沙湖，在今湖南華容縣境内。

［8］陸法和：巴陵之戰時向蕭繹請命赴援，與胡僧祐在赤沙亭之戰中大破任約。《北史》卷八九有傳。《梁書·元帝紀》記其當時所帶官銜爲信州刺史。

［9］任約：侯景部將。梁簡文帝大寶二年正月被侯景任爲司空。攻克江夏後，侯景乘勝西上，命任約率軍直指江陵。後任約與荆州方向的援軍交戰，在赤沙亭之戰中被胡僧祐、陸法和生擒。

［10］江陵：縣名。治所在今湖北荆州市荆州區。時爲荆州治所。

［11］領軍將軍：官名。禁衛軍最高統帥，資輕者爲中領軍，資重者爲領軍將軍。不單獨領營兵。梁代領軍將軍“管天下兵要”，不僅負責宫城禁衛，亦統領制局監行使器仗、兵役徵發等職責。梁十五班。

［12］封植：聚斂財物。大德本、南監本、汲古閣本同，北監

本、殿本作“封殖”。

［13］鼓吹：帝王出行的儀仗。南朝時亦常賜予皇親國戚或有功大臣，以示尊崇。高級儀仗分爲前部鼓吹、後部鼓吹，前部鼓吹在前開道，以鉦、鼓等大型樂器爲主，樂工步行演奏；後部鼓吹殿後，以簫、笳、鼙等小型樂器爲主，樂工或步行，或在馬上演奏。

［14］“此是羽儀”至“不宜若此”：《太平御覽》卷二七六引《三國典略》作：“公名望隆重，朝野具瞻，此是羽儀，可自居外。”按，此事又見《太平御覽》卷五六七引《梁書》，然不見於今本《梁書》。

承聖二年，［1］爲車騎將軍、開府儀同三司。［2］及魏軍至，［3］以僧祐爲都城東諸軍事。［4］俄中流矢卒，［5］城遂潰。

［1］承聖：南朝梁元帝蕭繹年號（552—555）。

［2］車騎將軍：官名。僅次於鎮衛將軍、驃騎將軍。爲内外通用之重號將軍。梁武帝天監七年（508）定爲武職二十四班中的二十四班，大通三年（529）定爲武職三十四班中的三十四班。　開府儀同三司：官名。大臣加號，意謂與三司（太尉、司徒、司空）禮制、待遇相同，許開設府署，自辟僚屬。位次三公。梁諸將軍開府儀同三司爲十七班。按，《梁書》卷五《元帝紀》記載，胡僧祐爲開府儀同三司在梁元帝承聖三年十一月西魏進攻江陵時。

［3］魏軍至：梁元帝承聖三年，西魏遣于謹、宇文護、楊忠將兵五萬自長安攻伐江陵。

［4］都城東諸軍事：都，大德本、汲古閣本、南監本、北監本、殿本、《梁書》卷四六《胡僧祐傳》作“都督”，當以“都督”爲是。《梁書·元帝紀》云胡僧祐爲“都督城東城北諸軍事”。

［5］俄中流矢卒：《梁書·元帝紀》記胡僧祐戰死於承聖三年十一月辛亥，《梁書·胡僧祐傳》云其時年六十三。

徐文盛字道茂，彭城人也。[1]家本魏將。父慶之，梁天監初自北歸南，[2]未至道卒。文盛仍統其衆，[3]稍立功績。[4]大同末，爲寧州刺史。[5]州在僻遠，群蠻劫竊相尋，[6]前後刺史莫能制。文盛推心撫慰，夷人感之，風俗遂改。

[1]彭城：郡名。治彭城縣，在今江蘇徐州市。

[2]天監：南朝梁武帝蕭衍年號（502—519）。

[3]仍：乃。

[4]稍：漸。

[5]寧州：州名。治味縣，在今雲南曲靖市。其地是西南少數民族的聚居地，爨氏大姓在此勢力深厚。

[6]劫竊：《梁書》卷四六《徐文盛傳》作“劫篡”。　相尋：相繼，接連不斷。

太清二年，[1]聞國難，[2]乃召募得數萬人來赴，元帝以爲秦州刺史，[3]加都督，授以東討之略。東下至武昌，[4]遇侯景將任約，遂與相持。元帝又命護軍將軍尹悦、平東將軍杜幼安、巴州刺史王珣等會之，[5]並受文盛節度。[6]大敗約於貝磯。[7]約退保西陽，[8]文盛進據蘆洲，[9]又與相持。景聞之，率大衆西上援約，至西陽。諸將咸曰：“景水軍輕進，又甚飢疲，擊之必大捷。”文盛不許。文盛妻石氏先在建鄴，至是，景載以還之。文盛深德景，遂密通信使，[10]都無戰心，[11]衆咸憤怨。杜幼安、宋簉等乃率所領獨進，[12]大破景，獲其舟艦以歸。會景密遣騎間道襲陷郢州，[13]軍中懼，遂大潰，文盛奔還荆州。[14]元帝仍以爲城北面大都督，[15]又聚斂贓汙甚多，[16]元帝大怒，下令數其十罪，[17]除其官爵。文盛私懷怨望，帝聞之，乃以下獄。時任約被禽，與文盛同禁。文盛謂約曰："何不早降，令我至此。"約曰："門外不見卿馬迹，使我何處得降。"[18]文盛無以答，遂死獄中。

[1]太清：南朝梁武帝蕭衍年號（547—549）。

[2]國難：指侯景之亂。侯景於梁武帝太清二年八月率軍發動叛亂，十月辛亥攻至臺城闕下，於三年三月丁卯攻破臺城。

[3]秦州：州名。即雙頭州梁、秦二州。梁州爲實土州，秦州爲僑州，治南鄭縣，在今陝西漢中市東。《梁書》卷四六《徐文盛傳》云，蕭繹以徐文盛爲督梁、南秦、沙、東益、巴、北巴六州諸軍事。南秦州即秦州，"所以稱南秦者，以別於仇池氐之北秦州；南秦者，史家之追稱耳"（參見胡阿祥《東晋南朝僑州郡縣與僑流人口研究》，江蘇教育出版社 2008 年版，第 223 頁）。

[4]武昌：郡名。治武昌縣，在今湖北鄂州市。按，蕭繹遣徐文盛東下武昌的時間，《梁書》卷四《簡文帝紀》繫於梁簡文帝大寶元年（550）十一月，《梁書》卷五《元帝紀》繫於大寶元年九月。本書卷五三《蕭綸傳》記載，王僧辯進逼郢州，迫使蕭綸出逃，蕭繹復遣徐文盛追攻之。故徐文盛率軍東下，雖以迎戰任約爲名，初或亦爲追擊蕭綸。大寶元年七月，任約攻陷江州後，又西上進攻郢州，攻下西陽、武昌，遂與徐文盛軍相遇。徐文盛當時官職，《梁書·元帝紀》及《梁書》卷四六《杜幼安傳》、《陰子春傳》作"左衛將軍"，《資治通鑑》卷一六三《梁紀十九》梁簡文帝大寶元年作"江州長史，行府州事"。

[5]護軍將軍：官名。是僅次於領軍將軍（中領軍）的禁衛軍長官。資輕者爲中護軍。領營兵，設軍府置僚佐。梁十五班。　尹

悦：徐文盛戰敗後，與杜幼安、王珣並降於侯景。　平東將軍：官名。與平西、平北、平南將軍合爲四平將軍。爲重號將軍，是外官專用之軍號。梁武帝天監七年（508）定爲武職二十四班中的二十班，大通三年（529）改爲武職三十四班中的三十班。　巴州：州名。治巴陵縣，在今湖南岳陽市。　王徇：《梁書》之《徐文盛傳》《元帝紀》、《資治通鑑》卷一六四《梁紀二十》梁簡文帝大寶二年、《册府元龜》卷二〇〇作"王珣"，《册府元龜》卷一八五作"王恂"。按，《資治通鑑·梁紀二十》記載，"湘東王繹遣護軍將軍尹悦、安東將軍杜幼安、巴州刺史王珣將兵二萬自江夏趣武昌，受徐文盛節度"。然其具體時間，諸史記載不一。《資治通鑑》從《太清紀》繫於梁簡文帝大寶二年正月庚戌，《梁書》卷五六《侯景傳》亦繫於大寶二年正月，而《梁書·元帝紀》繫於大寶元年十二月壬辰，《資治通鑑考異》云《三國典略》繫於大寶元年十一月。

[6]節度：節制調度。

[7]貝磯：在今湖北鄂州市華容區白滸鎮村。按，徐文盛破任約於貝磯，《資治通鑑》繫於梁簡文帝大寶二年九月丁卯。

[8]西陽：郡名。治西陽縣，在今湖北黄岡市黄州區禹王城附近。

[9]蘆洲：在今湖北黄岡市黄州區西南長江中。按，《資治通鑑·梁紀二十》記載，梁簡文帝大寶二年三月乙卯，"徐文盛等克武昌，進軍蘆洲"。

[10]密：大德本、南監本、汲古閣本、《梁書·徐文盛傳》同，北監本、殿本作"私"。

[11]都：加强否定語氣。根本，一點兒也。

[12]宋簉：後曾任萬州刺史。

[13]間道：隱蔽的小道。　郢州：州名。治夏口城，在今湖北武漢市武昌區。按，梁簡文帝大寶二年四月初，侯景在與徐文盛交戰節節敗退的情況下，派宋子仙、任約越過武昌突襲郢城，生擒郢

州刺史蕭方諸與長史鮑泉。

［14］荆州：州名。治江陵縣，在今湖北荆州市荆州區。

［15］城北面大都督：《梁書·徐文盛傳》無“大”字。

［16］贓汙：貪贓納賄。

［17］數（shǔ）：一一列舉罪過，加以責備。

［18］何處：怎麽。《梁書·徐文盛傳》作“何遽”。

陰子春字幼文，武威姑臧人也。[1]晋義熙末，[2]曾祖襲隨宋武帝南遷，[3]至南平，[4]因家焉。父智伯與梁武帝鄰居，[5]少相善，嘗入帝卧内，見有異光成五色，因握帝手曰："公後必大貴，非人臣也。天下方亂，[6]安蒼生者其在君乎。" 帝曰："幸勿多言。"[7]於是情好轉密，[8]帝每有求，如外府焉。[9]及帝踐祚，[10]官至梁、秦二州刺史。[11]

［1］武威：郡名。治姑臧縣，在今甘肅武威市。 姑臧：縣名。治所在今甘肅武威市。

［2］義熙：東晋安帝司馬德宗年號（405—418）。

［3］宋武帝：劉裕。武爲其謚號。本書卷一、《宋書》卷一至卷三有紀。按，東晋安帝義熙十二年，劉裕出兵北伐，於次年八月攻入長安，滅亡後秦。十二月因劉穆之病故，劉裕匆忙回師南返。陰襲或即此時由河西隨晋軍南遷。

［4］南平：郡名。治江安縣，在今湖北公安縣西北。按，《元和姓纂》卷五記載，陰襲遷至南平郡下的作唐縣。

［5］智伯：即陰智伯，南齊時曾任梁州刺史。 梁武帝：蕭衍。武爲其謚號。本書卷六、卷七，《梁書》卷一至卷三有紀。按，不知陰智伯在何處與蕭衍鄰居。曹道衡、沈玉成《中古文學史料叢

考》云："智伯與梁武爲鄰居，究在何地，實難確考。甘肅人民出版社本《甘肅古代作家》第六十六頁謂在江蘇，引梁武帝是南蘭陵人爲證。然梁武帝生地實在秣陵。《梁書·武帝紀》：'以宋孝武大明八年甲辰歲生於秣陵縣同夏里三橋宅。'又《后妃傳》載梁武帝母張氏'宋泰始七年殂於秣陵縣同夏里舍'。據此則梁武帝八歲前當居秣陵（今南京市境）。張氏死後，梁武帝是否在建康，頗難考知。蓋其父蕭順之當時常游宦於外，是否攜之赴任，抑由家人撫養，留居秣陵，史無明文。《宋書·順帝紀》：升明三年，以蕭順之爲郢州刺史。郢州治夏口，即今漢口市。則梁武早年或在秣陵，或在夏口，要之不在南蘭陵。又《梁書·陰子春傳》載智伯語，恐是宋末事。考齊高帝建元元年，梁武年十六歲。智伯預言其爲帝，當出附會。然南齊高、武二帝時尚稱太平，斷無預言'天下方亂'之可能，智伯此言當在建元之前。陰氏與梁武爲鄰，當是居秣陵或夏口時也。"（中華書局2003年版，第647—648頁）

［6］方：將。

［7］幸：希望。

［8］情好：交情。

［9］外府：官名。《周禮》中有外府，掌財貨出納。

［10］踐祚：登基。大德本、南監本、北監本、汲古閣本同，殿本作"踐阼"。

［11］梁、秦二州：州名。此爲雙頭州。梁州爲實土州，秦州爲僑州，治南鄭縣，在今陝西漢中市東。梁武帝天監三年（504），梁漢中太守夏侯道遷降魏，引北魏攻占漢中地區，直到武帝大同元年（535），梁纔重新奪回漢中。在此三十餘年間，梁之梁州移鎮魏興郡，治西城，在今陝西安康市西北雙江北岸。梁奪回漢中後，以治南鄭之梁州爲北梁州，以治西城之梁州爲南梁州、東梁州。

子春仕歷位朐山戍主、東莞太守。[1]時青州石鹿山臨海，[2]先有神廟，刺史王神念以百姓祈禱糜費，[3]毀神影，[4]壞屋舍。當坐棟上有一大蛇長丈餘，役夫打撲不禽，得入海水。爾夜，[5]子春夢見人通名詣子春云："有人見苦，[6]破壞宅舍。既無所託，欽君厚德，欲憩此境。"子春心密記之。經二日而知之，甚驚，以爲前所夢神。因辦牲醑請召，[7]安置一處。[8]數日，復夢一朱衣人相聞，[9]辭謝云：[10]"得君厚惠，當以一州相報。"子春心喜，供事彌勤。經月餘，魏欲襲朐山，間諜前知，子春設伏摧破之，詔授南青州刺史，[11]鎮朐山。又遷都督、梁秦二州刺史。[12]

[1]朐山：戍名。在今江蘇連雲港市錦屏山一帶。　戍主：戍城的長官，既掌軍事，也掌民政。南朝戍主爲職事官，無官品。邊境的戍主常同時任郡太守，後者往往衹是名號。按，《梁書》卷四六《陰子春傳》云陰子春起家宣惠將軍、西陽太守。　東莞：郡名。即雙頭郡東莞、琅邪二郡。二郡皆爲僑郡，僑寄朐山，在今江蘇連雲港市錦屏山一帶。

[2]青州：州名。即雙頭州青、冀二州，此處係雙頭單稱。青、冀皆爲僑州，僑寄鬱洲，在今江蘇連雲港市東雲臺山一帶。當時爲島嶼，與朐山隔海相望。　石鹿山：或即《隋書·地理志下》東海郡東海縣小注中所説的謝禄山。據《太平寰宇記》卷二二《河南道二十二·東海縣》記載，謝禄山南嶺有謝禄廟，原名海祠，後爲紀念王莽時在此聚衆起事的謝禄而改名。則石鹿山神廟所供奉的也許是東海之神。亦有學者指出，東晉、南朝時，鬱洲地區盛行天師道，石鹿山神廟有可能是其活動據點，其信衆主要是當地土著人群（參見魯西奇《漢唐時期濱海地域的社會與文化》，《歷史研究》2019年第3期）。

［3］王神念：太原祁（今山西祁縣）人。本書卷六三、《梁書》卷三九有傳。按，有學者指出，王神念與陰子春之所以對石鹿山神廟所奉神明采取相反的態度，除了王神念的儒家文化立場外，也可能與二人所依靠的人群有關：鬱洲島上多青徐僑流，土著人群勢力較弱，故王神念毁其神廟，壓制其信仰；朐山一帶則是土著人群占優勢，故陰子春奉迎其神明，對他們安撫、利用（參見魯西奇《漢唐時期濱海地域的社會與文化》，《歷史研究》2019年第3期）。

［4］神影：神像。

［5］爾夜：是夜，當夜。

［6］見苦：厭惡我。見，此處作第一人稱代詞賓語。

［7］牲醑（xǔ）：牲畜和美酒。

［8］安置一處：《册府元龜》卷八九三、《太平御覽》卷三九九引《三國典略》作"立宇祠之"，《太平御覽》卷八八二引《梁書》作"安致一處"。

［9］相聞：交談，拜訪。

［10］辭謝：道謝。

［11］南青州：州名。或是朝廷爲嘉獎陰子春而臨時設置，以抬高其名位。

［12］都督：《梁書·陰子春傳》云陰子春遷都督梁秦華三州諸軍事。按，《魏書》卷一〇一《獠傳》云"時蕭衍南梁州刺史陰子春扇惑邊陲"，則陰子春所任梁州，乃治於西城之南梁州。

子春雖無佗才行，臨人以廉潔稱。[1]閨門混雜，[2]而身服垢汙，脚數年一洗，言每洗則失財敗事，云在梁州，以洗足致梁州敗。[3]

［1］臨人：治民。

［2］閨門：内室，引申指家室、家庭。

[3]梁州敗：《魏書》卷一〇一《獠傳》記載，陰子春爲南梁州刺史時曾扇動北魏巴州刺史、獠人首領嚴始欣南叛，南朝梁方面派出蕭玩等率軍接應。孝莊帝永安三年（530）正月，北魏方面派長孫壽、元儁、元景夏等合兵討滅嚴始欣，蕭玩兵敗身死，梁軍被俘萬餘人。不知此事是否即陰子春所説梁州之敗。

太清二年，徵爲左衛將軍，遷侍中。屬侯景亂，元帝令子春隨王僧辯攻平邵陵王。[1]又與左衛將軍徐文盛東討景，[2]至貝磯與景遇，子春力戰，恒冠諸軍。會郢州陷没，軍遂退，卒於江陵。子鏗。

[1]邵陵王：即蕭綸，字世調。梁武帝第六子，丁充華所生。武帝天監十三年（514）封邵陵郡王，邑二千户。簡文帝大寶元年（550）八月，蕭繹遣王僧辯、鮑泉等率舟師一萬，以討伐任約爲名進逼蕭綸所駐的郢州，蕭綸出逃，於次年二月在汝南被西魏楊忠率軍擒殺。本書卷五三、《梁書》卷二九有傳。邵陵，郡名。治邵陵縣，在今湖南邵陽市。

[2]又與左衛將軍徐文盛東討景：《梁書》卷五《元帝紀》記陰子春隨徐文盛東下時官銜爲右衛將軍。

鏗字子堅，博涉史傳，尤善五言詩，被當時所重。爲梁湘東王法曹行參軍。[1]初鏗嘗與賓友宴飲，見行觴者，[2]因回酒炙以授之，[3]衆坐皆笑。鏗曰："吾儕終日酣酒，而執爵者不知其味，非人情也。"及侯景之亂，鏗嘗爲賊禽，[4]或救之獲免。鏗問之，乃前所行觴者。

[1]湘東王：即梁元帝蕭繹。梁武帝第七子。阮脩容所生。天

監十三年（514）七月，封湘東郡王，邑二千户。本書卷八、《梁書》卷五有紀。湘東，郡名。治臨烝縣，在今湖南衡陽市。　法曹行參軍：官名。軍府法曹長官。多由府主自行板授，是無俸禄的散官，士人常以此作爲進身之階。梁皇弟、皇子府法曹行參軍，三班。按，《陳書》卷三四《陰鏗傳》云，陰鏗“釋褐梁湘東王法曹參軍”。法曹參軍即法曹行參軍。

[2]行觴者：酒桌上專門負責斟酒的人。

[3]酒炙：酒肉菜肴。

[4]當：《陳書·陰鏗傳》、《册府元龜》卷八六五、《太平御覽》卷二五九引《三國典略》、《太平御覽》卷八四四引《梁書》、《通志》卷一四五作“嘗”。

陳天嘉中，[1]爲始興王中録事參軍。[2]文帝嘗宴群臣賦詩，徐陵言之，[3]帝即日召鏗預宴，使賦《新成安樂宫》。[4]鏗援筆便就，帝甚歎賞之。累遷晋陵太守，[5]員外散騎常侍，[6]頃之卒。有集三卷行於世。[7]

[1]天嘉：南朝陳文帝陳蒨年號（560—566）。

[2]始興王：即陳文帝第二子陳伯茂，字鬱之。陳武帝永定三年（559）十月（一作“八月”）被封爲始興郡王，奉始興昭烈王陳道談祀。本書卷六五、《陳書》卷二八有傳。始興，郡名。治曲江縣，在今廣東韶關市南武水西岸。　中録事參軍：官名。軍府僚佐。掌總録諸曹文案，兼事舉善彈非。位在録事參軍之上。陳皇弟皇子府中録事參軍六品。

[3]徐陵：字孝穆，東海郯（今山東郯城縣）人。本書卷六二、《陳書》卷二六有傳。

[4]《新成安樂宫》：相和歌瑟調曲題。又作《新城安樂宫》。陰鏗此詩見諸《藝文類聚》卷六二、《初學記》卷二四（題作《新

成長安宮詩》），詩曰："新宫實壯哉，雲裹望樓臺。迢遞翔鵾仰，連翩賀雀來。重欄寒霧宿，丹井夏蓮開。砌石披新錦，梁花畫早梅。欲知安樂盛。歌管雜塵埃。"單從聲律來説，此詩嚴合粘對規律，堪稱五律先聲。

[5]晋陵：郡名。治晋陵縣，在今江蘇常州市。

[6]員外散騎常侍：官名。三國魏末置。本是正員之外的散騎常侍，無員額。東晋、南朝逐漸成爲獨立官職。梁時屬集書省，位在通直散騎常侍之下。梁武帝天監六年（507）革選，以其爲定員官，視黄門郎。十班。陳四品，秩二千石。

[7]集：《陳書》卷三四《陰鏗傳》同，大德本、南監本、北監本、汲古閣本、殿本作"文集"。《隋書·經籍志四》集部别集類著録陳鎮南府司馬《陰鏗集》一卷。

杜崱，京兆杜陵人也。[1]其先自北歸南，居於雍州之襄陽，[2]子孫因家焉，父懷瑶少有志節，[3]梁天監中累有軍功，後又立功南鄭，[4]位梁、秦二州刺史。大同初，魏軍復圍南鄭，[5]懷瑶命第三子嶷帥二百人與魏前鋒戰於光道寺，[6]溪矢中其目，[7]失馬，敵人交矟將至，嶷斬其一騎而上，馳以歸。嶷旅力絶人，[8]便馬善射，[9]一日中戰七八合。[10]所佩霜明朱弓四石餘力，[11]斑絲纏矟長二丈五，[12]同心敢死士百七十人。每出殺傷數百人，敵人憚之，號爲杜彪。懷瑶卒於州，[13]謚曰桓侯。[14]

[1]京兆：郡名。治長安縣，在今陝西西安市西北。　杜陵：縣名。治所在今陝西西安市東南。

[2]雍州：州名。治襄陽縣，在今湖北襄陽市。　襄陽：縣名。治所在今湖北襄陽市。

［3］懷珤：《梁書》卷四六《杜崱傳》作“懷寶”。“珤”同“寶”。《文館詞林》卷六九九載蕭綱《監護杜嵩喪教》作“杜懷瑶”。

［4］南鄭：縣名。治所在今陝西漢中市東。

［5］魏軍復圍南鄭：梁武帝天監四年（505），北魏奪取梁漢中地區，此後歷經反復争奪，直至大同元年（535）十一月，梁梁州刺史蘭欽進攻南鄭，西魏梁州刺史元羅投降，漢中地區纔重新回到梁手中。事後，蘭欽改授衡州刺史，杜懷珤接任梁州刺史。然西魏旋即派出董紹率軍反攻南鄭，遭梁軍激烈抵抗，加之蘭欽赴援，西魏最終慘敗請和。

［6］於：大德本、南監本、北監本、殿本同，汲古閣本作“子”。按，“子”當爲“于”之訛。

［7］溪矢：《通志》卷一四二作“流矢”，當以“流矢”爲是。

［8］旅力：力量，力氣。旅，通“膂”。

［9］便馬：擅長騎馬。

［10］七八合：南北朝時騎兵交戰，往往要連續多次衝擊敵陣，每衝擊一輪稱作“一合”。

［11］四石餘力：石，本爲重量單位，三十斤爲鈞，四鈞爲石，引申爲力度單位，用以計量拉開弓所需的力度。南朝宋蒯恩曾説：“大丈夫彎弓三石，奈何充馬士！”知當時能挽三石弓便屬健者。一般來説，騎弓的弓力小於步弓。

［12］斑絲纏矟：以絲纏於矟身既是爲了裝飾，也有實戰意義，可以提高矟杆表面的摩擦係數，防止刺殺時打滑，幫助騎士刺殺後順利拔矟（參見常彧《矟之成藝——魏晋南北朝的騎矟戰鬬及軍事文化的形成》，《中華文史論叢》2014 年第 4 期）。　二丈五：騎戰中所用之矟需超過人身長的兩倍，否則矛體前段超出馬首的部分太短，無法有效擊刺敵人。然亦不能太長，否則不便於握持。《釋名》言：“矛長丈八尺曰矟”，一丈八尺是時人心目中矟的標準長度，但當時也確有超出此長度的長矟。如本書卷六三《羊侃傳》記載，梁

少府造兩刃矟，長二丈四尺，梁武帝令羊侃試之，引發衆人圍觀。再如《太平御覽》卷三五四引《三國典略》記載，高歡曾得長二丈的脛骨，以爲矟，諸將莫能用，唯彭樂舉之。可知，使用此類長矟需要頗高的刺殺技藝。（參見常彧《矟之成藝——魏晋南北朝的騎矟戰鬪及軍事文化的形成》，《中華文史論叢》2014 年第 4 期）

[13]懷瑤卒於州：《梁書》卷四六《杜崱傳》云其卒於梁武帝大同五年。

[14]桓侯：南朝時，生前無爵者可根據最終獲贈的官位，謚爲某公、某子，但一般不會謚爲某侯。不知杜懷瑤生前是否封侯，抑或本書記載有誤。

嶷位西荆州刺史，[1]時讖言“獨梁之下有瞎天子”，元帝以嶷其人也。會嶷改葬父祖，帝敕圖墓者惡爲之，[2]逾年而嶷卒。

[1]西荆州：馬宗霍《南史校證》云：“按《隋書·地理志》未見西荆州之名，疑失載。”（湖南教育出版社 2008 年版，第 999 頁）

[2]圖墓者：負責相地挑選墓址的人。

崱，嶷弟也。[1]幼有志氣，居鄉里以膽勇稱，後爲新興太守。[2]太清三年，[3]隨岳陽王來襲荆州，[4]元帝與崱兄岸舊，[5]密書邀之。崱乃與岸、弟幼安、兄子龕等夜歸元帝，[6]以爲武州刺史，[7]封枝江縣侯，[8]令隨領軍王僧辯東討侯景。至巴陵，景遁。[9]加侍中，進爵爲公，[10]仍隨僧辯追景至石頭。[11]景敗，崱入據臺城。[12]景平，加散騎常侍、江州刺史。[13]

［1］嶷弟也：《梁書》卷四六《杜崱傳》云杜崱是杜懷瑶第七子。

［2］新興：郡名。治安城縣，在今安徽壽縣西淮河南岸。按，《梁書・杜崱傳》云杜崱釋褐廬江（疑爲“廬陵”之訛）驃騎府中兵參軍。

［3］三年：《梁書・杜崱傳》作“二年”。按，岳陽王蕭詧進攻江陵，在蕭繹派鮑泉征討湘東王蕭譽之後，《梁書》卷五《元帝紀》繫於梁武帝太清三年（549）九月乙卯，疑此處當以“三年”爲是。

［4］岳陽王：即蕭詧。字理孫，蕭統第三子。梁武帝中大通三年（531），封岳陽郡王。武帝太清三年九月，他從雍州舉兵攻襲江陵，以解蕭譽長沙之圍。被蕭繹擊敗後遁走，後歸附西魏，於文帝大統十六年（550）被宇文泰册立爲梁王。江陵城破，西魏立其爲梁主，居於江陵東城，史稱西梁、後梁。《周書》卷四八、《北史》卷九三有傳。岳陽，郡名。治岳陽縣，在今湖南汨羅市長樂鎮。

［5］元帝與崱兄岸舊：《通志》卷一四二“岸”下有“有”字。《梁書・杜崱傳》、《資治通鑑》卷一六二《梁紀十八》梁武帝太清三年皆云梁元帝與杜崱有舊，與本書所記不同。

［6］夜歸元帝：《梁書・元帝紀》繫此事於梁武帝太清三年九月乙丑。

［7］武州：州名。治臨沅縣，在今湖南常德市。梁元帝承制後，以原武陵郡置武州。

［8］枝江：縣名。治所在今湖北枝江市西南。按，《梁書・杜崱傳》記載，杜崱封枝江縣侯，邑千户。

［9］景遁：梁簡文帝大寶元年（550）六月甲辰，胡僧祐、陸法和率荆州援軍在赤亭之戰中大破任約。侯景時正圍攻巴陵，聽聞消息，解圍宵遁，後向東逃回建康。

［10］進爵爲公：梁爵制，分王、五等爵、列侯共三等十三級。縣公屬五等爵，在國公、郡公下，縣侯上。位視三公，班次之。屬

官置相、典祠、典書令、典衛長一人。按，《梁書·杜崱傳》記載，杜崱進爵爲公，增邑五百户。

[11]石頭：城名。因石頭山而得名。漢獻帝建安十七年（212）由孫權始築。位於建康城西，爲南朝京師門户要塞和倉儲重地。在今江蘇南京市清涼山一帶。按，梁簡文帝大寶三年三月，王僧辯率軍攻入建康前，在石頭城北的决戰中大破侯景，石頭城守將盧暉略降。此戰，杜崱從横嶺後横截叛軍，立下大功。詳見《梁書·杜崱傳》。

[12]臺城：即東晋、南朝的建康宫城。“臺”在當時常指稱朝廷。

[13]散騎常侍：官名。梁時爲集書省長官，員四人。掌侍從、規諫，武帝天監六年（507）革選，以散騎視侍中，使其得批閱奏文、提出駁議。十二班。　江州：州名。治湓城，在今江西瑞昌市横港鎮清湓街（參見吴聖林《湓城故址的考證與調查》，《南方文物》1993年第4期）。

是月，[1]齊將郭元建攻秦州刺史嚴超達於秦郡，[2]王僧辯令崱赴援，陳武帝亦自歐陽來會。[3]元建衆却，崱因縱兵大破之，元建遁。時元帝執王琳於江陵，琳長史陸納等於長沙反。[4]元帝徵崱與王僧辯討之。[5]及納等戰于車輪，[6]大敗之。後納等降，崱又與王僧辯西討，平武陵王於硤石。[7]旋鎮，遘疾卒，[8]謚曰武。

[1]是月：當指梁簡文帝大寶三年（552）五月。北齊文宣帝天保三年（552）三月，詔命高岳爲南道大都督，潘樂爲東南道大都督，辛術爲東南道行臺，率軍南伐蕭梁，意圖趁侯景敗亡略取江北之地。五月，齊軍進攻秦郡。

[2]郭元建：原爲侯景部將。侯景任其爲太尉、北道行臺、南

兖州刺史，鎮廣陵。梁元帝承聖元年（552）三月，王僧辯攻入臺城，郭元建遂以廣陵歸降北齊。此後多次引齊軍南下攻襲。　秦州：州名。治六合縣，在今江蘇南京市六合區。　嚴超達：《梁書》卷四六《杜崱傳》作"嚴超遠"。　秦郡：郡名。治六合縣，在今江蘇南京市六合區。

［3］陳武帝：陳霸先。武爲其謚號。本書卷九，《陳書》卷一、卷二有紀。　歐陽：即歐陽戍。在今江蘇儀徵市東。爲廣陵附近的軍事要地。

［4］長史：官名。軍府僚佐之首。常貼領首郡太守。梁時庶姓持節府長史爲八班。　陸納：原爲王琳長史。承聖元年十月，王琳被梁元帝囚禁於江陵，陸納遂率部於湘州發動叛亂。後來蕭繹釋放王琳，陸納乃降。　長沙：郡名。治臨湘縣，在今湖南長沙市。

［5］元帝徵崱與王僧辯討之：《梁書》卷五《元帝紀》記載，承聖二年正月乙丑，梁元帝徵王僧辯率軍征討陸納叛軍。

［6］車輪：地名。當位於長沙城以北，爲湘江要隘。按，據《梁書·元帝紀》記載，梁元帝承聖二年四月丙申，王僧辯軍次車輪，於五月甲子大破叛軍，迫使其退據長沙。

［7］武陵王：即蕭紀，字世詢。梁武帝第八子，葛脩容所生。武帝天監十三年（514）七月，封武陵郡王，邑二千户。元帝承聖元年四月，他稱帝於蜀，年號天正。後舉兵東下，於承聖二年七月被蕭繹部將樊猛所殺。本書卷五三、《梁書》卷五五有傳。武陵，郡名。治臨沅縣，在今湖南常德市。　硤石：《梁書·杜崱傳》作"硤口"，當以"硤口"爲是。即今湖北宜昌市西長江西陵峽口，是三峽東出口。按，承聖二年五月，蕭紀軍至峽口，其勢甚盛，而梁元帝亦使陸法和等在此設防。爲應對蕭紀，六月湘州叛亂剛一平定，元帝便詔命王僧辯等率軍西討，於七月擊潰蕭紀。

［8］遘疾：得病。

巚兄弟九人，兄嵩、岑、嶷、岌、巘、岸及弟嵸、幼安並知名。[1]

[1]兄嵩、岑、嶷、岌、巘（yǎn）、岸及弟嵸（zōng）、幼安：《梁書》卷四六《杜巚傳》作“兄嵩、岑、嵸、岌、嶷、巘、岸及弟幼安”。按，《梁書》前文云“巚則懷寶第七子也”，依此似當以本書爲是。嵩，即杜嵩。據《文館詞林》卷六九九載蕭綱《監護杜嵩喪教》，知其曾任蕭綱水曹参軍，隨杜懷瑤出戰時，死於軍中。又，《元和姓纂》卷六云：“懷瑤，蔡州刺史，生岑、嶷、巖、嵸、岸、巚、幼安……巖，梁州刺史。”巖，疑即杜巘，然下文云杜巘遇害時爲南陽太守。

岸字公衡，太清中，與巚隨岳陽王詧攻荆州，同歸元帝。帝以爲北梁州刺史，[1]封江陵縣侯。岸請以五百騎襲襄陽，去城三十里，城中覺之。詧夜知其師掩襄陽，[2]以岸等襄陽豪帥，於是夜遁歸襄陽。岸等知詧至，遂奔其兄南陽太守巘於廣平。[3]詧遣將尹正、薛暉等攻拔之，[4]獲巘、岸等并其母妻子女，並斬於襄陽北門。詧母龔保林數岸於衆，[5]岸曰：“老婢教汝兒殺汝叔，乃枉殺忠良。”詧命拔其舌，臠殺而烹之。[6]盡誅諸杜宗族親者，幼弱下蠶室，[7]又發其墳墓，[8]燒其骸骨，灰而揚之，并以爲漆䯢。[9]及建鄴平，巚兄弟發安寧陵焚之，[10]以報漆䯢之酷，元帝亦不責也。

[1]北梁州：州名。即梁州。治南鄭縣，在今陝西漢中市東。錢大昕《廿二史考異》卷二六云：“《隋志》未見‘北梁州’之名，蓋大同初，梁州復治漢中，以西城爲南梁，而漢中遂有‘北梁’

之稱。”

［2］掩：突襲。

［3］奔其兄南陽太守巘於廣平：《梁書》卷四六《杜岸傳》云：“遂走依（一作‘保’）其兄巘於南陽，巘時爲南陽太守。”南陽，郡名。此時治宛（今河南南陽市）之南陽已入西魏，此南陽當僑寄於廣平郡境。廣平，郡名。治廣平縣，在今湖北丹江口市東南。

［4］尹正：其先天水（今甘肅天水市）人。時爲蕭詧中兵參軍。《周書》卷四八、《北史》卷九三有附傳。　薛暉：河東（今山西夏縣）人。嘗督禁旅，爲蕭詧爪牙，當禦侮之任。《周書》卷四八有附傳。

［5］龔保林：蕭詧之母。蕭詧即位後尊其爲皇太后。卒謚元太后。保林，官名。太子宫三内職之一，位比五等侯。

［6］臠（luán）殺：切成肉塊殺死。

［7］幼弱：《周書》卷四八《蕭詧傳》作“其幼稚疏屬”。　下蠶室：處以宫刑。

［8］又發其墳墓：《資治通鑑》卷一六二《梁紀十八》梁武帝太清三年作“又發其祖父墓”。

［9］并以爲漆髑：《資治通鑑·梁紀十八》作“以其頭爲漆椀”。漆仇敵頭骨爲器，此習俗歷史頗久，參見周一良《魏晋南北朝史札記》“敵人首級之保存”條（第293—295頁）。

［10］安寧陵：蕭詧之父、昭明太子蕭統葬地。蕭統卒於梁武帝中大通三年（531）四月，五月庚寅，葬安寧陵。

幼安性至孝，寬厚，雄勇過人，與兄㢸同歸元帝，帝以爲西荆州刺史，[1]封華容縣侯。[2]與王僧辯討河東王譽於長沙，[3]平之。又令助徐文盛東討侯景，王貝磯，[4]大破景將任約，斬其儀同叱羅子通、湘州刺史趙威方等。[5]仍進軍大舉漢口，[6]别攻拔武昌。景度蘆洲上流以壓文盛,[7]幼安與衆軍大敗之。會景密遣騎襲陷郢州,執刺史方諸,[8]人情大駭,文盛由漢口遁歸,[9]衆軍大敗,幼安降景,[10]景以其多反覆,殺之。[11]

[1]西荆州刺史:《梁書》卷五《元帝紀》記載,梁簡文帝大寶元年(550)十二月,元帝遣定州刺史杜幼安帥衆下武昌。與此處所記不同。

[2]華容:縣名。治所在今湖北監利市北。《梁書》卷四六《杜幼安傳》云,杜幼安封華容縣侯,邑一千户。

[3]河東王譽:即蕭譽,字重孫。蕭統次子。梁武帝中大通三年(531)六月,封河東郡王,邑二千户。簡文帝大寶元年四月(一作"五月"),王僧辯攻克湘州後被斬殺。本書卷五三、《梁書》卷五五有傳。河東,郡名。僑寄松滋縣,在今湖北松滋市西北。

[4]王:大德本、南監本、北監本、汲古閣本、殿本作"至"。按,作"至"是。

[5]儀同:官名。"儀同三司"的省稱。本書卷八〇《侯景傳》云:"景三公之官,動置十數,儀同尤多。" 叱羅子通:侯景部將。曾率鐵騎二百於馬柵擊潰蕭綸。後死於貝磯之戰。 趙威方:原爲梁直閤將軍。降於侯景,被任爲豫章太守。後被江州刺史蕭大心所擒,逃還建康。死於貝磯之戰。

[6]仍進軍大舉漢口:《梁書·杜幼安傳》作"乃進軍大舉因與景相持",《資治通鑑》卷一六三《梁紀十九》梁簡文帝大寶元年作"仍進軍大舉口"。馬宗霍《南史校證》云:"'大舉漢口'四字連文不可通,'大舉'二字爲句意亦未足。《梁書·侯景傳》作'仍進軍大舉口',《通鑑》卷一六三叙此事與之同。胡三省注:'《水經注》,江水東過邾縣南,東逕白虎磯北,又東經貝磯北,又東經黎磯北,北岸烽火洲即舉洲也,北對舉口。'《南史》上文稱

元帝令幼安助徐文盛東討侯景至貝磯，則此處《通鑑》從《侯景傳》作大舉口是也。疑《南史》‘大舉’下誤衍‘漢’字，而《梁書》本傳‘大舉’下‘因’字爲‘口’字之訛。”（第999—1000頁）大舉口，即舉水入長江之口，在今湖北武漢市新洲區。

［7］壓：逼近。

［8］方諸：即蕭方諸，字智相（本書作“明智”）。蕭繹第二子，王夫人所生。梁簡文帝大寶元年九月，出爲郢州刺史，鎮江夏。次年四月，侯景派兵奇襲江夏，生擒蕭方諸及長史鮑泉。後被侯景所殺，蕭繹追謚其爲貞惠世子。本書卷五四、《梁書》卷四四有傳。

［9］漢口：大德本、南監本、北監本、殿本、《梁書·杜幼安傳》同，汲古閣本作“清口”，當以“漢口”爲是。漢口，漢水入長江之口，是郢州州治夏口城所在，在今湖北武漢市武昌區。

［10］幼安降景：《資治通鑑》卷一六四《梁紀二十》梁簡文帝大寶二年云：“王珣、杜幼安以家在江夏，遂降於景。”

［11］殺之：據《資治通鑑》記載，侯景同時殺死了杜幼安和蕭繹次子蕭方諸，時間在梁簡文帝大寶三年三月已酉，王僧辯率軍攻入建康前夕。

龕，岑之子也，少驍勇，善用兵，與諸父歸元帝，[1]帝以爲郥州刺史，[2]封中盧縣侯，[3]與王僧辯討平河東王譽。又隨僧辯下，繼徐文盛軍。至巴陵，聞侯景陷郢州，西上將至，乃與僧辯等守巴陵。景至，圍之數旬，[4]不剋而遁。遷大府卿、定州刺史。[5]及衆軍至姑熟，[6]景將侯子鑒逆戰，[7]龕與陳武帝、王琳等擊之，大敗子鑒，遂至石頭。景親會戰，龕與衆軍大破之。論功爲最，[8]授東楊州刺史。[9]又與王僧辯降陸納，平武陵王。

[1]諸父：叔伯。

[2]郥州：錢大昕《廿二史考異》卷二六云："郥州之名，本紀及《隋志》俱失書。"

[3]中盧：《梁書》卷四六《杜龕傳》作"廬"，《通志》卷一四五作"中廬"。按，《南齊書·州郡志下》有中廬縣，爲雍州襄陽郡屬縣。又按，《梁書·杜龕傳》云，杜龕封廬縣侯，邑一千户。

[4]數旬：十日爲旬。按，《資治通鑑》記載，侯景於梁簡文帝大寶二年（551）四月壬戌軍至巴陵城下，於六月乙巳焚營宵遁，前後約四十餘日。

[5]大府卿：大德本、南監本、北監本、汲古閣本、殿本作"太府卿"。作"太府卿"是。太府卿，官名。梁武帝天監七年（508）置，爲十二卿之一。掌金銀錢帛、關市税收。位視宗正。梁十三班。　定州：州名。治蒙籠城，在今湖北麻城市東北。

[6]姑熟：縣名。治所在今安徽當塗縣。大德本、南監本、汲古閣本同，北監本、殿本作"姑孰"。

[7]侯子鑒：原爲侯景中軍都督。先後爲侯景攻克吴興、廣陵，被任爲南兖州刺史，鎮廣陵。梁簡文帝大寶三年三月，在姑熟之戰中慘敗於王僧辯，逃回建康。侯景敗亡後，他逃奔廣陵，勸説郭元建投降北齊。

[8]最：軍功上者曰最。

[9]東楊州：州名。治山陰縣，在今浙江紹興市。大德本、南監本、北監本、汲古閣本、殿本作"東揚州"。

及魏平江陵，[1]後齊納貞陽侯明以紹梁嗣，[2]以龕爲震州刺史、吴興太守，[3]遷南豫州刺史，[4]封溧陽縣侯，[5]又加散騎常侍、鎮南大將軍。[6]

［1］魏平江陵：梁元帝承聖三年（554）九月，西魏遣柱國大將軍于謹等率五萬軍隊進犯荆州。十一月，攻破江陵城，元帝身死。《梁書》卷四六《杜龕傳》作“江陵陷”。“平”是使不平者平，“陷”是自高入於下。本書以西魏、北周爲正統，以梁爲偏據故，故改“陷”爲“平”。

［2］貞陽侯明：即蕭淵明。本書避唐高祖李淵諱删去“淵”字。字靖通，梁武帝長兄蕭懿之子。武帝太清元年（547）十一月，在寒山之戰中被東魏所俘。元帝死後，北齊立他爲梁主，派軍護送其歸國即位，改元天成。後被陳霸先廢黜。本書卷五一有附傳。貞陽，縣名。治所在今廣東英德市東南滃江北。　紹：繼承，接續。

［3］震州：州名。梁敬帝紹泰元年（555）以吴興郡置。治烏程縣，在今浙江湖州市。　吴興：郡名。治烏程縣，在今浙江湖州市。

［4］南豫州：州名。治宛陵縣，在今安徽宣城市宣州區。

［5］溧陽：縣名。治所在今江蘇溧陽市西北。

［6］鎮南大將軍：官名。梁時鎮東、鎮西、鎮南、鎮北將軍與鎮前、鎮後、鎮左、鎮右將軍合稱八鎮將軍。鎮南將軍爲重號將軍，是外官專用之軍號。梁武帝天監七年（508）定爲武職二十四班中的二十二班，大通三年（529）改爲武職三十四班中的三十二班。加“大”者，位進一階。

龕，僧辯壻也，始爲吴興太守，以陳武帝既非素貴，[1]及爲之本郡，以法繩其宗門，[2]無所縱捨。武帝銜之切齒。[3]及僧辯敗，[4]龕乃據吴興以拒之，頻敗陳文帝軍。[5]龕好飲酒，終日恒醉，勇而無略，部將杜泰私通於文帝，説龕降文帝，龕然之。其妻王氏曰：“霸先讎隙如此，[6]何可求和。”因出私財賞募，復大敗文帝軍。後杜泰降文帝，龕尚醉不覺，文帝遣人負出項王寺前斬之。[7]王氏因截髮出家，杜氏一門覆矣。[8]

［1］既非素貴：《梁書》卷四六《杜龕傳》作“既非貴素”。此句下《梁書》有“兵又猥雜，在軍府日，都不以霸先經心”，本書删之，則“既”失其義。按，陳霸先世居吴興郡長城縣，本書卷九《陳武帝紀》記其出身云：“其本甚微，自云漢太丘長寔之後也。”陳霸先一族攀附潁川陳氏，似乎並不令人信服。根據史料，陳氏宗人與吴人寒門通婚，講吴語而不講北語，可以判斷陳霸先出身庶民階層，即便其先確係僑人，至陳霸先，也已和吴人寒門無别。有學者懷疑，陳霸先可能出身溪族（參見吕春盛《陳朝的政治結構與族群問題》，稻鄉出版社2001年版，第27—32頁；朱大渭《梁末陳初少數民族酋帥和庶民階層的興起》，《紀念陳寅恪教授國際學術討論會文集》，中山大學出版社1989年版，第342—362頁）。

［2］繩：約束，制裁。

［3］銜：怨恨。

［4］及僧辯敗：梁敬帝紹泰元年（555）九月，陳霸先自京口突然舉兵，襲殺王僧辯，廢黜蕭淵明，復立蕭方智爲帝。

［5］陳文帝：陳蒨。文爲其謚號。陳霸先長兄陳道談長子。襲殺王僧辯前，陳霸先密令陳蒨還回長城縣，立栅以備杜龕。本書卷九、《陳書》卷三有紀。

［6］釁隙：仇恨。

［7］項王寺：《資治通鑑》卷一六六《梁紀二十二》梁敬帝太平元年胡三省注云：“項羽起吴下，故後人爲立寺於吴興。”按，《梁書》卷六《敬帝紀》云，太平元年正月癸未，“鎮東將軍、震州刺史杜龕降，詔賜死”；《陳書》卷一《高祖紀上》云，紹泰元年十二月，“杜龕以城降”，二年正月癸未，“誅杜龕于吴興”；《資治通鑑考異》引《三國典略》云：“魏恭帝二年，十二月，蒨命劉澄等攻龕，大敗之，龕乃降；明年，正月丁亥，周鐵虎送杜龕祠項

王神，使力士拉龕於坐，從弟北叟、司馬沈孝敦並賜死。”據三書所載，杜龕被俘後似未立即被處死，與本書所記頗有出入。

[8]覆：覆滅。

王琳字子珩，[1]會稽山陰人也。[2]本兵家。[3]元帝居蕃，[4]琳姊妹並入後庭見幸，[5]琳由此未弱冠得在左右。[6]少好武，遂爲將帥。太清二年，帝遣琳獻米萬石，未至，都城陷，乃中江沉米，[7]輕舸還荆。[8]稍遷岳陽内史，[9]以軍功封建寧縣侯。[10]侯景遣將宋子仙據郢州，[11]琳攻剋之，禽子仙。又隨王僧辯破景。後拜湘州刺史。

[1]王琳：馬宗霍《南史校證》云：“《梁書》無王琳傳，《北齊書》卷三二列傳第二四有之。王鳴盛《商榷》引王氏懋竑《讀書記疑》云：‘王琳、張彪《梁書》俱無傳，張彪或可無傳，若王琳何以不載，疑刻本脱去，非其本無也。’鳴盛則謂：‘今《北齊書》琳傳與《南史》全同，而無論贊，《北齊書》殘闕。凡無論贊者皆後人取《北史》補之。若《王琳傳》則又是取《南史》補入者，究其實，琳本當在《北齊書》，不當入《梁書》，姚思廉《梁書》不立琳傳，爲是而李延壽却非能補思廉之闕。李百藥於《北齊》原有琳傳，傳文雖亡，大約篇目尚存，後人案其目，故以《南史》琳傳入之，而此傳文却仍是李百藥《北齊書》，延壽襲取以入《南史》者耳。幾經回轉，不勝眩惑矣。’依此説，是《南史》琳傳原襲取《北齊書》，而今本《北齊書》後人又轉取《南史》以補其缺耳。”（第1001頁）

[2]會稽：郡名。治山陰縣，在今浙江紹興市。　山陰：縣名。治所在今浙江紹興市。按，《建康實録》卷二〇云：“王琳，太原人。”

[3]兵家：南朝實行兵户制。兵户世代服兵役，有專門的户籍

（稱作“軍籍”或“兵籍”），身份低於一般平民，不歸郡縣而歸營署管轄，家屬隨軍居住。因身份低賤，南朝兵户時有逃亡，同時本爲國家領有的兵户逐漸私有化，比如以兵户“送故”之制使大量兵户變爲了王侯、將帥的私人部曲，兵户制遂逐漸瓦解，被募兵制所取代（參見高敏《魏晉南北朝兵制研究》，大象出版社 1998 年版，第 274—298 頁）。《北齊書》卷三二《王琳傳》云，王琳之父王顯嗣爲湘東王國常侍。《陳書》卷二五《孫瑒傳》云，王琳與孫瑒爲同門。似乎王琳早年，其家已擺脱兵户身份。

［4］蕃：汲古閣本同，大德本、南監本、北監本、殿本作“藩”。

［5］琳姊妹並入後庭見幸：王琳次姊是蕭方諸與蕭方略之母，蕭繹即位後，拜爲貴嬪。其次妹爲良人。王氏姊妹並受蕭繹寵愛。後庭，後宫。

［6］弱冠：古時男子二十成人，行冠禮，體還未壯，故稱弱。

［7］中江：江中。

［8］軻：大德本、南監本、北監本、汲古閣本、殿本作“舸”。《資治通鑑》卷一六二《梁紀十八》梁武帝太清三年云：“湘東王繹使全威將軍會稽王琳送米二十萬石以餽軍，至姑孰，聞臺城陷，沈米於江而還。”按，侯景攻陷臺城前，梁武帝曾詔令援軍班師。《周書》卷四八《蕭詧傳》記載，蕭繹時駐軍於郢州武城，得到張纘書信，言蕭譽、蕭詧二人欲謀取荊州，又疑逗留江陵的蕭慥爲二人内應，遂“鑿船沉米，斬纜而歸”。王琳匆忙趕回荊州，或與此事有關。

［9］内史：官名。王國行政長官，掌民政，職如郡太守。

［10］建寧：縣名。治所在今湖南株洲市。

［11］宋子仙：侯景部將。曾在東府城北大破梁軍。後爲侯景攻略三吴，先後被封爲司徒、太保。簡文帝大寶二年（551）四月他與任約率軍奇襲郢城，助侯景奪取江夏。巴陵之戰後，侯景東歸建康，留其與時靈護等助丁和戍守郢城，被王僧辯率軍生擒，送至江

陵處死。按，《資治通鑑》卷一六四《梁紀二十》梁簡文帝大寶二年云："周鐵虎生擒子仙及丁和。"

琳果勁絶人，[1]又能傾身下士，[2]所得賞物不以入家，麾下萬人，多是江淮群盜。[3]平景之勳，與杜龕俱爲第一。恃寵縱暴於建鄴，王僧辯禁之不可，懼將爲亂，啓請誅之。琳亦疑禍，令長史陸納率部曲前赴湘州，身輕上江陵陳謝。[4]將行謂納等曰："吾若不反，[5]子將安之？"咸曰："請死"。[6]相泣而别。及至，帝以下吏，[7]而使廷尉卿黄羅漢、太舟卿張載宣喻琳軍。[8]陸納等及軍人並哭對使者，莫肯受命。乃縶黄羅漢，[9]殺張載。載性刻，爲帝所信，荆州疾之如讎，故納等因人之欲，抽其腸繫馬脚，使繞而走，腸盡氣絶，又臠割備五刑而斬之。[10]

[1]果勁絶人：勇猛過人。

[2]傾身：身體前傾，形容對人謙恭。

[3]江淮群盜：永嘉之亂後，北方流民南下多停留在江淮之間。江淮流民是東晋、南朝宋北府兵主要的兵源。至梁，荆襄武裝崛起，然江淮流民仍以驃勇强悍著稱，如陳慶之平定沙門僧强之亂時，梁武帝便曾告誡他："江、淮兵勁，其鋒難當。"可見在時人心目中，江淮流民戰力甚强。

[4]輕：汲古閣本同，大德本、南監本、北監本、殿本、《北齊書》卷三二《王琳傳》作"徑"。　陳謝：認錯，謝罪。

[5]反：《北齊書·王琳傳》作"返"。

[6]請死：《北齊書·王琳傳》作"請死相報"，《資治通鑑》卷一六四《梁紀二十》梁元帝承聖元年作"請死之"。

[7]帝以下吏：下吏，交付獄吏處置。《梁書》卷五《元帝紀》記載，梁簡文帝大寶三年（552）十月戊申，蕭繹"執湘州刺史王琳於殿内，琳副將殷晏下獄死"。十月辛酉，蕭繹改任蕭方略爲湘州刺史。

[8]廷尉卿：官名。梁武帝天監七年（508）改廷尉爲廷尉卿。爲中央司法審判機構長官。十一班。　黄羅漢：《資治通鑑》卷一六四《梁紀二十》記載，蕭繹任命蕭方略爲湘州刺史後，以黄羅漢爲其長史。湘州叛軍殺張載，而黄羅漢以清謹得免。後黄羅漢任太府卿，曾力勸蕭繹定都荆州。　太舟卿：官名。梁武帝天監七年改都水使者置。掌舟航堤渠。位視中書郎，居列卿最末。九班。

[9]縶：拘囚。

[10]備：《北齊書·王琳傳》同，大德本、南監本、北監本、汲古閣本、殿本作"被"。　五刑：古代五刑所指非一，此處意謂對張載施以多種酷刑。《資治通鑑·梁紀二十》記載："王遣宦者陳旻往諭之，納對旻刳載腹，抽腸以繫馬足，使繞而走，腸盡氣絶。又臠割，出其心，向之抃舞，焚其餘骨。"

元帝遣王僧辯討納，納等敗走長沙。是時湘州未平，武陵王兵下又甚盛，江陵公私恐懼，人有異圖。納啓申琳無罪，[1]請復本位，求爲奴婢。[2]元帝乃鎖琳送。[3]時納出兵方戰，會琳至，僧辯升諸樓車以示之。納等投戈俱拜，[4]舉軍皆哭，曰："乞王郎入城，即出。"及放琳入，納等乃降。湘州平，仍復琳本位，使拒武陵王紀。紀平，授衡州刺史。[5]

[1]納啓申琳無罪：啓申，禀告。《北齊書》卷三二《王琳傳》無"無"字，疑誤。

[2]求：《北齊書·王琳傳》作“永”。

[3]乃鎖琳送：《北齊書·王琳傳》作“乃鎖琳送長沙”。

[4]按戈：大德本、南監本、北監本、汲古閣本、殿本、《北齊書·王琳傳》作“投戈”。當以“投戈”爲是。

[5]衡州：州名。治含洭縣，在今廣東英德市浛洸鎮。

元帝性多忌，以琳所部甚盛，又得衆心，故出之嶺外。[1]又授都督、廣州刺史。[2]其友人主書李膺，[3]帝所任遇，[4]琳告之曰："琳蒙拔擢，常欲畢命以報國恩。[5]今天下未平，遷琳嶺外，如有萬一不虞，安得琳力。忖官正疑琳耳，[6]琳分望有限，[7]可得與官争爲帝乎？何不以琳爲雍州刺史，[8]使鎮武寧。[9]琳自放兵作田，[10]爲國禦捍，若警急，動静相知。孰若遠棄嶺南，相去萬里，一日有變，將欲如何！琳非願長坐荆南，[11]政以國計如此耳。"膺然其言而不敢啓，故遂率其衆鎮嶺南。

[1]嶺外：五嶺以南，約當今廣東、廣西及越南北部地區。

[2]廣州：州名。治番禺縣，在今廣東廣州市。按，《資治通鑑》卷一六五《梁紀二十一》記載，元帝承聖二年（553）八月，梁元帝以王琳爲衡州刺史；承聖三年五月乙巳，以其爲廣州刺史。

[3]主書：官名。晋時多用武官，南朝宋後改用文吏。屬中書舍人。掌文書，並傳達皇帝命令。無定員，頗預機密。

[4]任遇：信任重用。

[5]畢命：盡力效命。

[6]官：對皇帝的稱呼。　正：祇是。

[7]分望有限：《資治通鑑·梁紀二十一》胡三省注云："言自揆分不敢懷非望也。"

[8]雍州：州名。寄治襄陽縣，在今湖北襄陽市。

[9]武寧：郡名。治樂鄉縣，在今湖北荆門市北。

[10]放：讓。　作田：種地。

[11]坐：據守。

元帝爲魏圍逼，乃徵琳赴援，[1]除湘州刺史。琳師次長沙，[2]知魏平江陵，已立梁王詧，[3]乃爲元帝舉哀，三軍縞素。[4]遣别將侯平率舟師攻梁，[5]琳屯兵長沙，傳檄諸方，爲進趣之計。[6]時長沙蕃王蕭韶及上游諸將推琳主盟。[7]侯平雖不能受江，[8]頻破梁軍。又以琳兵威不接，翻更不受指麾，琳遣將討之，不剋。又師老兵疲不能進，[9]乃遣使奉表詣齊，并獻馴象；[10]又使獻款于魏求其妻子；[11]亦稱臣于梁。[12]

[1]乃徵琳赴援：《梁書》卷五《元帝紀》記載，承聖三年（554）十一月丙申，梁元帝徵廣州刺史王琳入援。《資治通鑑》繫此事於承聖三年十一月戊子。

[2]長沙：《資治通鑑》卷一六六《梁紀二十二》梁敬帝紹泰元年作“蒸城”。

[3]已立梁王詧：梁簡文帝大寶元年（550）十二月，西魏册命蕭詧爲梁王。承聖三年西魏攻陷江陵後，又立蕭詧爲梁主，於次年正月即帝位，居江陵東城，爲西魏附庸，史稱西梁、後梁。

[4]縞素：穿白色的喪服。

[5]别將：與主力軍配合作戰的部隊將領。　侯平：又作“侯方兒”“侯方仁”。王琳部將。江陵陷落後，奉王琳之命進攻後梁，攻克巴、武二州。梁敬帝太平元年（556），他背叛王琳，殺巴州助防吕旬，從巴州逃奔江州侯瑱處。後又叛侯瑱，奔於建康，被陳霸

先所殺。

［6］進趣：進攻，攻取。

［7］蕭韶：其父爲梁武帝長兄蕭懿第三子蕭淵猷。梁武帝時封上甲侯。侯景之亂時，他從建康出奔江陵，宣梁武帝密詔，以蕭繹爲都督中外諸軍事，並作《太清紀》。簡文帝大寶元年四月，被蕭繹封爲長沙王。

［8］受：大德本、南監本、北監本、汲古閣本、殿本作“度”，《北齊書》卷三二《王琳傳》作“渡”。

［9］老：疲憊。

［10］馴象：當時的馴象主要來自嶺南地區及東南亞諸國。按，《北齊書》卷四《文宣帝紀》記載，北齊文宣帝天保七年（556）六月乙丑，梁湘州刺史王琳獻馴象。

［11］使獻款于魏求其妻子：《資治通鑑·梁紀二十二》：“江陵之陷也，琳妻蔡氏、世子毅皆没于魏，琳又獻款于魏以求妻子。”《周書》卷二《文帝紀下》記載，魏恭帝三年（556）七月，“王琳遣使來附，以琳爲大將軍、長沙郡公”。據《周書》卷二八《權景宣傳》，當時西魏安州刺史權景宣曾致信王琳，諭以禍福，“琳遂遣長史席壑因景宣請舉州款附”。

［12］亦稱臣于梁：《周書》卷四八《蕭詧傳》記載，蕭詧大定五年（559），王琳與陳人相持，“稱藩乞師於詧”。

陳武帝既殺王僧辯，推立敬帝，[1]以侍中、司空徵琳。[2]不從命，乃大營樓艦，將圖義舉。琳將張平宅乘一艦，每將戰勝，艦則有聲如野猪，[3]故琳戰艦以千數，以野猪爲名。陳武帝遣將侯安都、周文育等討琳，[4]仍受梁禪。[5]安都歎曰：“我其敗乎，師無名矣。”[6]逆戰於沌口。[7]琳乘軍輿，[8]執鉞而麾之，[9]禽安都、文育，其餘無所漏，[10]惟以周鐵武一人背恩，[11]斬之。鎖安都、文育，置琳所坐艦中，令一閹豎監守之。[12]琳乃移湘州軍府就郢城，[13]帶甲十萬，[14]練兵於白水浦。[15]琳巡軍而言曰："可以爲勤王之師矣，温太真何人哉！"[16]南江渠帥熊曇朗、周迪懷貳，[17]琳遣李孝欽、樊猛與余孝頃同討之。[18]三將軍敗，並爲迪所囚。安都、文育等盡逃還建鄴。[19]

[1]敬帝：南朝梁敬帝蕭方智。敬爲其謚號。字慧相，梁元帝第九子，夏貴妃所生。蕭淵明即位後，以其爲皇太子。敬帝紹泰元年（555）九月，陳霸先襲殺王僧辯，扶立蕭方智即帝位。本書卷八、《梁書》卷六有紀。

[2]司空：官名。與太尉、司徒並爲三公。無實際職掌。梁時爲十八班。按，《梁書》卷六《敬帝紀》記載，梁敬帝太平二年（557）正月，詔以王琳爲司空、驃騎大將軍。

[3]猪：南監本、北監本、殿本同，大德本、汲古閣本作"腊"。下同，不再出校。

[4]侯安都：字成師，始興曲江（今廣東韶關市）人。本書卷六六、《陳書》卷八有傳。　周文育：字景德，義興陽羨（今江蘇宜興市）人。本書卷六六、《陳書》卷八有傳。按，梁敬帝太平二年八月，陳霸先命侯安都、周文育征討王琳，以侯安都爲西道都督，周文育爲南道都督，在武昌會師。兩路兵馬彼此不相統攝。

[5]仍受梁禪：梁敬帝太平二年十月，敬帝蕭方智禪位於陳霸先。自此，梁被陳取代。

[6]我其敗乎，師無名矣：《資治通鑑》卷一六七《陳紀一》陳武帝永定元年作"吾今兹必敗，戰無名矣"。胡三省注曰："始者以王琳不應梁召而討之，猶是挾天子以令諸侯。今既受梁禪，則安都之師爲無名。"

[7]沌口：古沌水入長江口，在今湖北武漢市蔡甸區東南沌

口鎮。

［8］軍輿：大德本、南監本、北監本、汲古閣本、殿本作“平輿”，《北齊書》卷三二《王琳傳》、《通志》卷一四二作“平肩輿”。平肩輿是一種用肩扛的步輿，自魏晋以來廣泛使用。肩扛則前後須保持平衡，故曰“平肩”。出土的南北朝畫像中，“平肩輿”多施通幰帷幔，幔上可加飾華蓋。

［9］鉞：大斧。是軍事統帥權的象徵，故王琳執之督軍作戰。

［10］其餘無所漏：《資治通鑑·陳紀一》記載：“安都、文育及裨將徐敬成、周鐵虎、程靈洗皆爲琳所擒，沈泰引軍奔歸。”

［11］惟：大德本、南監本、北監本、汲古閣本、殿本作“唯”。　周鐵武：即周鐵虎，本書避唐高祖祖父李虎諱改。本書卷六七、《陳書》卷一〇有傳。　背恩：《陳書·周鐵虎傳》曰：“鐵虎與文育、侯安都並爲琳所擒。琳引見諸將，與之語，唯鐵虎辭氣不屈，故琳盡宥文育之徒，獨鐵虎見害。”

［12］令一閹豎監守之：《陳書·侯安都傳》記載，對於侯安都等將，“琳總以一長鎖繫之，置于艑下，令所親宦者王子晋掌視之”。

［13］郢城：即郢州治所夏口城，在今湖北武漢市武昌區。

［14］帶甲：披甲的將士。

［15］白水浦：今江西九江市白水湖。按，王琳於陳武帝永定元年（557）十月在沌口擊敗陳軍後，於次年正月引兵至湓城，屯於白水浦。

［16］温太真：即温嶠，字太真，太原祁（今山西祁縣）人。晋代名臣。曾參與平定王敦、蘇峻之亂。《晋書》卷六七有傳。

［17］南江：今江西贛江流域。　熊曇朗：豫章南昌（今江西南昌市）人。時割據豫章地區。本書卷八〇、《陳書》卷三五有傳。　周迪：臨川南城（今江西南城縣東南）人。時割據臨川地區。本書卷八〇、《陳書》卷三五有傳。　懷貳：懷有二心。按，熊曇朗、周迪皆是江州境内的土豪酋帥，當時摇擺於王琳與陳

之間。

［18］李孝欽：梁武帝時爲宣猛將軍，侯景之亂時曾入援臺城。後爲王琳部將。進攻周迪時兵敗，被擒送建康，後降陳。　樊猛：字智武，南陽湖陽（今河南唐河縣）人。本書卷六七、《陳書》卷三一有附傳。　余孝頃：本爲新吴（今江西奉新縣）洞主。王琳軍至湓城後，他勸説王琳"先定南川，然後東下"，率王琳部將李孝欽、樊猛、劉廣德等進攻周迪，於陳武帝永定二年七月兵敗，被擒送建康，後降陳。

［19］安都、文育等盡逃還建鄴：侯安都等人從王琳處逃回建康，《陳書》卷二《武帝紀下》繫於陳武帝永定二年八月辛未。其始末詳見《陳書·侯安都傳》。

初，魏剋江陵之時，永嘉王莊年甫七歲，[1]逃匿人家。[2]後琳迎還湘中，衛送東下。[3]及敬帝立，出質于齊，[4]請納莊爲梁主。[5]齊文宣遣兵援送，[6]仍遣兼中書令李騊駼册拜琳爲梁丞相、都督中外諸軍、録尚書事。[7]又遣中書舍人辛慤、游詮之等齎璽書江表宣勞，[8]自琳以下皆有頒賜。琳乃遣兄子叔寶率所部十州刺史子弟赴鄴，[9]奉莊纂梁祚於郢州。莊授琳侍中、使持節、大將軍、中書監，[10]改封安成郡公，[11]其餘並依齊朝前命。

［1］永嘉王莊：即蕭莊。梁元帝長子蕭方等之子。梁元帝即位後，封其爲永嘉王。本書卷五四有附傳。永嘉，郡名。治永寧縣，在今浙江温州市。

［2］逃匿人家：《資治通鑑》卷一六六《梁紀二十二》梁敬帝紹泰元年云，江陵陷落時，蕭莊爲尼法慕所匿。

[3]衛送東下：《資治通鑑·梁紀二十二》云："王琳迎莊，送之建康。"

[4]出質于齊：梁敬帝紹泰元年（555）十一月，任約、徐嗣徽引北齊軍隊渡江攻擊建康，當年十二月，陳霸先與北齊將領柳達摩所遣使者侯子欽、劉仕榮訂立盟約，以陳曇朗、蕭莊、王珉爲質。

[5]請納莊爲梁主：《資治通鑑》卷一六七《陳紀一》記載，陳武帝永定二年（558）正月己亥，王琳遣記室宗虩求援於北齊，且請納蕭莊以主梁祀。而《北齊書》卷四《文宣帝紀》記載，北齊文宣帝天保九年（558）十一月丁巳"梁湘州刺史王琳遣使請立蕭莊爲梁主，仍以江州内屬，令莊居之。十二月癸酉，詔梁王蕭莊爲梁主，進居九派"。按，《北齊書》卷三三《蕭莊傳》言蕭莊天保"九年二月，自湓城濟江，三月，即帝位於郢州"。《陳書》卷二《武帝紀下》亦曰，陳武帝永定二年三月，"王琳立梁永嘉王蕭莊于郢州"。《北齊書·文宣帝紀》所記時間似過晚。《資治通鑑考異》云，北齊送還蕭莊，"琳時在湓城，蓋（蕭莊）始居江州，後遷郢州耳"。

[6]齊文宣：即北齊皇帝高洋。文宣爲其謚號。《北齊書》卷四、《北史》卷七有紀。

[7]中書令：官名。中書省長官，位在中書監之下。北齊三品。　李騊駼：後爲揚州道行臺左丞，在壽陽之戰中被吴明徹俘虜。　都督中外諸軍：官名。總管中央軍隊。"中外"指宫城内外，即宫城内的禁衛軍和宫城外的京師軍。西晉起漸成虚職、榮銜，南朝不常設，多加於權臣（參見祝總斌《都督中外諸軍事及其性質、作用》，北京大學中國中古史研究中心編《紀念陳寅恪先生誕辰百年學術論文集》，北京大學出版社1989年版，第221—241頁）。　録尚書事：漢代始置。"録"義爲領、治，"録尚書事"即協助皇帝處理尚書的各類文書。東晉以來，録尚書事權力很大，職無不總，把持朝政。南朝時不常設，多加於權臣。

[8]中書舍人：官名。掌草擬詔令。北齊時員十人，六品。江表：指長江以南地區。從中原看，地在長江之外，故稱江表。宣勞：宣旨慰勞。

[9]鄴：北齊都城，在今河北臨漳縣西南。

[10]大將軍：官名。不常授。梁十八班。　中書監：官名。中書省長官，位在中書令上。南朝時漸成虛銜，以爲尊崇。梁十五班。

[11]安成：郡名。治平都縣，在今江西安福縣東南。　郡公：封爵名。梁爵制，分王、五等爵、列侯共三等十三級。郡公屬五等爵，在國公下、縣公上。位視三公，班次之。屬官置相、典祠、典書令、典衛長一人。

及陳文帝立，琳乃輔莊次于濡須口。[1]齊遣楊州道行臺慕容儼率衆臨江，[2]爲其聲援。陳遣安州刺史吴明徹江中夜上，[3]將襲盆城。[4]琳遣巴陵太守任忠大敗之，[5]明徹僅以身免。琳兵因東下，陳遣太尉侯瑱、司空侯安都等拒之。[6]瑱等以琳軍方盛，引軍入蕪湖避之。時西南風至急，琳謂得天道，將直取楊州，侯瑱等徐出蕪湖躡其後。[7]比及兵交，西南風翻爲瑱用，琳兵放火燧以擲瑱船者，皆反燒其船。琳船艦潰亂，[8]兵士透水死者十二三。[9]其餘皆棄船上岸，爲陳軍所殺殆盡。

[1]濡須口：古濡須水入長江之口。在今安徽蕪湖市東北裕溪口。

[2]楊州道行臺：官名。即揚州道行臺長官。行臺原係尚書省臨時派出機構，至北齊，已演變爲州、郡之上的地方最高軍政機構，兼治軍民。“道”即行臺區，隨着出現地方化的穩定行臺，其

所領的“道”也成爲北齊國家最高行政區劃。北齊揚州道行臺，下轄揚州、合州，駐治壽陽縣，在今安徽壽縣。　慕容儼：字恃德，清都成安（今河北成安縣）人。《北齊書》卷二〇、《北史》卷五三有傳。

[3]安州：州名。治宿預縣，在今江蘇宿遷市東南舊黄河東北岸古城。　吴明徹：字通昭，秦郡（今江蘇南京市六合區）人。本書卷六六、《陳書》卷九有傳。

[4]盆城：即湓城。在今江西瑞昌市横港鎮清湓街（參見吴聖林《湓城故址的考證與調查》，《南方文物》1993年第4期）。

[5]巴陵：郡名。治巴陵縣，在今湖南岳陽市。　任忠：字奉誠，汝陰（今安徽阜陽市）人。本書卷六七、《陳書》卷三一有傳。

[6]太尉：官名。與司徒、司空並爲三司。爲尊崇之位，無具體職掌。陳一品，秩萬石。　侯瑱：字伯玉，巴西充國（今四川閬中市）人。本書卷六六、《陳書》卷九有傳。　司空：官名。陳時爲一品，秩萬石。

[7]躡：跟蹤，追隨。

[8]潰亂：大德本、南監本、汲古閣本同，北監本、殿本作“瀆亂”。當以“潰亂”爲是。

[9]透水：跳入水中。大德本、汲古閣本同，南監本、北監本、殿本作“投水”。

初，琳命左長史袁泌、御史中丞劉仲威同典兵侍衛莊，[1]及軍敗，泌遂降陳。仲威以莊投歷陽，又送壽陽。[2]琳尋與莊同入齊，齊孝昭帝遣琳出合肥，[3]鳩集義故，[4]更圖進取。琳乃繕艦，分遣招募淮南傖楚，[5]皆願戮力。陳合州刺史裴景暉，[6]琳兄珉之壻也，請以私屬導引齊師，孝昭委琳與行臺左丞盧潛率兵應赴。[7]沉吟不决，[8]景暉懼事泄，挺身歸齊。[9]齊孝昭賜琳璽書令鎮壽陽，[10]其部下將帥悉聽以從，乃除琳驃騎大將軍、開府儀同三司、楊州刺史，[11]封會稽郡公。[12]又增兵秩，[13]兼給鐃吹。[14]琳水陸戒嚴，將觀釁而動，[15]屬陳氏結好於齊，使琳更聽後圖。

[1]左長史：官名。《陳書》卷一八《袁泌傳》云袁泌時爲侍中、丞相長史。知此處袁泌爲丞相左長史。爲相府僚佐之長，總領相府諸曹。　袁泌：字文洋，陳郡陽夏（今河南太康縣）人。本書卷二六有附傳，《陳書》卷一八有傳。　御史中丞：官名。御史臺長官，掌督察百官，糾彈不法。有風聞奏事之權。員一人。梁初四品。梁武帝天監七年（508）定爲十一班。　劉仲威：南陽涅陽（今河南鄧州市）人。本書卷五〇有附傳，《陳書》卷一八有傳。　典兵：統領軍隊。

[2]壽陽：縣名。治所在今安徽壽縣。爲北齊揚州道治所。

[3]齊孝昭帝：高演。字延安，北齊神武帝高歡第六子。孝昭爲其謚號。《北齊書》卷六、《北史》卷七有紀。　合肥：縣名。治所在今安徽合肥市。

[4]鳩集：聚集。　義故：以恩義相結的故舊，猶言故人、朋友或門人。常指私兵部曲，其實質是依附於主人的私屬。

[5]傖楚：此指雜居於江淮之間的北方流民。

[6]合州：《資治通鑑》卷一六八《陳紀二》陳文帝天嘉二年胡三省注曰："梁置合州於合肥，侯景之亂，已入於齊，齊之境土，南盡歷陽。陳蓋僑置合州於江濱，以景徽爲刺史。"　裴景暉：《陳書》卷三《世祖紀》作"裴景徽"。

[7]行臺左丞：官名。即行臺尚書左丞，在行臺内的職掌如尚書左丞。此處，盧潛以行臺左丞擔任揚州道行臺長官。《北齊書》卷三二《王琳傳》作"行臺右丞"。按，行臺右丞似無擔任行臺長

官之例，《北齊書》卷四二《盧潛傳》亦作“行臺左丞”，當以“行臺左丞”爲是。　盧潛：范陽涿（今河北涿州市）人。《北齊書》卷四二有附傳，《北史》卷三〇有傳。

［8］沉吟：遲疑。

［9］挺身：空身，不帶任何隨身之物和人。《陳書·世祖紀》記載，陳文帝天嘉二年正月乙卯，“合州刺史裴景徽奔于齊”。

［10］璽書：以泥封加印的文書，此指皇帝詔書。

［11］驃騎大將軍：官名。居諸名號將軍之首。北齊從一品。　開府儀同三司：官名。北齊從一品。　楊州：州名。治壽春縣，在今安徽壽縣。

［12］郡公：北齊爵制，分王和五等爵共二等十五級，郡公屬五等爵，在郡王、國公下。從一品。

［13］兵秩：兵力和禄秩。《隋書·百官志中》記載，北齊從一品官員，每歲禄七百匹，以一百七十五匹爲一秩，同時各級官員“各給事力”。“事力”即供力役者，北齊常以兵士充之，稱兵力。《北齊書·王琳傳》作“兵仗”（一本作“兵杖”）。

［14］鐃吹：演奏鐃歌的儀仗樂隊。

［15］覘釁：覘察敵人的間隙。

琳在壽陽，與行臺尚書盧潛不協，[1]更相是非，[2]被召還鄴。齊武成弘而不問，[3]除滄州刺史。[4]後以琳爲特進、侍中。[5]所居屋脊無故剥破，出赤蛆數升，汁落地化爲血，[6]蠕動。有龍出於門外之池，[7]雲霧起，晝晦。會陳將吴明徹寇齊，齊帝敕領軍將軍尉破胡等出援秦州，[8]令琳共爲經略。[9]琳謂所親曰：“今太歲在東南，[10]歲星居牛斗分，[11]太白已高，[12]皆利爲客，我將有喪。”又謂破胡曰：“吴兵甚鋭，[13]宜長策制之，慎勿輕鬬。”

破胡不從。戰，軍大敗。琳單馬突圍，僅而獲免。[14]還至彭城，[15]齊令便赴壽陽，并許召募。[16]又進封琳巴陵郡王。[17]陳將吴明徹進兵圍之，堰肥水灌城。[18]而齊將皮景和等屯於淮西，[19]竟不赴救。明徹晝夜攻擊，城内水氣轉侵，[20]人皆患腫，死病相枕。從七月至十月，[21]城陷被執，百姓泣而從之。吴明徹恐其爲變，殺之城東北二十里，時年四十八。哭者聲如雷。有一叟以酒脯來至，[22]號酹盡哀，[23]收其血懷之而去。傳首建康，懸之於市。

[1]行臺尚書：官名。行臺屬官，分曹理事。若未設行臺令、僕射，則可作爲行臺長官。此處，盧潛以行臺尚書擔任揚州道行臺長官。　不協：不和。

[2]更相是非：彼此否定，相互攻訐。

[3]齊武成：即北齊皇帝高湛，武成爲其謚號。《北齊書》卷七、《北史》卷八有紀。　弘：大德本、南監本、北監本、汲古閣本、殿本、明本《册府元龜》卷四五六作“置”，《通志》卷一四二作“弛”。“弛”“置”皆有“寬釋”之義。

[4]滄州：州名。治饒安城，在今河北滄州市東南。

[5]特進：官名。北齊時以舊德就閑者居之。二品。　侍中：官名。北齊時員六人，三品。

[6]汁：《北齊書》卷三二《王琳傳》、《册府元龜》卷九五一、《太平御覽》卷九五一引《梁書》皆無此字。

[7]池：《北齊書·王琳傳》、《册府元龜》卷九五一作“地”。

[8]領軍將軍：官名。北齊領軍將軍統領朱華閣外的禁衛武官，皇帝出行時統率儀仗警衛，領軍府轄左、右衛府及領左右府。北齊後期在領軍將軍上又置領軍大將軍，並出現多位領軍並置的現象。

從二品。　秦州：州名。治六合縣，在今江蘇南京市六合區。按，據《陳書》卷五《宣帝紀》、《北史》卷八《齊後主紀》記載，吴明徹率陳軍於陳宣帝太建五年（573）三月北伐，於四月辛亥攻克秦州水栅，又於當月辛酉（《北史·齊後主紀》作“五月”）在吕梁（疑爲“石梁”之訛）南擊破尉破胡、長孫洪略所率北齊援軍。此戰，北齊方面長孫洪略戰死，尉破胡逃脱。秦州於五月戊子降於陳軍。

[9]經略：籌劃。

[10]太歲在東南：太歲是古人根據歲星假想的星體。它自東向西運行，與歲星運行方向相反，且速度均匀。古人認爲，太歲所在的方位不可用兵征伐，逆歲行軍乃兵家大忌。陳軍北伐淮南在公元573年，正值癸巳年，巳對應東南方，故王琳云“太歲在東南”。

[11]歲星居牛斗分：歲星即木星，它在天空繞行一周接近十二年，古人因此把天赤道帶十二等分，稱爲十二次。又將十二次與二十八宿及地上州國對應起來。牛、斗即二十八宿中的南斗和牽牛，“歲星居牛斗分”則歲星在星紀之次，其所對應的分野是揚州吴越之地。古人認爲，“歲星所在處，有仁德者，天之所佑也，不可攻，攻之必受其殃。利以稱兵，所向必剋也”（《乙巳占》卷四），“歲星所在，國不可伐，可以伐人”（《漢書·天文志》）。吴越揚州正是陳國都所在，故王琳認爲與陳軍交戰大爲不利。

[12]太白已高：金星出現在黄道北面。古人認爲，“太白出高，用兵深入敢戰者吉”（《漢書》卷六九《趙充國傳》）。

[13]吴兵：當時北朝常稱南朝人爲吴兒、吴子、吴人，稱其兵爲吴兵。

[14]僅而：纔。

[15]彭城：縣名。治所在今江蘇徐州市。時爲北齊徐州治所。

[16]并許召募：有學者指出，由於王琳在江淮地區頗受擁戴，故北齊對王琳並不信任，不僅使其長期遠離淮南，且處處掣肘，萬不得已時纔准其到淮南自行招募。北齊後期，由於淮南已無法作爲

經略江南的跳板，故北齊對其頗爲輕視，長期加以苛税重賦，這使得北齊在這一地區喪失民心，也造成許多王琳原先的部曲歸附陳朝（參見李萬生《侯景之亂與北朝政局》，中國社會科學出版社 2003 年版，第 201—207 頁；程濤《王琳與南朝後期政局》，碩士學位論文，上海社會科學院，2015 年，第 85—92 頁）。

［17］郡王：北齊爵制，分王和五等爵共二等十五級，郡王爲最高一級。一品。

［18］肥水：即今東肥河，流經壽陽。

［19］皮景和：琅邪下邳（今江蘇睢寧縣古邳鎮北東）人。時任領軍大將軍。壽陽被圍困時，正駐軍淮口。《北齊書》卷四一、《北史》卷五三有傳。

［20］轉侵：漸入。

［21］從七月至十月：據《陳書・宣帝紀》及《北史・齊後主紀》記載，吴明徹於陳宣帝太建五年六月圍壽陽，於七月丙戌攻克壽陽外城，於十月乙巳攻克壽陽。

［22］酒脯：酒和乾肉，指酒肴。

［23］號酹：號哭祭奠。酹，以酒澆地表示祭奠。

琳故吏梁驃騎府倉曹參軍朱瑒致書陳尚書僕射徐陵求琳首，[1]曰：

［1］驃騎：官名。即驃騎將軍。在鎮衛將軍下、車騎將軍上。爲内外通用之重號將軍。梁武帝天監七年（508）定爲武職二十四班中的二十四班，大通三年（529）定爲武職三十四班中的三十四班。　倉曹參軍：官名。軍府僚佐。爲倉曹長官。　尚書僕射：官名。尚書令副佐，並與尚書分領諸曹。或單置，或分左、右。左僕射位在右僕射上，可代尚書令主持尚書省政務。右僕射與祠部尚書通職。若單置，則以尚書僕射掌左僕射事，以祠部尚書掌右僕射

事。梁十五班。

竊以朝市遷貿，[1]時傳骨鯁之風；[2]歷運推移，間表忠貞之迹。[3]故典午將滅，[4]徐廣爲晋家遺老；[5]當塗已謝，[6]馬孚稱魏室忠臣。[7]用能播美於前書，[8]垂名於後世。梁故建寧公琳，洛濱餘胄，[9]沂川舊族，[10]立功代邸，[11]效績中朝。[12]當離亂之辰，[13]總藩伯之任。[14]爾乃輕躬殉主，[15]以身許國，寔追蹤於往彦，信踵武於前脩。[16]而天厭梁德，尚思匡繼，[17]徒藴包胥之念，[18]終遘萇弘之眚。[19]洎王業光啓，[20]鼎祚有歸，[21]於是遠迹山東，[22]寄命河北。[23]雖輕旅臣之歎，[24]猶懷客卿之禮。[25]感兹知己，忘此捐軀。至使身没九泉，頭行萬里。[26]誠復馬革裹屍，遂其生平之志，原野暴骸，[27]會彼人臣之節。[28]然身首異處，有足悲者。封樹靡小，[29]良可愴焉。

[1]朝市：猶言朝廷。《周禮·考工記》云營建王宫，"左祖右社，面朝後市"，故朝、市位置的變動，實寓意王朝更迭。　遷貿：變更。

[2]時：《北齊書》卷三二《王琳傳》、《册府元龜》卷八〇四無"時"字。　骨鯁：剛直。《北齊書·王琳傳》、《册府元龜》卷八〇四作"骨梗"。

[3]間：間或。《北齊書·王琳傳》、《册府元龜》卷八〇四無"間"字。

[4]典午：指司馬氏創立的晋朝。"典午"即司馬。典，司。午，於十二生肖配馬。

[5]徐廣：字野民，東莞姑幕（今山東諸城市）人。仕晋爲秘書監。晋恭帝禪位於劉裕，他爲之流涕，謝晦見曰："徐公將無小過也。"徐廣對曰："君爲宋朝佐命，吾乃晋室遺老，憂喜之事固不同時。"本書卷三三、《晋書》卷八二、《宋書》卷五五有傳。　晋家：指晋朝。六朝時常在朝代名稱後加"家"，類似於詞尾。

[6]當塗：指三國曹魏。漢代有讖言曰："代漢者，當塗高。"漢末的周舒、許芝等人將"當塗高"解釋爲"魏闕"（宫門兩邊當道而立的高大望樓）之"魏"。故此讖言在當時一度成爲曹魏代漢的依據。

[7]馬孚：即司馬孚。字叔達，河内温（今河南温縣）人。司馬懿三弟。仕魏爲太傅。曹奂禪位於司馬炎，前往金墉城，司馬孚爲其送行，執手流涕曰："臣死之日，固大魏之純臣也。"雖爲晋太宰，死時仍自稱"有魏貞士"。《晋書》卷三七有傳。《册府元龜》卷八〇四作"馬季"，誤。

[8]用：因而。　於：《文苑英華》卷六九三無此"於"字及下句之"於"字。

[9]洛濱餘胄：南北朝時，王氏多追認周靈王太子晋爲始祖。東周都城在洛水之濱，故稱王琳爲"洛濱餘胄"。餘胄，多指帝王、貴族的後裔。

[10]沂川舊族：沂川，《文苑英華》卷六九三、《北齊書·王琳傳》作"沂州"，明本《册府元龜》卷八〇四作"沂水"。《北齊書·王琳傳》中華本校勘記云："《隋書》卷三一《地理志》'琅邪郡'條云：'舊置北徐州，後周改曰沂州'，《太平寰宇記》卷二三'沂州'條云：'周武帝宣政元年，改北徐州爲沂州。'周滅齊前，不得有沂州之稱。"按，此係將王琳攀附爲琅邪王氏。琅邪王氏世居臨沂都鄉南仁里（今山東臨沂市蘭山區白沙埠鎮孝友村），地處沂水（今沂河）之濱，故稱王琳爲"沂川舊族"。

[11]代邸：漢時諸郡王侯爲朝見天子而設於京師的住所稱作邸。漢文帝原爲代王，被擁立爲帝後，由代邸入宫即位。故後世以

“代邸”指藩王入嗣帝位前的舊邸，此處意謂梁元帝登基之前。

[12]效績：立功。　中朝：朝中。

[13]辰：時。

[14]總：統領。　藩伯：諸侯之長。大德本、南監本、北監本、殿本、《文苑英華》卷六九三同，汲古閣本作“蕃伯”，《北齊書·王琳傳》、《册府元龜》卷八〇四作“方伯”。

[15]爾乃：句首語氣詞，無義。

[16]信：確實。　踵武：跟着别人的脚步，意謂效法。

[17]尚：《北齊書·王琳傳》作“上”。　匡繼：《册府元龜》卷八〇四作“救復”，《文苑英華》卷六九三作“匡救”。

[18]徒藴：《文苑英華》卷六九三作“雖繼”。　包胥：即申包胥。楚武王之兄蚡冒的後裔，春秋時楚國大夫。《左傳》定公四年記載，吴軍攻破楚都，申包胥如秦乞師，“依於庭墻而哭，日夜不絶聲，勺飲不入口七日”。最終説動秦哀公出兵助楚復國。

[19]萇弘：春秋時周大夫。《左傳》哀公三年記載，他因支持晉國的范氏，遭到趙鞅討伐，因而被殺。古人以其爲忠臣，《莊子·外物》《吕氏春秋·必己》云其血經三年化爲碧玉。　眚：灾禍。

[20]洎：及。　王業光啓：指陳霸先開創陳朝。

[21]鼎祚：指帝位。

[22]山東：太行山以東、黄河下游以北地區。北齊都城鄴城及其疆域之大部皆屬這一區域，在當時，“山東”“河北”可互稱。

[23]寄命：託身。

[24]輕：《文苑英華》卷六九三作“經”。

[25]客卿：戰國時各國有“客卿”之號，專授予自他國來仕者。其身份介乎官和客之間，頗受禮遇。此處“客卿之禮”意謂北齊授王琳高官，而以客禮相待。

[26]頭行萬里：《北齊書·王琳傳》、《册府元龜》卷八〇四作“千里”。按，《三國志》卷六《魏書·袁尚傳》裴松之注引《典

略》云，袁熙曰："頭顱方行萬里，何席之爲！"

[27]暴骸：《文苑英華》卷六九三作"暴體"。

[28]會：《文苑英華》卷六九三作"全"。

[29]小：大德本、南監本、北監本、汲古閣本、殿本、《北齊書·王琳傳》、《文苑英華》卷六九三、《册府元龜》卷八〇四作"卜"。

瑒早簉末僚，[1]預參下席，[2]降薛君之吐握，[3]荷魏公之知遇。[4]是用霑巾雨袂，[5]痛可識之顔，回腸疾首，切猶生之面。[6]伏惟聖恩博厚，明詔爰發，[7]赦王經之哭，[8]許田横之葬。[9]瑒雖芻賤，竊亦有心。琳經莅壽陽，[10]頗存遺愛，曾游江右，[11]非無舊德。[12]比肩東閣之吏，[13]繼踵西園之賓，[14]願歸彼境，[15]還脩窀穸。[16]庶孤墳既築，[17]或飛銜土之鸗，[18]豐碑式樹，[19]時留墮淚之人。[20]近故舊王緡等已有論牒，[21]仰蒙制議，不遂所陳。昔廉公告逝，[22]即肥川而建塋域，[23]叔孫云亡，[24]仍芍陂而植楸檟。[25]由此言之，抑有其例。[26]不使壽春城下，唯傳報葛之人，[27]滄洲島上，獨有悲田之客。[28]昧死陳祈，伏待刑憲。

[1]簉（zào）：列於。

[2]下席：末座。

[3]降薛君：《文苑英華》卷六九三作"荷公"。薛君，即孟嘗君。田氏，名文。戰國時齊人。襲父爵封於薛（今山東滕州市南），故稱薛君。以廣致賓客、禮賢下士而聞名。《史記》卷七五有傳。吐握：吐哺、握髮。相傳周公恐失天下之士，熱心接待來客，以

致一沐三握髮，一飯三吐哺。哺即口中所含的食物。

［4］荷魏公：《文苑英華》卷六九三作“感君”。魏公，即戰國時魏公子無忌。魏安釐王異母弟。被封爲信陵君。他禮賢下士，相傳侯嬴、朱亥因感其知遇之恩，曾助他竊符救趙。《史記》卷七七有傳。

［5］是用：因此。　霑巾雨袂：淚水浸濕手巾、衣袖。《文苑英華》卷六九三作“沾巾拭袂”。

［6］切：痛，傷。

［7］爰：助詞，無義。

［8］王經：字彦緯，清河（今河北清河縣）人。曾任曹魏司隸校尉、尚書。高貴鄉公死後，王經因忠於曹魏，亦被害。向雄曾爲王經僚佐，王經被殺，他哭於東市，後又收葬鍾會。司馬昭召而責之，終被向雄説服，對其不予追究。

［9］田横：狄（今山東高青縣）人。秦末與從兄田儋起兵反秦，後自立爲齊王。劉邦稱帝，召田横至洛陽，田横於路上自殺，劉邦以王者禮葬之。田横有客五百人，亦隨其自殺。事詳《史記》卷九四《田儋列傳》、《漢書》卷三三《田儋傳》。

［10］經莅：《文苑英華》卷六九三作“往莅”。

［11］江右：《文苑英華》卷六九三作“江左”。

［12］舊德：《北齊書》卷三二《王琳傳》、《册府元龜》卷八〇四作“餘德”。

［13］東閤：《漢書》卷五八《公孫弘傳》記載，公孫弘爲丞相時廣納賓客，“起客館，開東閤以延賢人”。東閤是正門東邊的旁門，顔師古注曰：“閤者，小門也，東向開之，避當庭門而引賓客，以别於掾史官屬也。”

［14］西園：即銅雀苑。在三國魏都鄴城文昌殿西。曹氏父子常在此宴請賓客，賦詩游會。

［15］願歸：《文苑英華》卷六九三作“願歸元”。

［16］脩：《文苑英華》卷六九三作“塋”。　窀（zhūn）穸

（xī）：墓穴。

［17］庶：希望，但願。

［18］或飛銜土之鷰：《史記》卷五九《五宗世家》記載，漢景帝廢太子劉榮爲臨江王，後因其犯法，派人責訊，劉榮懼而自殺，葬於藍田，“燕數萬銜土置冢上，百姓憐之”。

［19］式：助詞，無義。

［20］人：《文苑英華》卷六九三作“民”。

［21］王綰：《文苑英華》卷六九三作“王維”。

［22］廉公：即廉頗。戰國時趙國名將，死葬於壽春。《史記》卷八一有傳。《册府元龜》卷八〇四作“梁公”。　告：云。

［23］肥川：即肥水（今東肥河）。流經壽陽。　塋域：墓地。《北齊書·王琳傳》同，大德本、南監本、北監本、汲古閣本、殿本作“營域”。按，《史記》卷八一《廉頗藺相如列傳》張守節正義曰：“廉頗墓在壽州壽春縣北四里。”《大清一統志》曰：“廉頗墓在壽州八公山下。”

［24］叔孫：《北齊書·王琳傳》、《文苑英華》卷六九三作“孫叔”。即孫叔敖。春秋時楚國令尹。《史記》卷一一九有傳。

［25］芍陂：壽陽地區的蓄水灌溉工程，傳説是春秋時孫叔敖所建。今安徽壽縣安豐塘即其遺迹。　楸（qiū）檟（jiǎ）：即楸樹。常植於墓祠。按，《水經注·肥水》云芍陂附近有孫叔敖祠。《魏書》卷一九中《拓跋澄傳》云，拓跋澄除揚州刺史，“下車封孫叔敖之墓”；卷九七《劉義隆傳》云：“進攻壽陽，屯兵於孫叔敖冢。”知孫叔敖墓在壽陽一帶。

［26］其例：《文苑英華》卷六九三作“前例”。

［27］葛：即諸葛誕。字公休，琅邪陽都（今山東沂南縣）人。甘露二年（257），他在壽春起兵反對司馬昭，於次年兵敗被殺。《三國志》卷二八有傳。史載，諸葛誕頗得人心，其死後，麾下數百人因拒絶歸降而被斬，皆曰：“爲諸葛公死，不恨。”

［28］客：《文苑英華》卷六九三作“士”。按，《史記》卷九四

《田儋列傳》張守節正義引崔豹《古今注》云："《薤露》《蒿里》，送哀歌也，出田横門人。横自殺，門人傷之而作悲歌，言人命如薤上露，易晞滅。"

陵嘉其志節，又明徹亦數夢琳求首，[1]並爲啓陳主而許之。仍惟開府主簿劉韶慧等持其首還于淮南，[2]權瘗八公山側，[3]義故會葬者數千人。瑒等乃間道北歸，别議迎接。尋有揚州人茅智勝等五人密送喪柩達于鄴，[4]贈十五州諸軍事、楊州刺史、侍中、特進、開府、録尚書事，[5]謚曰忠武王，葬給轀輬車。[6]

[1]數：大德本、南監本、北監本、殿本同，汲古閣本作"敦"。

[2]惟：大德本、南監本、北監本、汲古閣本、殿本、《北齊書》卷三二《王琳傳》作"與"。

[3]瘗（yì）：埋葬。　八公山：在壽陽城北，北瀕淮水，南臨肥水。相傳劉安曾與八公學仙於此，因而得名。在今安徽淮南市八公山區。

[4]茅智勝：《北齊書·王琳傳》作"茅知勝"。

[5]録尚書事：官名。北齊録尚書事爲尚書省長官，位在尚書令上，職掌與尚書令同，但不糾察。

[6]轀輬車：一作"轀涼車"。可供躺卧的大車，有羽飾。漢代以後亦用作喪車，運載帝王重臣的棺柩。轀、輬本是形制相似的兩種車，區别在於轀無窗、輬有窗，二者往往相伴而行，故人們常連言"轀輬"而偏指其中之一。

琳體貌閑雅，立髮委地，[1]喜怒不形於色。雖無學業，而强記内敏，[2]軍府佐史千數，[3]皆識其姓名。刑罰不濫，輕財愛士，得將卒之心。少爲將帥，屢經喪亂，雅有忠義之節。雖本圖不遂，齊人亦以此重之，[4]待遇甚厚。及敗，爲陳軍所執，吴明徹欲全之，而其下將領多琳故吏，争來致請，并相資給，明徹由此忌之，故及於難。當時田夫野老，知與不知，莫不爲之歔欷流泣。觀其誠信感物，雖李將軍之恂恂善誘，[5]殆無以加焉。

[1]立髮委地：站着頭髮能下垂到地面，還有多餘的部分拖於地上。古人認爲此乃大貴之相。

[2]内敏：心思敏捷。

[3]佐史：《北齊書》卷三二《王琳傳》作“佐吏”。

[4]齊人：《北齊書·王琳傳》作“鄴人”。

[5]李將軍：大德本、殿本同，汲古閣本作“季將軍”，當以“李將軍”爲是。即李廣，隴西成紀（今甘肅秦安縣）人。漢代名將。《史記》卷一〇九、《漢書》卷五四有傳。　恂恂：司馬遷曾評價李廣説：“余睹李將軍悛悛如鄙人，口不能道辭。及死之日，天下知與不知，皆爲盡哀。彼其忠實心誠信於士大夫也？”悛悛，同“恂恂”，恭順的樣子。牛運震《讀史糾謬》云：“按此處横加贊語殊屬繁贅，且《史記·李將軍傳》衹言李廣‘恂恂如鄙人’，何嘗云‘恂恂善誘’邪？”

琳十七子，長子敬在齊襲王爵，武平末通直常侍。[1]第九子衍，隋開皇中開府儀同三司，[2]大業初，[3]卒於渝州刺史。[4]

[1]武平：北齊後主高緯年號（570—576）。　通直常侍：官

名。即通直散騎常侍，北齊時除集書省置六員外，集書省所轄起居省亦設一員。四品。

［2］開皇：隋文帝楊堅年號（581—600）。　開府儀同三司：官名。隋置十一等散實官，開府儀同三司爲第六等，正四品上。隋煬帝大業三年（607）升爲從一品，位次王、公。

［3］大業：隋煬帝楊廣年號（605—618）。

［4］渝州：州名。治巴縣，在今重慶市。

張彪不知何許人，自云家本襄陽，[1]或云左衛將軍、衡州刺史蘭欽外弟也。[2]少亡命在若邪山爲盜，[3]頗有部曲。臨城公大連出牧東楊州，[4]彪率所領客焉。[5]始爲方閤，[6]後爲十兵參軍，[7]禮遇甚厚。及侯景將宋子仙攻下東楊州，[8]復爲子仙所知。後去子仙，還入若邪義舉，[9]征子仙不捷，仍走向剡。[10]

［1］自云家本襄陽：《册府元龜》卷七六一云："張彪，會稽人。"

［2］蘭欽：字休明，疑其出身峽江流域之巴蠻。本書卷六一、《梁書》卷三二有傳（參見趙燦鵬《梁陳之際南方豪族崛起的先聲：南朝名將蘭欽家世與生平蠡測》，《江西社會科學》2019年第8期）。　外弟：此指妻弟。

［3］若邪山：在今浙江紹興市柯橋區。大德本、南監本、北監本、殿本同，汲古閣本作"若耶山"，下同，不再出注。

［4］臨城公大連：即蕭大連，字仁靖。蕭綱第五子。梁武帝大同二年（536），封臨城縣公，邑一千五百户。太清元年（547），出爲東揚州刺史。本書卷五四、《梁書》卷四四有傳。臨城，縣名。治所在今安徽青陽縣南。　東楊州：大德本、南監本、北監本、汲古閣本、殿本作"東揚州"，當以"東揚州"爲是，下同，不再出

注。州名。治山陰縣，在今浙江紹興市。

[5]焉：殿本同，大德本、汲古閣本作“馬”。當以“焉”爲是。

[6]方閤：大德本、南監本、北監本、汲古閣本、殿本作“防閤”。按，底本誤。防閤，官名。王公置防閤，負責保衛。

[7]十兵參軍：大德本、南監本、北監本、汲古閣本、殿本作“中兵參軍”，當以“中兵參軍”爲是。中兵參軍，官名。軍府僚佐。掌中兵曹事務。對内統兵政，對外則領兵征戰。有限内、限外之分。梁時皇弟皇子府中兵參軍爲六班，皇弟皇子之庶子府中兵參軍爲四班。

[8]宋子仙攻下東楊州：《梁書》卷五六《侯景傳》記載，梁武帝太清三年十二月，宋子仙、趙伯超、劉神茂進攻會稽，東揚州刺史蕭大連棄城走，被劉神茂所擒。

[9]義舉：《通志》卷一四二作“舉義”。

[10]剡：縣名。治所在今浙江嵊州市西南。

趙伯超兄子稜爲侯景山陰令，[1]去職從彪。後懷異心，僞就彪計，請酒爲盟，引刀子披心出血自歃，彪信之，亦取刀刺血報之。刀始至心，稜便以手案之，望入彪心，刀斜傷得不深。稜重取刀刺彪，頭面被傷頓絶。稜謂已死，因出外告彪諸將，言已殺訖，欲與求富貴。彪左右韓武入視，彪已蘇，細聲謂曰：“我尚活，可與手。”[2]於是武遂誅稜。彪不死，復奉表元帝，帝甚嘉之。

[1]趙伯超：趙革之子。原爲譙州刺史，寒山之戰時曾被東魏俘虜。侯景之亂時隨邵陵王蕭綸入援京師，後與柳仲禮等人一同歸

降侯景。侯景任其爲儀同，又以其爲東道行臺，鎮錢塘。侯景敗逃後，趙伯超投降侯瑱。後餓死於江陵獄中。

[2]與手：《資治通鑑》卷一八五《唐紀一》唐高祖武德元年胡三省注云："與手，魏、齊間人率有是言，言與之毒手而殺之也。"周一良《魏晋南北朝史札記》云："與手猶言毆打也。"（第207頁）

及侯景平，王僧辯遇之甚厚，引爲爪牙，與杜龕相似，世謂之張、杜。貞陽侯踐位，爲東揚州刺史，并給鼓吹。室富於財，晝夜樂聲不息。剡令王懷之不從，[1]彪自征之。留長史謝岐居守。[2]會僧辯見害，彪不自展拔。時陳文帝已據震澤，[3]將及會稽，彪乃遣沈泰、吴寶真還州助岐保城。[4]彪後至，泰等反與岐迎陳文帝入城。彪因其未定，踰城而入。陳文帝遂走出，彪復城守。沈泰説陳文帝曰："彪部曲家口並在香巖寺，[5]可往收取。"遂往盡獲之。彪將申進密與泰相知，[6]因又叛彪，彪復敗走，不敢還城。據城之西山樓子，及暗得與弟崑崙、妻楊氏去。猶左右數人追隨，彪疑之皆發遣，[7]唯常所養一犬名黄蒼在彪前後，未曾捨離。乃還入若邪山中。

[1]剡令王懷之：《梁書》卷六《敬帝紀》云："東揚州刺史張彪圍臨海太守王懷振於剡巖。"《陳書》卷三《世祖紀》亦云："東揚州刺史張彪起兵圍臨海太守王懷振。"王鳴盛《十七史商榷》云："此事與《陳書·文帝紀》略同，但'剡令王懷之'，彼作'臨海太守王懷振'。案，東揚州，即會稽也。臨海相距遠，故往征，而留岐居守，若剡，則會稽屬縣，且其時僧辯尚在，屬令未必敢爲梗，何至舍郡城而往圍一縣乎？當從《陳書》。"

［2］謝歧：大德本、汲古閣本同，南監本、北監本、殿本作“謝岐”。當以“謝岐”爲是，下同，不再出注。謝岐，會稽山陰（今浙江紹興市）人。梁時曾爲尚書金部郎、山陰令，侯景之亂後依附張彪。後降於陳蒨。本書卷六八、《陳書》卷一六有傳。

［3］震澤：即今江蘇太湖，此指震州。

［4］沈泰：時爲張彪司馬。後曾任定州及南豫州刺史，陳武帝永定二年（558）二月叛入北齊。　吴寶真：時爲張彪手下軍主。

［5］家口：家人。

［6］申進：《陳書》卷二〇《韓子高傳》、卷二二《陸子隆傳》作“申縉”。　相知：通消息。

［7］發遣：打發，使離去。

沈泰説陳文帝遣章昭達領千兵重購之，[1]并圖其妻。彪眠未覺，黄蒼驚吠劫來，[2]便嚙一人中喉即死。彪拔刀逐之，映火識之，曰：“何忍舉惡。[3]卿須我者但可取頭，誓不生見陳蒨。”劫曰：“官不肯去，[4]請就平地。”彪知不免，謂妻楊呼爲鄉里曰：[5]“我不忍令鄉里落佗處，今當先殺鄉里然後就死。”楊引頸受刀，曾不辭憚。彪不下刀，便相隨下嶺到平處。謂劫曰：“卿須我頭，我身不去也。”呼妻與訣，曰：“生死從此而别，若見沈泰、申進等爲語曰，功名未立，猶望鬼道相逢。”劫不能生得，遂殺彪并弟，致二首於昭達。黄蒼號叫彪屍側，宛轉血中，[6]若有哀狀。

［1］章昭達：字伯通，吴興武康（今浙江德清縣）人。時爲陳蒨部將。本書卷六六、《陳書》卷一一有傳。

［2］劫：盗賊。

［3］舉惡：偁惡，揚惡。

［4］官：對尊長的敬稱。

［5］鄉里：周一良猜測，稱妻爲“鄉里”，可能即會稽一帶方言（《魏晋南北朝史札記》，第477—478頁）。

［6］宛轉：因痛苦或悲傷而在地上打滚、翻轉。

昭達進軍，迎彪妻便拜，稱陳文帝教迎爲家主。楊便改啼爲笑，欣然意悦，請昭達殯彪喪。墳冢既畢，黄蒼又俯伏冢間，號叫不肯離。楊還經彪宅，謂昭達曰：“婦人本在容貌，辛苦日久，[1]請蹔過宅莊飾。”昭達許之。楊入屋，便以刀割髪毁面，哀哭慟絶，誓不更行。陳文帝聞之，歎息不已，遂許爲尼。後陳武帝軍人求取之，楊投井决命。時寒，比出之垂死，積火温燎乃蘇，復起投於火。

［1］辛苦：哀傷，傷心。

彪始起於若邪，興於若邪，終於若邪。及妻犬皆爲時所重異。楊氏，天水人，[1]散騎常侍曒之女。[2]有容貌，先爲河東裴仁林妻，[3]因亂爲彪所納。彪友人吴中陸山才嗟泰等飜背，[4]刊吴昌門爲詩一絶曰：[5]“田横感義士，韓王報主臣，若爲留意氣，持寄禹川人。”[6]

［1］天水：郡名。治上邽縣，在今甘肅天水市。

［2］散騎常侍曒之女：此句下，大德本、南監本、北監本、汲古閣本、殿本後有“也”字。

[3]河東：郡名。治安邑縣，在今山西夏縣西北。

[4]陸山才：字孔章，吴郡吴（今江蘇蘇州市）人。王僧辯曾授其爲儀同府西曹掾。王僧辯被殺後，曾依附張彪。本書卷六八、《陳書》卷一八有傳。 飜背：翻覆，背叛。

[5]吴昌門：即閶門。吴縣西城門，舊址在今江蘇蘇州市姑蘇區。此詩的寫作時間，曹道衡、沈玉成《中古文學史料叢考》有考辨："山才依張彪，在陳霸先殺王僧辯後，即敬帝紹泰元年（即承聖四年555）九月左右。張彪之敗，據《梁書·敬帝紀》、《陳書·高祖紀》《世祖紀》及《通鑑》卷一六六，並爲太平元年（即紹泰二年556）二月。時間甚短，疑陸在奔彪前，與彪早有交誼。山才歸陳霸先，既在太平元年（556）二月左右。考《陳書》本傳，山才降陳，即以爲南豫州刺史周文育長史。考《陳書·周文育傳》《侯瑱傳》並以爲文育爲南豫州，乃以防侯瑱，瑱時初附，'未有入朝意'，故有此舉。《侯瑱傳》且明言'紹泰二年'，則是十月改元太平之前。陸《題吴昌門詩》當作於赴長史任之前，歸陳霸先之後，其時間必爲是年上半年。"（第674—675頁）

[6]禹川：會稽。

論曰：忠義之道，安有常哉。善言者不必能行，蹈之者恒在所忽。江子一、胡僧祐，太清之季，名宦蓋微。江則自致亡軀，胡亦期之殞命，然則貞勁之節，歲寒自有性也。文盛克終有鮮，[1]詩人得所誡焉。子春戰乃先鳴，幽通有助，及乎梁州之敗，而以濯足爲尤。杜氏終致覆亡，亦云圖墓之咎。吉凶之兆，二者豈易知乎。王琳亂朝忠節，志雪仇耻，然天方相陳，義難弘濟，[2]斯則大厦落構，[3]豈一木所能支也。張彪一遇何懷，死而後已；唯妻及犬，義悉感人，記傳所陳，何以加此，異乎！

［1］克終有鮮：語本《詩·大雅·蕩》："靡不有初，鮮克有終。"克，能够。

［2］弘濟：大加救助。

［3］斯：大德本、南監本、北監本、殿本同，汲古閣本作"期"。當以"斯"爲是。

南史　卷六五

列傳第五十五

陳宗室諸王[1]

永脩侯擬　遂興侯詳　宜黄侯慧紀
衡陽獻王昌 子伯信　南康愍王曇朗 子方泰 方慶
文帝諸子　宣帝諸子　後主諸子

[1]陳宗室諸王：《南史》爲每朝宗室立傳，體例有其優長之處。李澄宇《讀南史蠡述》卷二“書陳宗室及諸王傳”條即言：“《陳書》衡陽獻王昌、南康愍王曇朗别有傳，置《宗室傳》前，此併爲一傳。又始興王叔陵併入宣帝諸子傳，新安王伯固併入文帝諸子傳，亦與《陳史》别有傳且屏置卷尾者異。蓋通史體例不妨如此也。”〔《讀二十五史蠡述（二）》，北京圖書館出版社 2005 年版，第 352—353 頁〕然亦有失誤欠妥之處。王鳴盛《十七史商榷》卷六四《衡陽獻王昌入宗室》云：“《南史》於陳高祖之子衡陽獻王昌入之《宗室諸王傳》，與疏屬之永修侯擬等並列，舛謬斯極。《宋》《齊》《梁》《陳》書於宗室王子雜置諸傳之中，殊嫌錯互。《南史》每朝先以宗室，謂旁支也；次以各帝子；然後次以諸臣，

位置較分明，惟悖逆者不另敘爲非耳。今昌是高祖子，乃目爲宗室，李延壽雖惛妄，何至此，明係急於成書，草率編次，不及詳審之故……書前總目，後人所添，李延壽本無。李目自在各卷之首……陳則宗室、諸王共一卷，卷首目‘諸王’上落‘及’字已疏忽，昌不標武帝子，與諸宗室溷，昌下跳過曇朗，方及文帝子，種種乖謬，不可勝言。昌是高祖第六子，上有五兄，其下當更有弟，一無所見，史家闕佚多矣。”

永脩侯擬字公正，陳武帝之疏屬也。[1]少孤貧，質直强記。武帝南征交阯，[2]擬從焉。梁紹泰二年，[3]除員外散騎常侍、明威將軍，[4]以雍州刺史資監南徐州事。[5]

[1]陳武帝：陳霸先。字興國，小字法生，吴興長城（今浙江長興縣）人。南朝陳開國皇帝。本書卷九，《陳書》卷一、卷二有紀。

[2]交阯：郡名。治龍編縣，在今越南北寧省仙游縣東。按，陳霸先南征交阯，時在梁武帝大同十一年（545）。

[3]紹泰：南朝梁敬帝蕭方智年號（555—556）。

[4]員外散騎常侍：官名。初爲正員之外添差之散騎常侍，後轉爲定員官，與散騎常侍、散騎侍郎、通直散騎常侍、通直散騎侍郎、員外散騎侍郎合稱六散騎。南朝梁、陳隸集書省，掌侍奉規諫，備顧問應對，實爲閑職，用以安置閑退官員、衰老之士，多授宗室、公族子弟。梁十班。陳四品，秩二千石。　明威將軍：官名。南朝梁、陳軍號之制，明智、明略、明遠、明勇、明烈、明威、明勝、明進、明鋭、明毅合稱十明將軍。梁武帝天監七年（508）改革將軍名號及班品，定一百二十五號將軍爲十品、二十四班，以班多者爲貴，明威將軍爲十三班。陳擬六品，比秩千石。

[5]以雍州刺史資監南徐州事：意謂雖授雍州刺史之官，實際

並未赴雍州上任，而是監理南徐州事務。雍州，僑置州名。寄治於襄陽縣，在今湖北襄陽市。南徐州，州名。治京口城，在今江蘇鎮江市。資，官制術語。指官吏的任職資歷。監，亦爲官制術語。指以較高級別官員監理下級部門或某地區諸軍事，亦有以他官監理某地區民政事務者，凡監某州，即行使刺史職權。南朝梁、陳之間，常見以刺史資領郡守、縣令或監别州者。錢大昕《廿二史考異》卷二七云:“梁、陳之間，往往有以刺史資領郡守、縣令者。程靈洗以譙州刺史資領新安太守，徐世譜以衡州刺史資領河東太守，陳詳以青州刺史資領廣梁太守，熊曇朗以桂州刺史資領豐城縣令，黄法𣰋以交州刺史領新淦縣令，錢道戢以東徐州刺史領錢塘、餘杭二縣令，章昭達先除定州刺史，而後爲長山縣令，亦是以刺史資領縣令也。又有以刺史資監别州者。陳擬以雍州刺史資監南徐州，華皎以新州刺史資監江州是也。”卷三七又云:“梁末增置之州多，而刺史資亦輕，又遥授，非實土，故有以刺史資而領郡者。程靈洗以譙州刺史資領新安太守，徐世譜以衡州刺史資領河東太守是也。法𣰋以刺史資領縣令，又異數矣。”

武帝踐祚，廣封宗室，詔從子監南徐州擬封永脩縣侯，[1]北徐州刺史褒封鍾陵縣侯，[2]晃封建城縣侯，[3]炅封上饒縣侯。[4]從孫明威將軍訬封虔化縣侯，[5]吉陽縣侯詛仍前封，[6]信威將軍祐封豫寧縣侯，[7]青州刺史詳封遂興縣侯，[8]貞威將軍慧紀封宜黄縣侯，[9]敬雅封寧都縣侯，[10]敬泰封平固縣侯。[11]

[1]永脩縣侯:《陳書》卷二《高祖紀下》作“永脩縣開國侯”。永脩，縣名。治所在今江西永修縣艾城鎮西南。縣侯，爵名。“開國縣侯”的省稱。在梁位視孤卿、重號將軍、光禄大夫，班次之。在陳爲九等爵第三等，三品。

［2］北徐州：州名。治燕縣，在今安徽鳳陽縣臨淮關鎮。　襃：陳襃。陳武帝族子。據《陳書》卷一五《陳襃傳》，陳襃受封時身份爲“持節、通直散騎侍郎、貞威將軍、北徐州刺史”。襃，同“褒”。本卷下同，不另注。　鍾陵：縣名。治所在今江西進賢縣西北。

［3］晃：陳晃。陳武帝族子。　建城：縣名。治所在今江西高安市。

［4］炅：陳炅。陳武帝族子。　上饒：縣名。治所在今江西上饒市西北。

［5］訬：陳訬。陳武帝族孫。據《陳書·高祖紀下》，陳訬受封時身份爲“假節、員外散騎常侍、明威將軍”。　虔化：縣名。治所在今江西寧都縣西。

［6］吉陽：縣名。治所在今江西吉水縣東。　詎：陳詎。陳武帝族孫。據《陳書·高祖紀下》，陳詎受封時身份爲“假節、信威將軍、北徐州刺史、吉陽縣開國侯”。

［7］信威將軍：官名。南朝梁始置。梁稱智威、仁威、勇威、信威、嚴威爲五德將軍，十六班。陳稱五威將軍，擬四品，比秩中二千石。按，信威將軍，《陳書》卷一五《陳擬傳》作“信武將軍”。林礽乾《陳書異文考證》云:“按《南史》總括宋齊梁陳四史於一書，其删節各史，去繁存精，簡净固多可觀，然删削太過，往往亦有不當而致誤者。如此處《陳書》原載有陳武帝封從子擬等詔一段文字，《南史》則删去其詔文之首尾，另將詔文上半段所列陳擬等人之官名戎號，悉加省裁，然後併入下半段‘某封某某縣侯’上，以達成其濃縮數節長文爲一節短文之功。惟此處明言祏爲‘信武將軍’者，《南史》則因省併前後文時，誤將上半段‘吉陽縣開國侯’上之‘信威將軍’，移置於下文‘祏封豫寧縣侯’上，遂將原本作‘信武將軍祏’者，變而爲‘信威將軍祏’。此顯係《陳書》不誤，《南史》則因割裁搭配不當而有誤也。”（文史哲出版社1979年版，第142頁）。據此，此處“信威將軍”當爲“信武將

軍”之誤。信武將軍，南朝梁置，爲五德將軍之一，在武職中地位較高，並可爲文職清官兼領。十五班。陳沿置，爲五武將軍之一。擬四品，比秩中二千石。　祏：陳祏。陳武帝族孫。據《陳書・高祖紀下》，陳祏受封時身份爲“假節、通直散騎侍郎、信武將軍”。　豫寧：縣名。治所在今江西武寧縣西。《陳書・陳擬傳》作“豫章”。林礽乾《陳書異文考證》云:“按陳有兩豫章，一是豫章郡，故治即今江西南昌縣治。陳宣帝太建元年，封皇子叔英爲豫章郡王者，即此。另一豫章爲豫章縣，故治在今江西武寧縣西，去南昌府三百二十里。陳武帝踐阼，封從子祏爲豫章縣開國侯者，即此。‘豫章縣’，舊時又名‘豫寧縣’。《宋書・州郡志》曰:‘豫寧縣，漢獻帝建安中立。吴曰要安，晋武帝太康元年更名豫寧。’南齊時，則改‘豫寧’爲‘豫章’（見《南齊書・州郡志》）。因‘豫寧’與‘豫章’係同地而異名，故知此處各本《陳書》作‘豫章縣開國侯’者，實與《南史》作‘豫寧縣開國侯’者同。”（第 143 頁）

[8]青州：州名。治齊通縣，在今四川眉山市。梁武帝太清二年（548）置，元帝承聖二年（553）没入西魏，此青州刺史或爲虚授。　詳：陳詳。陳武帝族孫。據《陳書・高祖紀下》，陳詳受封時身份爲“假節、散騎侍郎、雄信將軍、青州刺史、廣梁太守”。　遂興：縣名。治所在今江西萬安縣西。

[9]貞威將軍：官名。南朝梁始置。梁八班。陳擬七品，比秩六百石。　慧紀：陳慧紀。陳武帝族孫。據《陳書・高祖紀下》，陳慧紀受封時身份爲“貞威將軍、通直散騎侍郎”。　宜黄：縣名。治所在今江西宜黄縣東。

[10]敬雅：陳敬雅。陳武帝族孫。　寧都：縣名。治所在今江西寧都縣。

[11]敬泰：陳敬泰。陳武帝族孫。　平固：縣名。治所在今江西興國縣南。

文帝嗣位，[1]擬除丹楊尹，[2]坐事以白衣知郡，[3]尋復本職。卒，[4]謚曰定。天嘉二年，[5]配享武帝廟庭。[6]子黨嗣。

[1]文帝：南朝陳文帝陳蒨。字子華，陳武帝兄始興昭烈王陳道談長子。廟號世祖。本書卷九、《陳書》卷三有紀。

[2]丹楊尹：官名。丹楊郡行政長官。東晋、南朝皆以建康爲都城，建康在丹楊郡境内，故其長官稱尹，以區别於列郡太守。丹楊尹掌京畿地區行政諸務並詔獄，一度掌少府職事，地位頗重。陳五品，秩中二千石，相當於豫、益、廣、衡等州刺史，遠高於郡太守。

[3]白衣知郡：白衣初指無官職的士人。兩晋南北朝時，官員因過誤被削除官職者，或可以白衣守、領原職，遂演化爲一種對官員的處罰方式。

[4]卒：按，據《陳書》卷一五《陳擬傳》，陳擬卒時年五十八歲。

[5]天嘉：南朝陳文帝陳蒨年號（560—566）。

[6]配享：配食祖廟，同受後人祭祀。

遂興侯詳字文幾，少出家爲沙門。[1]善書記，[2]談論清雅。武帝討侯景，[3]召令還俗，配以兵馬，從定建鄴。[4]永定二年，[5]封遂興縣侯。天嘉三年，累遷吴州刺史。[6]五年，討周迪，[7]戰敗死之。[8]以所統失律，無贈謚。子正理嗣。[9]

[1]沙門：僧侣。“桑門”的異譯。《魏書·釋老志》云：“剃落鬚髮，釋累辭家，結師資，遵律度，相與和居，治心修浄，行乞以

自給，謂之沙門。或曰桑門，亦聲相近，總謂之僧，皆胡言也。”《陳書》卷一五《陳詳傳》作“桑門”。

［2］書記：泛指書寫、記録、撰擬等文牘諸事。

［3］侯景：字萬景。原爲東魏大將，後叛至南朝梁，於梁武帝太清二年（548）在壽陽發動叛亂，次年攻克都城建康，擅行廢立，禍亂朝野，史稱“侯景之亂”。本書卷八〇、《梁書》卷五六有傳。

［4］建鄴：東晋、南朝都城，又稱建業、建康，在今江蘇南京市。東漢獻帝建安十六年（211），孫權徙治丹陽郡秣陵縣，次年改名建業。黄龍元年（229），正式定都於建業。西晋滅吴，恢復秣陵舊名。晋武帝太康三年（282），以秦淮水爲界兩分秣陵縣境，以南爲秣陵，以北爲建業，並改名建鄴。建興元年（313）因避愍帝司馬鄴諱，改名建康。其後宋、齊、梁、陳沿用爲都城，故稱六朝古都。《太平寰宇記》卷九〇《江南東道二・昇州》引《金陵記》云：“梁都之時，城中二十八萬餘户。西至石頭城，東至倪塘，南至石子岡，北過蔣山，東西南北各四十里。”城市西界至石頭城，位於今江蘇南京市水西門以北至清凉山；東界爲倪塘，在今江蘇南京市江寧區上坊街道泥塘社區附近；南界石子岡，是包含今雨花臺在内的城南東西走向的一系列岡阜；北界逾過蔣山，也就是鍾山，今稱紫金山（參見張學鋒《南朝建康的都城空間與葬地》，《中華文史論叢》2019年第3期）。

［5］永定：南朝陳武帝陳霸先年號（557—559）。

［6］吴州：州名。治吴縣，在今江蘇蘇州市。

［7］周迪：臨川南城（今江西南城縣東南）人。仕梁爲高州刺史、臨川内史、使持節、散騎常侍、信威將軍、衡州刺史、江州刺史，封臨汝縣侯。入陳，以功加平南將軍、開府儀同三司，進號安南將軍。後以官賞不至，謀反被殺。本書卷八〇、《陳書》卷三五有傳。

［8］戰敗死之：據《陳書・陳詳傳》，陳詳卒時年四十二。

［9］正理：陳正理。陳詳之子，襲父爵遂興縣侯。曾任湘州助

防，與岳陽王陳叔慎抗擊隋軍，兵敗被殺。事見《陳書》卷二八《岳陽王叔慎傳》。

宜黄侯慧紀字元方，武帝之從孫也。涉獵書史，負材任氣。從武帝平侯景。及帝踐祚，封宜黄縣侯，除黄門侍郎。[1]

[1]黄門侍郎：官名。給事黄門侍郎的省稱。爲門下省次官，協助長官侍中掌侍從贊相，獻納諫正，糾駁制敕。陳四品，秩二千石。

太建十年，[1]吴明徹北侵敗績，[2]以慧紀爲緣江都督、兖州刺史。[3]至德二年，[4]爲都督、荆州刺史。[5]及梁安平王蕭巖、晋熙王蕭瓛等詣慧紀請降，[6]慧紀以兵迎之。以應接功，位開府儀同三司。[7]

[1]太建：南朝陳宣帝陳頊年號（569—582）。

[2]吴明徹：字通昭，秦郡（今江蘇南京市六合區）人。仕梁官至使持節、散騎常侍、安東將軍、南兖州刺史，封安吴縣侯。入陳，官至司空、侍中、都督南北兖南北青譙五州諸軍事、南兖州刺史，進爵爲公。宣帝太建九年，受命北伐，先勝後敗，爲北周所俘，後卒於長安。本書卷六六、《陳書》卷九有傳。　北侵：《陳書》卷三《世祖紀》作“北討”。李延壽以北爲正，以南爲僞，故改“北討”爲“北侵”。

[3]緣江都督：官名。當與江防軍務有關，具體職掌、品秩不詳。都督，三國魏黄初初年置，稱都督諸州軍事，領駐在州刺史，兼管民政。無固定品級，多帶將軍名號。晋、南朝沿置，分使持

節、持節、假節三種，職權有所不同。　兖州：州名。按，南朝梁有南兖州、北兖州，梁末皆没入北齊。陳宣帝太建五年北伐收復二兖州，太建十一年又没入北周。南兖州僑寄廣陵縣，在今江蘇揚州市西北蜀岡上。北兖州僑寄淮陰縣，在今江蘇淮安市淮陰區西南甘羅城。

［4］至德：南朝陳後主陳叔寶年號（583—586）。

［5］都督、荆州刺史：荆州，州名。本治江陵縣，在今湖北荆州市荆州區，時屬後梁控制。陳廢帝光大元年（567），復置荆州，徙治公安縣，在今湖北公安縣西北（參見程剛《東晋南朝荆州政治地理研究——兼論雍州、湘州、郢州》，博士學位論文，南京大學，2014 年，第 239—240 頁）。按，《陳書》卷一五《陳慧紀傳》記其事爲“至德二年，遷使持節、散騎常侍、雲麾將軍、都督荆信二州諸軍事、荆州刺史”，可知“都督”係指“都督荆信二州諸軍事”，《南史》删略失當。王鳴盛《十七史商榷》卷六四《都督刺史》專論《南史》此一史法云：“凡各書中都督某某幾州諸軍事、某州刺史，《南史》則但書某州刺史，而於其下添‘加都督’三字，或直書都督某州刺史，就使二者皆是，而二者本是一例，今忽自岐其例，使人疑爲異其詞，則似别有意義者，已非史法，乃予詳考之，則二者皆非也。凡都督或督二三州，或有多至十餘州者，又有於某州不全督，督其數郡者，都有會聚之意。各州郡皆所總統，今如《南史》二種書法皆但書其本治，所總統等州郡之數與名皆不見叙，至下文忽露某州某郡，突如其來，使觀者眩惑，且於叙事中全不得當日勢望權任之所在，只因欲圖簡嚴，自誇裁斷，獨不思諧謔支贅，談神説佛，不以爲煩，何以紀載實事，反矜貴筆墨乃爾。”

［6］梁：此指後梁（555—587）。承聖三年（554），西魏攻陷江陵，殺梁元帝蕭繹，立蕭詧爲帝，仍以梁爲國號，實爲西魏附庸，史稱後梁或西梁。歷三帝，公元 587 年爲隋所廢。　安平王蕭巖：字義遠，後梁宣帝蕭詧第五子。封安平王，歷侍中、荆州刺史、尚書令、太尉、太傅。後梁將亡，率衆歸陳，授平東將軍、東

揚州刺史。陳亡，率軍抗隋，兵敗被殺。《周書》卷四八、《北史》卷九三有附傳。　晉熙王蕭瓛：字欽文，後梁宣帝蕭詧之孫，明帝蕭巋第三子。封晉熙王，位至荆州刺史。後梁將亡，與叔父蕭巖奔陳，授侍中、安東將軍、吴州刺史，抗隋身死。《周書》卷四八、《北史》卷九三有附傳。按，晉熙王，《陳書·陳慧紀傳》同。《周書》卷四八《蕭詧傳》、《資治通鑑》卷一七六《陳紀十》陳後主禎明元年作"義興王"。或以爲當以義興王爲是（參見馬宗霍《南史校證》，湖南教育出版社 2008 年版，第 1010 頁）。

[7]開府儀同三司：官名。大臣加號，意謂與三司（太尉、司徒、司空）禮制、待遇相同，許開設府署，自辟僚屬。諸將軍、光禄大夫以上優者即可加此號。梁十七班。陳一品，秩萬石。

禎明三年，[1]隋師濟江，慧紀率將士三萬人，船艦千餘乘，沿江而下，欲趣臺城，[2]遣南康太守吕肅將兵據巫峽，[3]以五條鐵鎖横江。[4]肅竭其私財，以充軍用。隋將楊素奮兵擊之，[5]四十餘戰，争馬鞌山及磨刀澗守險。[6]隋軍死者五千餘人，陳人盡取其鼻，以求功賞。既而隋軍屢捷，獲陳之士，三縱之。肅乃遁保延洲。[7]别帥廖世寵領大舫詐降，[8]欲燒隋艦，更決死一戰。[9]於是有五黄龍備衆色，[10]各長十餘丈，驤首連接，順流而東，風浪大起，雲霧晦冥，陳人震駭，不覺火自焚。隋軍乘高艦，[11]張大弩以射之，陳軍大敗，風浪應時頓息。肅收餘衆東走。

[1]禎明：南朝陳後主陳叔寶年號（587—589）。

[2]臺城：東晉、南朝京師建康宫城。爲臺省所在，故稱。故址在今江蘇南京市雞籠山南。《建康實録》卷七引《圖經》："臺城

周八里，有兩重墻。”

［3］南康太守：《隋書》卷四八《楊素傳》、《資治通鑑》卷一七七《隋紀一》隋文帝開皇九年並作“南康内史”。南康，郡名。治贛縣，在今江西贛州市西南。按，陳開國即以南康郡封陳曇朗，曇朗死於北齊，復以其長子陳方泰嗣爵爲王。宣帝太建十一年（579），陳方泰曾被解除官職，削奪爵土，但“尋復本官爵。禎明初，遷侍中，將軍如故”（《陳書》卷一四《南康愍王曇朗傳》）。據此，陳後主禎明三年隋軍濟江之時，南康依然是陳方泰的王國，其長官當爲内史而非太守，《南史》誤，當以《隋書》《資治通鑑》爲是。　吕肅：本名吕忠肅，隋避文帝楊堅父楊忠名諱而改稱吕肅、吕仲肅。中華本校勘記云：“‘吕肅’《陳書》作‘吕忠肅’，《隋書·楊素傳》作‘吕仲肅’。《隋書》‘忠’作‘仲’，避隋文帝父忠而改；此又省‘忠’字作吕肅，亦避隋諱。”事迹又見《陳書》卷一五《陳慧紀傳》、《隋書》卷四六《張煚傳》、《北史》卷四一《楊素傳》等處。　巫峽：《隋書·楊素傳》記“陳南康内史吕仲肅屯岐亭，正據江峽”，岐亭，在今湖北宜昌市西北西陵峽口。《資治通鑑》卷一七七《隋紀一》隋文帝開皇九年作“巫峽”，胡三省注曰：“按《水經》，江水出巫峽過秭歸夷陵，逕流頭狼尾灘，而後東逕西陵峽。去年冬，楊素破臧昕，其舟師已過狼而東。吕忠肅所據者，蓋西陵峽也。當從《楊素傳》作‘江峽’爲通。”據此，“巫峽”當爲“江峽”，此指長江上游的西陵峽，在今湖北宜昌市西北。

［4］以五條鐵鎖横江：《隋書·楊素傳》記爲“鐵鎖三條”。“五”“三”形近易訛，不知何者爲是。

［5］楊素：字處道，弘農華陰（今陝西華陰市）人。仕北周爲車騎大將軍、儀同三司。齊平，加上開府，進封清河郡公。隋文帝受禪，封越國公。累遷上柱國、尚書僕射、太子太師。煬帝時拜司徒，改封楚公。《隋書·經籍志四》録有“太尉《楊素集》十卷”。《隋書》卷四八有傳，《北史》卷四一有附傳。

[6]馬搴山：當在巫峽、西陵峽一帶，非今南京附近的馬鞍山。辨詳見宋周應合《景定建康志》卷五《馬鞍山辨》。搴，同“鞍”。本卷下同，不另注。

[7]延洲：江島名。在今湖北枝江市東南長江中。

[8]大舫：將兩船或多船並在一起而成的大船。

[9]更決死一戰：大德本、汲古閣本同，殿本作“更決一死戰”。

[10]五黄龍備衆色：此説近乎神話，不足采信。然隋軍伐陳時確有一種名爲黄龍的戰艦，因船身飾黄龍而得名，可容士兵百人。

[11]高艦：據《隋書·楊素傳》，隋軍有巨艦名“五牙”，爲五層樓艦，高百餘尺，可容士兵八百人，置有拍竿等戰具。

慧紀時至漢口，[1]爲隋秦王俊拒，[2]不得進。聞肅敗，盡燒公安之儲，[3]僞引兵東下，因推湘州刺史晋熙王叔文爲盟主。[4]水軍都督周羅睺與郢州刺史荀法尚守江夏。[5]及建鄴平，隋晋王廣遣一使以慧紀子正業來喻，[6]又使樊毅喻羅睺，[7]其上流城戍悉解甲。於是慧紀及巴州刺史畢寶並慟哭俱降。[8]

[1]漢口：一名沔口，爲漢水匯入長江處，在今湖北武漢市。

[2]秦王俊：楊俊。字阿祗，隋文帝楊堅第三子。文帝開皇元年（581）立爲秦王，伐陳時爲隋漢東道行軍元帥（《隋書》記爲“山南道行軍元帥”）。《隋書》卷四五、《北史》卷七一有傳。秦王俊，《陳書》作“秦王軍”。馬宗霍《南史校證》云：“‘俊’者秦王之名，‘軍’謂秦王所率之兵。《通鑑》卷一七七作‘俊軍’。”（第1010頁）今按，今本《資治通鑑》卷一七七《隋紀一》隋文帝開皇九年亦作“秦王俊”，非“秦王俊軍”。

[3]公安：縣名。治所在今湖北公安縣西北。

[4]湘州：州名。治臨湘縣，在今湖南長沙市。　晉熙：郡名。治懷寧縣，在今安徽潜山市。

[5]周羅睺：字公布，九江尋陽（今江西九江市）人。仕陳爲散騎常侍、持節、都督南州諸軍事，封始安縣侯。時任都督巴峽緣江諸軍事，兵敗降隋。仕隋，屢立戰功，官至上大將軍，封爵義寧郡公，卒後贈柱國、右翊衛大將軍。《隋書》卷六五、《北史》卷七六有傳。　郢州：州名。治夏口城，在今湖北武漢市武昌區。　荀法尚：仕陳都督郢巴武三州諸軍事、郢州刺史，襲父爵爲興寧縣侯。兵敗降隋，歷任邵觀綿豐四州刺史及巴東、敦煌二郡太守。本書卷六七、《陳書》卷一三有附傳。　江夏：郡名。治夏口城，在今湖北武漢市武昌區。

[6]晉王廣：即隋煬帝楊廣。隋文帝楊堅第二子。文帝開皇元年立爲晉王，伐陳時爲行軍元帥，節度諸軍。《隋書》卷三、卷四，《北史》卷一一有紀。

[7]樊毅：字智烈，南陽湖陽（今河南唐河縣）人。仕陳官至侍中、護軍將軍，封逍遥郡公。後兵敗降隋。本書卷六七、《陳書》卷三一有傳。

[8]巴州：州名。治巴陵縣，在今湖南岳陽市。

慧紀入隋，依例授儀同三司，[1]卒。子正平，頗有文學。

[1]儀同三司：官名。爲勳官、散官號。隋初采北周制度，置十一等勳官以酬功勞，即：上柱國、柱國、上大將軍、大將軍、上開府儀同三司、開府儀同三司、上儀同三司、儀同三司、大都督、帥都督、都督。儀同三司爲第八等，正五品上。

衡陽獻王昌字敬業，武帝第六子也。梁太清末，[1]

武帝南征李賁，[2]命昌與宣后隨沈恪還吴興。[3]及武帝東討侯景，昌與宣后、文帝並爲景囚。景平，拜長城國世子、吴興太守，[4]時年十六。

[1]太清：南朝梁武帝蕭衍年號（547—549）。

[2]李賁：交州豪族。梁武帝大同七年（541）起兵，逐走交州刺史蕭諮。大同十年春正月，在交阯郡（今越南北寧省仙游縣東）稱帝，年號天德。中大同元年（546）春，在交阯嘉寧縣城（今越南永富省白鶴縣南鳳州）爲交州刺史楊故所敗，逃入屈獠洞，兩年後被斬，傳首梁都建康。

[3]宣后：陳高祖宣皇后章要兒。本書卷一二、《陳書》卷七有傳。　沈恪：字子恭，吴興武康（今浙江德清縣）人。本書卷六七、《陳書》卷一二有傳。　吴興：郡名。治烏程縣，在今浙江湖州市。

[4]長城國世子：長城，縣名。治所在今浙江長興縣東。陳霸先平侯景之亂，因功進爵爲長城縣公，故稱“長城國”。世子，指帝王和諸侯的嫡長子。

昌容貌偉麗，神情秀朗，雅性聰辯，明習政事。武帝遣陳郡謝哲、濟陽蔡景歷輔昌臨郡，[1]又遣吴郡杜之偉授昌以經。[2]昌讀書，一覽便誦，明於義理，剖析如流。尋與宣帝俱往荆州。[3]魏剋荆州，又與宣帝俱遷長安。[4]

[1]陳郡：郡名。治項縣，在今河南沈丘縣。　謝哲：字穎豫，陳郡陽夏（今河南太康縣）人。本書卷二〇有附傳，《陳書》卷二一有傳。　濟陽：郡名。治濟陽縣，在今河南蘭考縣東北。　蔡景

歷：字茂世，濟陽考城（今河南民權縣）人。本書卷六八、《陳書》卷一六有傳。

[2]吴郡：郡名。治吴縣，在今江蘇蘇州市。　杜之偉：字子大，吴郡錢塘（今浙江杭州市）人。本書卷七二、《陳書》卷三四有傳。

[3]宣帝：南朝陳宣帝陳頊。陳武帝兄陳道談子，陳文帝弟。本書卷一〇、《陳書》卷五有紀。

[4]長安：西魏都城。在今陝西西安市。

武帝即位，頻遣使請宣帝及昌，周人許而未遣。[1]及武帝崩，乃遣之。時王琳作梗中流，[2]昌不得還，居于安陸。[3]王琳平後，天嘉元年二月，昌發自安陸，由魯山濟江。[4]而巴陵王蕭沇等率百僚上表，[5]請以昌爲湘州牧，[6]封衡陽郡王。[7]詔曰"可"。三月甲戌入境，詔令主書舍人緣道迎接。[8]丙子濟江，於中流殞之，使以溺告。[9]四月庚寅，喪柩至都，上親臨哭。乃下詔贈假黄鉞、都督中外諸軍事、太宰、楊州牧，[10]葬送之儀，一依漢東平憲王、齊豫章文獻王故事。[11]謚曰獻。無子，文帝以第七皇子伯信嗣。

[1]周：北周。公元557年，西魏權臣宇文護迫使魏恭帝元廓禪位，宇文覺稱天王，建立周朝，是爲北周。

[2]王琳：字子珩，會稽山陰（今浙江紹興市）人。梁元帝蕭繹心腹將領。江陵陷落後，擁立梁元帝之孫蕭莊，依附北齊，盤踞於湘、郢諸州，對抗陳朝。陳文帝天嘉元年（560）在蕪湖之役慘敗，逃奔北齊。本書卷六四、《北齊書》卷三二有傳。

[3]安陸：郡名。治安陸縣，在今湖北安陸市。

［4］魯山：城名。在今湖北武漢市漢陽區東北漢江南岸。城依魯山，故名。《太平寰宇記》卷一三一引《輿地志》云："魯山臨江，盤基數十里。山下有城。"

［5］巴陵：郡名。治巴陵縣，在今湖南岳陽市。　蕭沇：一作"蕭紞"，蕭齊宗室後裔。仕梁爲鎮西將軍法曹行參軍。梁敬帝太平元年（556）封巴陵王，奉南朝蕭齊後。

［6］湘州牧：官名。湘州，州名。治臨湘縣，在今湖南長沙市。牧，即州牧，爲一州之軍政長官，職同刺史，地位又高於刺史。南朝僅數州設牧，地位崇高，多由權重之臣充任。

［7］衡陽郡王：封爵名。郡王，爵名。西晋以來，封王以郡爲國。南朝梁始有郡王之稱，所封諸王子均稱郡王。始封郡王爲正王，被封者唯皇帝之弟或子。嗣位爲郡王者，則稱嗣王。衡陽，郡名。治湘西縣，在今湖南株洲市西南。

［8］主書舍人：官名。南朝尚書、中書、秘書等官署置有主書令史，掌文書，省稱爲"主書"。又有中書舍人，職掌收納、轉呈章奏事宜，陳八品。此處"主書舍人"或爲中書舍人之誤。

［9］於中流殞之，使以溺告：陳文帝擔心陳昌回歸於己不利，秘令侯安都殺害陳昌，以船壞溺死誑惑世人。《陳書》卷一四《衡陽獻王昌傳》記作"濟江，於中流船壞，以溺薨"；卷八《侯安都傳》記爲"昌濟漢而薨"，異於《南史》，有曲筆之嫌。王鳴盛《十七史商榷》卷六四云："雖情事宛然，然唐人書陳事，何必作此蘊藉之筆，似有所不敢直書者乎？皆不如《南史》竟書殺之爲得實。"

［10］假黄鉞：加官勳號。黄鉞，以黄金爲飾的斧形儀仗，天子所用。有時大臣出師，亦假之以示威重。多賜予大司馬、大都督、都督中外諸軍事等最高軍事長官。在軍事行動中，假黄鉞有誅殺持節杖的將軍的權力。　都督中外諸軍事：官名。總統禁衛軍、地方軍等全國各種軍隊，爲最高軍事統帥。權力極大，不常置。　太宰：官名。與太傅、太保皆爲上公，位居百官之首。南朝用作贈

官，多用以安置元老勳舊大臣，名義尊榮，無職掌。梁十八班。陳一品，秩萬石。

[11]漢東平憲王：劉蒼，東漢光武帝劉秀之子，漢明帝劉莊之同母弟。好經書，有智思，光武帝建武十七年（41）進爵爲東平王，明帝時拜驃騎大將軍，備受尊寵，位在三公之上。章帝劉炟即位，尊重恩禮逾於前世，非其他諸侯王所能比。章帝建初八年（83）薨，帝遣大鴻臚持節監喪，喪儀甚隆，所賜甚豐。《後漢書》卷四二有傳。　齊豫章文獻王：蕭嶷，齊高帝蕭道成之子，齊武帝蕭賾之弟。齊武帝永明十年（492）薨，武帝命斂以衮冕之服，喪事一依漢東平王故事，大鴻臚持節護喪事，大官朝夕送奠。大司馬、太傅二府文武悉停過葬。本書卷四二、《南齊書》卷二二有傳。

伯信字孚之，位西衡州刺史。[1]及隋師濟江，與臨汝侯方慶並爲東衡州刺史王勇所害。[2]

[1]西衡州：州名。治含洭縣，在今廣東英德市浛洸鎮。

[2]東衡州：州名。治曲江縣，在今廣東韶關市南武水西岸。陳文帝天嘉元年（560），改衡州桂陽郡之汝城、晋寧二縣爲盧陽郡，又分衡州之始興、安遠二郡，合三郡之地置東衡州，治曲江縣。原衡州改爲西衡州，治所由曲江縣改爲含洭縣。　王勇：仕陳歷任晋陵太守、超武將軍、東衡州刺史、領始興内史，封爵龍陽縣子。以使持節、光勝將軍、總督衡廣交桂武等二十四州諸軍事、平越中郎將身份抵禦隋軍。後率衆降隋。《陳書》卷一四有附傳。

南康愍王曇朗，武帝母弟忠壯王休先之子也。[1]休先少倜儻，有大志。梁簡文之在東宫，[2]深被知遇，爲文德主帥，[3]頃之卒。敬帝即位，[4]追贈南徐州刺史，封武康縣公。[5]武帝受禪，贈司徒，[6]封南康郡王，謚曰忠壯。

[1]忠壯王休先：陳休先。陳武帝之弟。仕梁爲文德主帥，早卒。陳朝建立，追贈司徒，追封南康郡王，謚曰忠壯。休先，本書卷一《武帝紀》作“休光”。

[2]梁簡文：梁簡文帝蕭綱。字世纘，小字六通。梁武帝第三子。本書卷八、《梁書》卷四有紀。

[3]文德主帥：官名。掌文德殿守衛。文德，京師建康皇宫殿省名。梁武帝時爲宫内藏書之府。

[4]敬帝：南朝梁敬帝蕭方智。字慧相，小字法真。梁元帝蕭繹第九子。本書卷八、《梁書》卷六有紀。

[5]武康縣公：封爵名。武康，縣名。治所在今浙江德清縣西。縣公，爲“開國縣公”省稱。食邑爲縣，故常冠以所封縣名。南朝梁位視三公，班次之。陳置爲九等爵之第二品，秩視中二千石。按，《陳書·高祖紀上》記梁敬帝太平二年（557）詔贈陳霸先兄道談爲長城縣公、弟休先爲武康縣侯，錢大昕《廿二史考異》疑傳誤，當以武康縣侯爲是。中華本校勘記云：“按《南康愍王曇朗傳》，云梁敬帝即位，追封休先爲武康縣公，陳霸先受禪，又追封休先爲南康郡王。休先與其兄道譚兩次同時追封，不應一爲公，一爲侯，‘武康縣侯’當從《曇朗傳》作‘武康縣公’。”

[6]司徒：官名。與司空、太尉並爲三公。魏晋南北朝時爲名譽宰相，多爲大臣加官，無實際職掌。梁十八班。陳一品，秩萬石。

曇朗少孤，尤爲武帝所愛。有膽力，善綏御。侯景平後，起家著作郎。[1]武帝誅王僧辯，[2]留曇朗鎮京口，[3]知留府事。[4]

［1］著作郎：官名。又稱“大著作”。秘書省屬官，掌國史修撰及起居注著録。爲清簡之職，多由碩學之士擔任，亦爲宗室子弟起家之選。梁六班。陳六品，秩六百石。按，《陳書》卷一四《南康愍王曇朗傳》作“著作佐郎”。著作佐郎掌搜集史料，協助著作郎修撰國史及起居注。因其職務清閑，成爲世族高門子弟的起家之官。梁二班。陳七品，秩四百石。梁陳之制，秘書省置著作郎一人，佐郎八人。

［2］王僧辯：字君才，太原祁（今山西祁縣）人。初爲北魏將領，梁初隨父南渡，任湘東王蕭繹府中司馬等職。後與陳霸先收復建康。蕭繹即位後，爲太尉。梁元帝被殺，僧辯又立北齊扶持的蕭淵明爲帝，終爲陳霸先所襲殺。本書卷六三有附傳，《梁書》卷四五有傳。

［3］京口：又稱京城、京，爲南徐州鎮所，在今江蘇鎮江市。東晉、南朝時爲軍事重鎮。《隋書·地理志下》：“京口東通吴、會，南接江、湖，西連都邑，亦一都會也。”

［4］知留府事：府主出征，臨時置員負責留守府諸事，稱知留府事。

紹泰元年，除中書侍郎，[1]監南徐州。二年，齊兵攻逼建鄴，[2]因請和，求武帝子姪爲質。時四方州郡，並多未賓，本根虚弱，糧運不繼，在朝文武，咸願與齊和親。武帝難之，而重違衆議，乃決遣曇朗。恐曇朗憚行，或當奔竄，乃自率步騎京口迎之，[3]使質於齊。齊背約，遣蕭軌等隨徐嗣徽度江。[4]武帝大破之，虜蕭軌、東方老等誅之，[5]齊人亦害曇朗于晋陽。[6]時陳與齊絶，弗之知。武帝踐祚，猶以曇朗襲封南康郡王，奉忠壯王祀，禮秩一同皇子。天嘉二年，齊人結好，始知其亡，文帝詔贈開府儀同三司、南徐州刺史，謚曰愍。乃遣兼中郎令隨聘使江德藻迎曇朗喪柩，[7]三年春至都。

［1］中書侍郎：官名。中書省屬官，舊掌詔誥，後流爲清職，漸成諸王起家官。梁九班。陳四品，秩千石。

［2］齊：此指北齊。東魏孝静帝武定八年（550），權臣高歡之子高洋廢黜魏孝静帝，自立爲帝，國號齊，是爲北齊。

［3］乃自率步騎京口迎之：《陳書》卷一四《南康愍王曇朗傳》作“乃自率步騎往京口迎之”。中華本據《陳書》補“往”字。

［4］徐嗣徽：高平（今山東巨野縣）人。侯景之亂，歸梁元帝，歷羅州刺史、秦州刺史等職。後挾北齊軍攻陳霸先，兵敗被殺。本書卷六三有附傳。

［5］東方老：安德鬲（今山東德州市陵城區）人。封陽平縣伯，位南兖州刺史。與蕭軌等渡江攻建業，兵敗被殺。《北史》卷三一有附傳。

［6］齊人亦害曇朗于晋陽：據《陳書·南康愍王曇朗傳》，曇朗卒時年二十八。晋陽，縣名。治所在今山西太原市西南。

［7］乃遣兼中郎令隨聘使江德藻迎曇朗喪柩：《陳書·南康愍王曇朗傳》作“乃遣兼郎中令隨聘使江德藻、劉師知迎曇朗喪柩”。中華本校勘記以爲，曇朗襲封南康郡王，國官有郎中令，故據《陳書》改“中郎令”爲“郎中令”。郎中令，南朝爲王國三卿之一，地位頗重。公、侯等國亦或置，其品秩隨國主地位高低不等。江德藻，字德藻，濟陽考城（今河南民權縣）人。梁名臣江革之子。仕陳歷秘書監兼尚書左丞、中書舍人、散騎常侍、太子中庶子等職。博學多識，長於屬文。天嘉年間受命出使北齊，著《聘北道里記》三卷。本書卷六〇有附傳，《陳書》卷三四有傳。

初，曇朗未質於齊，生子方泰、方慶。及將適齊，以二妾自隨，在北又生二子方華、方曠，亦同得還。

方泰少麤獷，[1]與諸惡少年群聚，游逸無度。文帝以南康王故，特寬宥之。天嘉二年，以爲南康王世子。及聞曇朗薨，於是襲爵南康王。太建四年，爲都督、廣州刺史，[2]爲政殘暴，爲有司奏免。六年，授豫章内史。[3]在郡不脩政事，秩滿之際，[4]屢放部曲爲劫，[5]又縱火延燒邑居，因行暴掠，驅録富人，[6]徵求財賄。代至，又淹留不還。至都，以爲宗正卿。[7]未拜，爲御史中丞宗元饒所劾，[8]免官，以王還第。十一年，起爲寧遠將軍，[9]直殿省。尋加散騎常侍。[10]其年八月，宣帝幸大壯觀，[11]因大閲武，命都督任忠領步騎十萬陣於玄武湖，[12]都督陳景領樓艦五百出於瓜步江。[13]上登玄武門觀，[14]宴群臣以觀之。因幸樂游苑，[15]設絲竹會。仍重幸大壯觀，集衆軍，振旅而還。時方泰當從，啓稱所生母疾，不行。因與亡命楊鍾期等二十人微行往人間，[16]淫淳于岑妻，爲州長流所録。[17]又率人仗抗拒，傷損禁司，爲有司所奏。上大怒，下方泰獄。方泰初承行淫，不承拒格禁司。上曰："不承則叵測。"[18]方泰乃投列承引。[19]於是兼御史中丞徐君整奏請解方泰所居官，[20]下宗正削爵土。上可其奏。

[1]麤（cū）獷：粗野，粗魯。

[2]廣州：州名。治番禺縣，在今廣東廣州市。

[3]内史：官名。王國行政長官，職同太守。陳六品。時豫章王爲陳宣帝第三子陳叔英。

[4]秩滿：官員任期屆滿。按，南朝宋末以來，刺史、太守等

地方官多以三年爲任期。《南齊書》卷五三《良政傳序》云："郡縣居職，以三周爲小滿。"

［5］部曲：漢代本爲軍隊編制用語，魏晋南北朝時演變爲世族、豪强的私屬依附，平時耕田從役，戰時隨主家作戰，父死子繼，地位低下。陳朝從建立至亡國，戰事頻仍，部曲私兵的主要職責是隨主家征戰（參見周一良《魏晋南北朝史札記》"部曲私兵"條，中華書局1985年版，第301—304頁）。

［6］驅録：驅逼查抄。

［7］宗正卿：官名。諸卿之一。掌皇族、外戚屬籍，多由宗室充任。本名宗正，梁武帝天監七年（508）復置，且加"卿"字，稱宗正卿，與太常卿、司農卿並爲春卿。梁十三班。陳三品，秩中二千石。

［8］御史中丞：官名。或稱"南司"。御史臺長官。掌監察百官，奏劾不法。南朝時其職雖重，世族名士多不樂充任。梁十一班。陳三品，秩二千石。　宗元饒：南郡江陵（今湖北荆州市荆州區）人。仕陳爲延尉正、太僕卿、廷尉卿、御史中丞、吏部尚書等職，諳曉故事，明練治體，臺省號爲稱職。本書卷六八、《陳書》卷二九有傳。

［9］寧遠將軍：官名。梁十三班。陳擬五品，比秩千石。

［10］散騎常侍：官名。集書省長官。職掌侍從皇帝左右，應對顧問，獻納得失。與散騎侍郎、通直散騎常侍、通直散騎侍郎、員外散騎常侍、員外散騎侍郎合稱六散騎，實爲閑職，用以安置閑退官員、衰老之士，多授宗室、公族子弟。梁十二班。陳三品，秩中二千石。

［11］大壯觀：樓觀名。在建康城北，即今江蘇南京市中央門外小紅山上。宋張敦頤《六朝事迹編類》卷六引《圖經》云："在城北一十八里，周回五里，高二十丈，東連蔣山，西有水，下注平陸，南臨玄武湖，北臨蠡湖。《舊經》謂陳宣帝起大壯觀於此山，因以爲名。"按，《易·大壯》乾下震上，陽剛盛長之象。觀名或

源於此。

［12］任忠：南朝梁、陳官吏。字奉誠，小名蠻奴，汝陰（今安徽阜陽市）人。本書卷六七、《陳書》卷三一有傳。　玄武湖：在建康城東北。本名後湖，規模較今玄武湖大。據説南朝宋文帝元嘉年間湖中見黑龍，故稱玄武湖。西北通長江，向南由青溪溝通淮水（秦淮河）。南朝時爲屯駐戰船、水軍演練之所。

［13］樓艦：即樓船，兩面施重板，板上有戰格，形似樓，故名。屬大型戰船。　瓜步江：瓜步，山名。即今江蘇南京市六合區東南瓜埠山。南臨長江，自古爲江防重地。附近江面亦稱瓜步江。

［14］玄武門觀：玄武門，建康都城北門之一。南朝陳時都城北門有四，從東到西依次是延熹門、廣莫門、玄武門、大夏門。玄武門觀即建於其上的門樓。“觀”，大德本、汲古閣本同，殿本作“親”。若從殿本，則“親”字當後屬，作“親宴群臣以觀之”。中華本校勘記云：“上‘觀’字殿本作‘親’，其他各本作‘觀’。張元濟《南史校勘記》：‘按置兩觀以表宫門，見《三輔黄圖》，疑門觀不訛。’蓋以‘觀’屬上讀。《殿本考證》：‘親，監本訛觀，今改正。’蓋以‘親’屬下讀。今按‘觀’‘親’並通。《陳書》各本或作‘觀’，或作‘親’。”

［15］樂游苑：南朝皇家苑囿。南朝宋文帝元嘉年間（424—453），在覆舟山（今稱小九華山）及其南麓建造北苑，北臨玄武湖，南瞰都城及宫城，並有青溪在其東與玄武湖溝通。後改稱樂游苑，大設亭觀，山北有冰井，爲皇室藏冰之所。梁侯景之亂，苑囿盡毁。陳文帝天嘉二年（561），重加修葺，於山上立甘露亭。陳亡並廢（參見賀雲翱《六朝瓦當與六朝都城》，文物出版社 2005 年版，第 70—71 頁）。

［16］亡命：有罪未決而逃亡的人。　人間：《陳書》卷一四《南康愍王曇朗傳》作“民間”。本書避唐太宗李世民名諱，改“民”爲“人”。

［17］爲州長流所録：《陳書·南康愍王曇朗傳》作“爲州所

録”。長流，官名。“長流賊曹參軍”的省稱。南朝公府、都督府設長流賊曹參軍，主緝捕盜賊事。

[18]叵測：叵，大德本同，汲古閣本、殿本作“上”。錢大昕《廿二史考異》卷三七以爲“叵”當作“上”。上測是南朝梁、陳時期的一種特殊刑訊手段，陳制，犯罪者罪證昭然而拒不承認，則鞭笞後著械立於特制的土垛上罰站，名曰上測。每日上測兩次，每次時長七刻（約合今一百分鍾）。每七天鞭笞一次（鞭二十，笞三十，合計五十），連上三個七天，鞭笞總數達一百五十，仍不承認者，免除死罪。

[19]承引：招認罪行。

[20]徐君整：《陳書·南康愍王曇朗傳》作“徐君敷”。

禎明初，爲侍中。[1]陳亡，與後主俱入長安。隋大業中，[2]爲掖縣令。[3]

[1]侍中：官名。南朝梁、陳時爲門下省長官。職掌奏事，侍奉皇帝左右，應對顧問等，爲中樞要職。梁十二班。陳三品，秩中二千石。

[2]大業：隋煬帝楊廣年號（605—618）。

[3]掖：縣名。治所在今山東萊州市。

方慶少清警，[1]涉獵書傳。及長有幹略。天嘉中，封臨汝縣侯。[2]至德二年，累遷智武將軍、武州刺史。[3]

[1]清警：機敏敏鋭。

[2]臨汝：縣名。治所在今江西撫州市臨川區西。

[3]智武將軍：官名。南朝梁置，十五班。陳沿置，爲五武將軍之一。擬四品，比秩中二千石。　武州：州名。治臨沅縣，在今

湖南常德市。

初，廣州刺史馬靖久居嶺表，[1]大得人心，士馬强盛。朝廷疑之，以方慶爲廣州刺史，以兵襲靖。靖誅，進號宣毅將軍。[2]方慶性清謹，甚得人和。

[1]嶺表：又作“嶺外”“嶺南”，泛指五嶺以南地區，相當於今廣東、廣西兩省及越南北部一帶。

[2]宣毅將軍：官名。南朝梁置，十七班。陳沿置，擬四品，比秩中二千石。

禎明三年，隋師濟江，都督、東衡州刺史王勇徵兵於方慶，欲與赴援臺城。[1]時隋行軍總管韋洸帥兵度嶺，[2]宣隋文帝敕云：[3]“若嶺南平定，留勇與豐州刺史鄭萬頃且依舊職。”[4]方慶聞之，恐勇賣己，且欲觀變，乃不從。勇使高州刺史戴智烈斬方慶於廣州，[5]而收其兵。

[1]都督、東衡州刺史王勇徵兵於方慶，欲與赴援臺城：按，《陳書》卷一四《陳方慶傳》記爲“東衡州刺史王勇遣高州刺史戴智烈將五百騎迎方慶，欲令承制總督征討諸軍事”，文意有所不同。

[2]行軍總管：官名。北周置。戰時臨時任命大臣充任，統兵出征，事訖即罷。在重大軍事行動中隸屬於行軍元帥。自隋始，行軍總管漸漸過渡爲地方軍政長官，或掌一道軍政，或領數道，時有大總管、總管之分。　韋洸：字世穆，京兆杜陵（今陝西西安市長安區東南）人。北周、隋官員。性剛毅，善弓馬。仕周，以功累進柱國，封襄陽郡公。入隋，歷江陵、安州總管。以行軍總管參與伐

陳之役。陳平，拜江州總管、廣州總管，平定嶺南時戰死。《隋書》卷四七、《北史》卷六四有附傳。

［3］隋文帝：楊堅。小名那羅延，弘農華陰（今陜西華陰市）人。隋朝開國皇帝。《隋書》卷一、卷二，《北史》卷一一有紀。

［4］豐州：州名。治東候官縣，在今福建福州市。

［5］高州：州名。治巴山縣，在今江西樂安縣公溪鎮。按，南朝梁武帝大同中置高州，治高涼縣，在今廣東陽江市西。梁敬帝太平元年（556），又割江州之巴山、臨川、安成、豫寧四郡置高州，治巴山縣（詳見王素《陳黄法䁄墓誌校證》，《文物》1993 年第 11 期；朱智武《東晋南朝出土墓誌所見地名例釋》，《南京理工大學學報》2014 年第 6 期）。此處之高州，當爲太平元年所置。

鄭萬頃，滎陽人，[1]梁司州刺史紹叔之始族子也。[2]父旻，梁末入魏。萬頃通達有材幹，周武帝時，[3]爲司城大夫，[4]出爲温州刺史。[5]至德中，與司馬消難奔陳，[6]拜散騎常侍、昭武將軍、豐州刺史。[7]在州甚有惠政，吏人表請立碑，詔許焉。初，萬頃在周，[8]甚被隋文帝知遇。及隋文帝踐祚，常思還北。及王勇殺方慶，萬頃乃率州兵拒勇降隋，隋授上儀同，[9]尋卒。

［1］滎陽：據《梁書》卷一一《鄭紹叔傳》，鄭氏祖籍滎陽開封（今河南開封市），世居壽陽（今安徽壽縣）。

［2］司州：州名。治安陸縣，在今湖北安陸市。　紹叔：鄭紹叔。字仲明，祖籍滎陽開封，世居壽陽。仕梁，官至使持節、征虜將軍、司州刺史、通直散騎常侍、右衛將軍，封東興縣開國侯。本書卷五六、《梁書》卷一一有傳。　始族子：《陳書》卷一四《鄭萬頃傳》作“族子”，“始”字或衍。

[3]周武帝：宇文邕。北周第三任皇帝，廟號高祖。《周書》卷五、卷六，《北史》卷一〇有紀。

[4]司城大夫：官名。北周置，亦稱司城中大夫。爲聘陳使主。正五命。

[5]温州：州名。治新陽縣，在今湖北京山市。本梁之新州，西魏廢帝二年（553）改爲温州。

[6]司馬消難：字道融，河内温（今河南温縣）人。北齊司馬子如之子。北周明帝二年（558）背齊入周，後率部奔南朝陳，陳亡被俘至長安。因與楊忠結爲兄弟，不久被赦免。卒於家。《周書》卷二一有傳，《北史》卷五四有附傳。

[7]昭武將軍：官名。不見於梁、陳將軍名號。按，“昭”“超”二字形近易訛。或爲“超武將軍”之誤。

[8]周：指北周。大德本、汲古閣本同，殿本作“州”。馬宗霍《南史校證》：“在州，元刊本《南史》作‘在周’，與《陳書》本傳合，是也。此蓋傳寫涉上文‘在州甚有惠政’而誤。”（第1013頁）

[9]上儀同：勳官名。授予有軍勳的功臣及其子弟，無具體職掌。隋從四品。

文帝十三男：沈皇后生廢帝、始興王伯茂。[1]嚴淑媛生鄱陽王伯山、晋安王伯恭。[2]潘容華生新安王伯固。[3]劉昭華生衡陽王伯信。王充華生廬陵王伯仁。張脩容生江夏王伯義。韓脩華生武陵王伯禮。江貴妃生永陽王伯智。[4]孔貴妃生桂陽王伯謀。二男早卒，無名；伯信出繼衡陽王昌。

[1]沈皇后：陳文帝皇后沈妙容。吴興武康（今浙江德清縣）人。本書卷一二、《陳書》卷七有傳。　廢帝：南朝陳廢帝陳伯宗。

字奉業，小字藥王。陳文帝嫡長子。性仁弱，文帝死後即位，光大二年（568）被廢爲臨海郡王。本書卷九、《陳書》卷四有紀。

［2］嚴淑媛：陳文帝妃。淑媛，女官名號。陳后妃之制，淑媛、淑儀、淑容、昭華、昭容、昭儀、脩華、脩儀、脩容九人，擬古之九嬪。地位低於三夫人。

［3］潘容華：陳文帝妃。容華，女官名號。陳后妃之制，婕妤、容華、充華、承徽、烈榮五職，地位低於九嬪。

［4］江貴妃：陳文帝妃。貴妃，女官名號。陳后妃之制，貴妃、貴嬪、貴姬三人，擬古之三夫人，地位僅次於皇后。

始興王伯茂字鬱之，[1]文帝第二子也。初，武帝兄始興昭烈王道談仕梁爲東宫直閤將軍，[2]侯景之亂，援臺，中流矢卒。紹泰二年，贈南兗州刺史，封義興郡公，[3]謚曰昭烈。武帝受禪，重贈太傅，[4]改封始興郡王。道談生文帝及宣帝。宣帝以梁承聖末遷於長安，[5]至是武帝遥以宣帝襲封始興嗣王，[6]以奉昭烈王祀。武帝崩，文帝入纂帝位。時宣帝在周未還，文帝以本宗乏饗，徙封宣帝爲安成王，[7]封伯茂爲始興王，以奉昭烈王祀。賜天下爲父後者爵一級。舊制，諸王受封未加戎號者，[8]不置佐史。[9]於是尚書八坐奏加伯茂寧遠將軍，[10]置佐史，除楊州刺史。

［1］始興：郡名。治曲江縣，在今廣東韶關市南武水西岸。

［2］始興昭烈王道談：陳道談。南朝陳武帝之兄，陳文帝、陳宣帝之父。事迹亦見《陳書》卷一《高祖紀上》、卷二八《始興王伯茂傳》。　東宫直閤將軍：官名。梁置，掌領東宫禁衛兵。品秩不詳。

［3］紹泰二年，贈南兖州刺史，封義興郡公：《陳書·高祖紀上》記其事爲“梁太平二年，詔贈高祖兄道談散騎常侍、使持節、平北將軍、南兖州刺史、長城縣公”，與本書異。錢大昕《廿二史考異》卷二七據此以爲：“敬帝以紹泰二年改元太平，始進封陳霸先義興郡公，則道談贈官必在太平以後。且《紀》於永定元年書‘追贈皇兄長城縣公道談太尉，封始興郡王’，似無追封義興郡公之事。”據此，“紹泰”當爲“太平”，“義興”當爲“長城”。中華本據錢説改。

［4］太傅：官名。南朝時與太宰、太保皆位上公，常作贈官，多用以安置元老勳舊大臣，無實際職掌。梁十八班。陳一品，秩萬石。

［5］承聖：南朝梁元帝蕭繹年號（552—555）。

［6］嗣王：爵名。南朝梁始置，繼承始封郡王爵位爲王者即爲嗣王。陳朝爵制，嗣王、藩王、開國郡公、開國縣公皆屬第二品，秩視中二千石。嗣王可開府置官，級别低於皇弟、皇子府，高於藩王府。

［7］安成：郡名。治平都縣，在今江西安福縣東南。

［8］戎號：武官品級。

［9］佐史：公府僚屬的泛稱。

［10］尚書八坐：尚書省一令（尚書令）、二僕射（左、右僕射）、五尚書（吏部、祠部、度支、左民、五兵）等高官，謂之八座。　寧遠將軍：官名。南朝陳時寧遠、安遠、征遠、振遠、宣遠合稱五遠將軍。屬加官或散官。陳擬五品，比秩千石。

伯茂性聰敏，好學，謙恭下士，又以太子母弟，文帝深愛重之。時軍人於丹徒盜發晋郗曇墓，[1]大獲晋右將軍王羲之書及諸名賢遺迹。[2]事覺，其書並没縣官，[3]藏于秘府。[4]文帝以伯茂好古，多以賜之。由是伯茂大工草隸書，甚得右軍法。

［1］丹徒：縣名。治所在今江蘇鎮江市丹徒區。　郗曇：字重熙，高平金鄉（今山東嘉祥縣）人。東晋名臣郗鑒之子，官至北中郎將。嫁女於王羲之之子王獻子，有姻親之好。《晋書》卷六七有附傳。

［2］右將軍:《晋書·王羲之傳》作“右軍將軍”。中華本據改。右軍將軍，西晋武帝時置，與前軍、左軍、後軍將軍合稱四軍將軍，掌宿衛宫禁。四品。　王羲之：字逸少，琅邪臨沂（今山東臨沂市）人。東晋書法家，官至右軍將軍。《晋書》卷八〇有傳。

［3］縣官：朝廷。亦爲皇帝的别稱。

［4］秘府：宫廷中存藏圖書典籍機構，屬秘書省。

遷東揚州刺史、鎮東將軍、開府儀同三司。[1]廢帝時，伯茂在都，劉師知等矯詔出宣帝，[2]伯茂勸成之。師知等誅後，宣帝恐伯茂扇動朝廷，乃進號中衛將軍，[3]令入居禁中，專與廢帝游處。時四海之望，咸歸宣帝，伯茂深不平，數肆惡言。宣帝以其無能，不以爲意。及建安人蔣裕與韓子高等謀反，[4]伯茂並陰豫其事。光大二年，[5]皇太后令黜廢帝爲臨海王，[6]其日又下令降伯茂爲温麻侯。[7]時六門之外有别館，[8]以爲諸王冠昏之所，名爲昏第，[9]至是命伯茂出居之，宣帝遣盗殞之於車中，[10]年十八。

［1］東揚州：州名。治山陰縣，在今浙江紹興市。　鎮東將軍：官名。南朝梁、陳時鎮前、鎮後、鎮左、鎮右將軍與鎮東、鎮西、鎮南、鎮北將軍合稱八鎮將軍，爲重號將軍，是内官專用之軍號。

梁二十二班。陳擬二品，比秩中二千石。

[2]劉師知：沛國相（今安徽濉溪縣）人。仕陳爲中書舍人，掌制誥。本書卷六八、《陳書》卷一六有傳。

[3]中衛將軍：官名。與中軍、中權、中撫將軍合稱四中將軍，專授予在京師任職的官員，地位顯要。梁二十三班。陳擬二品，比秩中二千石。

[4]建安：郡名。治建安縣，在今福建建甌市。　韓子高：會稽山陰（今浙江紹興市）人。出身貧寒，受陳文帝寵愛，官至右衛將軍。本書卷六八、《陳書》卷二〇有傳。

[5]光大：南朝陳廢帝陳伯宗年號（567—568）。

[6]皇太后：此指陳文帝皇后沈妙容。　臨海：郡名。治章安縣，在今浙江台州市椒江區章安街道。

[7]温麻：縣名。治所在今福建霞浦縣南。

[8]六門：此指臺城之六門，大司馬門、東華門、西華門、萬春門、太陽門、承明門。

[9]昏第：舉辦婚禮之所。昏，同“婚”。《陳書》卷二八《始興王伯茂傳》作“婚第”。

[10]宣帝遣盜殞之於車中：《陳書·始興王伯茂傳》記爲“於路遇盜，殞于車中”，將陳伯茂之死歸咎於强盜而不言主謀之人，蓋爲陳宣帝避諱。宣帝於文帝嗣位之初改封安成王，故《資治通鑑》卷一七〇《陳紀四》臨海王光大二年記爲“安成王使盜邀之於道，殺之車中”，語意與《南史》正合（參見馬宗霍《南史校證》，第1014頁）。

鄱陽王伯山字静之，[1]文帝第三子也。偉容儀，舉止閑雅，喜愠不形於色。武帝時，天下草創，諸王受封，儀注多闕。[2]及伯山受封，文帝欲重其事。天嘉元年七月丙辰，尚書八坐奏封鄱陽郡王，乃遣度支尚書蕭睿持節兼太宰告于太廟，[3]又遣五兵尚書王質持節兼太宰告于太社。[4]其年十月，上臨軒策命，策訖，令王公以下，並宴於王第。六年，爲緣江都督、平北將軍、南徐州刺史。[5]宣帝輔政，不欲令伯山處邊，光大元年，徙爲東揚州刺史。累遷征南將軍、護軍將軍，[6]加開府儀同三司，給鼓吹并扶。[7]

[1]鄱陽：郡名。治鄱陽縣，在今江西鄱陽縣。

[2]儀注：儀節，制度。

[3]度支尚書：官名。南朝尚書省六尚書之一，領度支、金部、倉部、起部四曹，掌管全國貢稅租賦的統計、調撥等事務。陳三品，秩中二千石。　持節：漢代官員奉皇帝之命出行，以持節作爲一種憑證並宣示威嚴。魏晋以後，持節演變爲加官銜。持節有使持節、持節和假節三種情況。軍事長官持節出行，可殺無官位者；在軍事行動中，可誅殺二千石以下官員。　太宰：官名。南朝時與太保、太傅皆位上公，常作贈官，多用以安置元老勳舊大臣，無實際職掌。梁十八班。陳一品，秩萬石。　太廟：天子奉祀祖宗之所。東晋、南朝太廟位居建康都城南面正門宣陽門前御道東側，大致在今江蘇南京市中華路以東、長樂路以南、信府河以西、中華門以北範圍内（參見賀雲翱《六朝瓦當與六朝都城》，第163頁）。

[4]五兵尚書：官名。尚書省列曹尚書之一。三國時曹魏置，領中兵、外兵、騎兵、别兵、都兵五郎曹。南朝梁、陳領中兵、外兵、騎兵三曹。梁十三班。陳三品，秩中二千石。　王質：字子貞。官至太府卿、都官尚書。本書卷二三有附傳，《陳書》卷一八有傳。　太社：祭祀社神（土地神）、稷神（五穀神）的場所。據《建康實録》卷五引《圖經》，東晋、南朝太社在建康都城正門宣陽門外御道西側，相當今江蘇南京市建鄴路内橋灣一綫以北、小火瓦巷一綫以南、洪武路以西、大香爐及木料市以東這一範圍内（參

見賀雲翱《六朝瓦當與六朝都城》，第164—165頁）。

［5］平北將軍：官名。與平東、平南、平西將軍合稱四平將軍。多持節都督或監某一地區軍事，或作爲刺史等地方官員監理軍務的加官。陳擬三品，比秩中二千石。

［6］征南將軍：官名。與征東、征西、征北將軍合稱四征將軍，多授持節都督，出鎮方面，地位顯要。陳擬二品，比秩中二千石。　護軍將軍：官名。掌守衛京城的宫外禁衛軍，權任頗重。陳三品，秩中二千石。

［7］鼓吹：本爲皇帝出行儀仗的組成部分，南朝時往往賜予皇親國戚或有功大臣，以示尊崇。高級儀仗分爲前部鼓吹、後部鼓吹，前部鼓吹在前開道，以鉦、鼓等大型樂器爲主，樂工步行演奏；後部鼓吹殿後，以簫、笳、鼙等小型樂器爲主，樂工或步行，或在馬上演奏。　扶：扶持之人。給扶是君主賜給大臣的一種禮遇。

伯山性寬厚，美風儀，又於諸王最長，後主深敬重之。每朝廷有冠昏饗宴，[1]恒使爲主。及遭所生憂，居喪以孝聞。後主嘗幸吏部尚書蔡徵宅，[2]因往弔之，伯山號慟殆絶，因起爲鎮衛將軍，[3]乃謂群臣曰："鄱陽王至性可嘉，又是西第之長，[4]豫章已弟司空，[5]其亦須遷大尉。"[6]未及發詔，禎明三年薨。[7]尋屬陳亡，遂無贈謚。

［1］廷：汲古閣本同，大德本、殿本作"庭"。

［2］吏部尚書：官名。南朝尚書省六尚書之一，領吏部、删定、三公、比部四曹，掌官吏銓選考課，職任隆重，位居列曹尚書之上。陳三品，秩中二千石。　蔡徵：本名覽，後更名徵，字希祥，

濟陽考城（今河南民權縣）人。官至中書令、權知中領軍，後降隋。本書卷六八有附傳，《陳書》卷二九有傳。

[3]鎮衛將軍：官名。南朝梁武帝置爲武職二十四班之首，在驃騎、車騎將軍之上。陳沿置，擬一品，比秩中二千石。

[4]西第：代指太子之外的諸皇子。南朝時太子居東宫，諸王府第多在臺城西側之西州城，故以西第喻諸皇子。

[5]豫章：此指豫章王陳叔英。"弟"，大德本、汲古閣本、殿本作"兼"，底本誤，當改爲"兼"。　司空：官名。與太尉、司徒並爲三公。南朝爲名譽宰相，多爲大臣加官，無實際執掌。陳一品，秩萬石。

[6]大尉：官名。即太尉。位三公之首，南朝爲名譽宰相，多爲大臣加官，無實際職掌。陳一品，秩萬石。大，同"太"。大德本、汲古閣本、殿本作"太"。

[7]禎明三年薨：據《陳書》卷二八《鄱陽王伯山傳》，伯山卒時年四十。

長子君範，未襲爵而隋師至。時宗室王侯在都者百餘人，後主恐其爲變，乃並召入，屯朝堂，[1]使豫章王叔英總督之，又陰爲之備。六軍敗績，相率出降，因從後主入長安。隋文帝並配隴右及河西諸州，[2]各給田業以處之。大業二年，隋煬帝以後主第六女婤爲貴人，[3]絶愛幸，因召陳氏子弟盡還京師，隨才叙用，由是並爲守宰，徧於天下。君範位温縣令。[4]

[1]朝堂："尚書朝堂"的省稱。爲尚書上省理政處。南朝尚書分爲上省與下省，上省爲尚書令、尚書僕射等八座丞郎議事處，屬決策機構，地近禁中；下省爲尚書諸曹辦公之處，屬執行機構，在

上省之東，中有閣道相通。

［2］隴右：地區名。亦稱隴西，泛指甘肅隴山以西地區。　河西：地區名。亦稱河右，泛指今甘肅、青海二省黄河以西地區，即河西走廊與湟水流域一帶。

［3］隋煬帝：楊廣。一名英，小字阿㦎，隋文帝楊堅次子。《隋書》卷三、卷四，《北史》卷一二有紀。　嫺：《陳書》卷二八《陳君範傳》作“女嫺”。　貴人：後宫女官名號。隋文帝置三員，地位高於嬪、世婦，僅低於皇后。

［4］温：縣名。治所在今河南温縣西南。

新安王伯固字牢之，[1]文帝第五子也。生而龜胷，[2]目通睛揚白，[3]形狀眇小，而俊辯善言論。天嘉六年，立爲新安郡王。太建七年，累遷都督、南徐州刺史。伯固性嗜酒，不好積聚，所得禄奉，用度無節，酣醉以後，多所乞丐，於諸王中最爲貧窶。宣帝每矜之，特加賞賜。性輕率，好行鞭捶。在州不知政事，日出田獵，或乘眠輿至於草間，[4]輒呼人從游，[5]動至旬日。所捕麞鹿，[6]多使生致。宣帝頗知之，遣使責讓者數矣。

［1］新安：郡名。治始新縣，在今浙江淳安縣西北。

［2］龜胷：即雞胸。胸骨畸形，前突如龜背，故名。胷，同“胸”。

［3］目通睛揚白：眼睛斜視露白。睛，《陳書》卷三六《新安王伯固傳》作“精”。

［4］眠輿：供卧息的轎子。《陳書·新安王伯固傳》作“眠轝”。

［5］輒呼人從游：《陳書·新安王伯固傳》作“輒呼民下從

游”。唐避太宗李世民名諱，改“民”爲“人”。

［6］麞：同“獐”。

十年，爲國子祭酒。[1]頗知玄理，而墮業無所通，至於擿句問難，[2]往往有奇意。爲政嚴苛，國學有墮游不脩習者，[3]重加檟楚，[4]生徒懼焉，由是學業頗進。

［1］國子祭酒：官名。主管國子學，掌教授生徒儒學，參議禮制。隸太常卿。陳三品，秩中二千石。

［2］擿（tī）句：摘取章句。　問難：辯論詰問。

［3］國學：國子學之省稱。爲國立最高學府。南朝建康國子學位置在太廟之南，大致在今江蘇南京市中華門内鎮淮橋北中華路以東和秦淮河之間（參見賀雲翺《六朝瓦當與六朝都城》，第168頁）。

［4］檟（jiǎ）楚：用檟木荆條製成的笞打工具。檟，大德本同，汲古閣本、殿本作“榎”。《陳書·新安王伯固傳》亦作“檟”。

十三年，爲都督、揚州刺史。後主初在東宫，與伯固甚親狎。伯固又善謿謔，宣帝每宴集，多引之。叔陵在江州，[1]心害其寵，陰求瑕疵，將中以法。及叔陵入朝，伯固懼罪，諂求其意，乃共訕毁朝賢，歷詆文武，雖耆年高位皆面折，無所畏忌。伯固性好射雉，叔陵又好開發冢墓，出游田野，必與偕行，於是情好大協，遂謀不軌。伯固侍禁中，每有密語，必報叔陵。及叔陵奔東府，[2]遣使告之，伯固單馬馳赴，助叔陵指麾。知事不捷，便欲走。會四門已閉，不得出，因趣白楊道。[3]

臺馬容至，[4]爲亂兵所殺，尸於昌館門，[5]時年二十八。詔特許以庶人禮葬。子及所生王氏，並特宥爲庶人，[6]國除。

［1］江州：州名。初設治豫章縣，在今江西南昌市。後移治柴桑縣，在今江西九江市西南。

［2］東府：又稱東城。揚州刺史治所。在今江蘇南京市通濟門附近，南臨秦淮，西阻青溪，地據沖要。因在臺城之東，故名。孫吴以建業爲都，東府爲丞相所居。宋人張敦頤《六朝事迹編類》卷一引《吴實録》有云："有曰臺城，蓋宫省之所寓也。有曰東府，蓋宰相之所居也。有曰西州，蓋諸王之所宅也。"東晋時，東府爲揚州刺史治所。南朝時，揚州刺史治所或在臺城西之西州城，或在東府。宋孝武帝孝建三年（456）之前，宗室諸王以宰相録尚書事而兼揚州刺史者居東府，其他任揚州刺史者（包括異姓宰相録尚書事兼揚州刺史）則居西州。宋孝武帝孝建三年之後，在通常情況下，不管是否是宰相録尚書事，揚州刺史皆居東府（參見熊清元《南朝之揚州刺史及其治所考析》，《黄岡師專學報》1994年第2期）。

［3］白楊道：道路名。又稱白楊路。《景定建康志》卷一六云："白楊路，在城南十里石崗之横道。"大致在今江蘇南京市安德門外。

［4］臺：臺軍，建康臺城宿衛部隊。　馬容：行軍時乘馬居前以壯軍容的軍官。《資治通鑑》卷一七五《陳紀九》陳宣帝太建十四年胡三省注云："軍行，擇便於鞍馬、軀幹壯偉者，乘馬居前，以壯軍容，謂之馬容。"

［5］昌館門：《陳書》卷三六《新安王伯固傳》作"東昌館門"，中華本據《陳書》補"東"字。

［6］子及所生王氏，並特宥爲庶人：上文綜叙文帝十三子，新

安王伯固係潘容華所生。此處記其生母爲“王氏”,《陳書・新安王伯固傳》同,前後牴牾(參見馬宗霍《南史校證》,第 1015 頁)。中華本校勘記以爲二者必有一誤。

晋安王伯恭字肅之,[1]文帝第六子。天嘉六年封。尋爲吴郡太守。時年十餘歲,便留心政事,官曹緝理。[2]歷位尚書左僕射,[3]後爲中衛將軍、右光禄大夫。[4]陳亡,入長安。大業初,爲成州刺史、太常少卿。[5]

[1]晋安:郡名。治候官縣,在今福建福州市。

[2]官曹緝理:緝,《陳書》卷二八《晋安王伯恭傳》作“治”,本書避唐高宗李治名諱,改“治”爲“緝”(參見馬宗霍《南史校證》,第 1015 頁)。

[3]尚書左僕射:官名。尚書省次官。佐助尚書令執行政務,參議大政,諫諍得失。南朝尚書令位尊權重,不親庶務,梁、陳時尚書令常缺,左、右僕射實爲尚書省主官。梁武帝天監七年(508)定爲十五班。陳二品,秩中二千石。左僕射位在右僕射上。

[4]右光禄大夫:官名。爲在朝顯職的加官,以示優待。或授予年老有病者,爲致仕之官,亦常用作卒後贈官。無職掌。梁武帝天監七年定爲十六班,位在金紫光禄大夫之上。陳二品,秩中二千石。

[5]成州:州名。治梁信縣,在今廣東封開縣東南賀江口。太常少卿:官名。爲太常寺次官,協助太常卿管理禮樂、祀祠、文教諸務。位列諸寺少卿之首。隋初爲四品上,煬帝時降爲從四品。

廬陵王伯仁字壽之,[1]文帝第八子。天嘉六年立。

爲侍中、國子祭酒，領太子左庶子。[2]陳亡，卒于長安。

[1]廬陵：郡名。治石陽縣，在今江西吉水縣東北。

[2]太子左庶子：《南齊書·百官志》東宫職僚有太子中庶子，無左右庶子，《陳書》卷二八《廬陵王伯仁傳》正作“太子中庶子”。中華本據改“左庶子”爲“中庶子”，可從。太子中庶子爲東宫門下坊長官，掌侍從太子左右，儐相威儀，盡規獻納，典綜奏事文書等。員四人。陳四品，秩二千石。

江夏王伯義字堅之，文帝第九子。天嘉六年封。位金紫光禄大夫。[1]陳亡，入長安。遷於瓜州，[2]道卒。

[1]金紫光禄大夫：官名。漢有光禄大夫，銀印青綬。晋宋時加其重者金章紫綬，謂金紫光禄大夫。本掌論議，後漸爲加官、贈官及致仕大臣之榮銜，無職事。陳三品，秩中二千石。

[2]瓜州：州名。治鳴沙縣，在今甘肅敦煌市。

武陵王伯禮字用之，[1]文帝第十子。天嘉六年立。太建初，爲吴興太守。在郡恣行暴掠，後爲有司所劾。十一年，被代徵還，遂遷延不發，爲御史中丞徐君整所劾免。[2]陳亡，入長安。大業中，爲臨洮太守。[3]

[1]武陵：郡名。治臨沅縣，在今湖南常德市。

[2]徐君整：《陳書》卷二八《武陵王伯禮傳》作“徐君敷”。

[3]臨洮：郡名。治美相縣，在今甘肅臨潭縣（一説在今甘肅卓尼縣西洮河南岸）。

永陽王伯智字策之，[1]文帝第十二子。少敦厚，有器局，博涉經史。太建中立。[2]累遷尚書左僕射，[3]後爲特進。[4]陳亡，入長安。大業中，爲國子司業。[5]

[1]永陽：郡名。治營浦縣，在今湖南道縣西北。

[2]太建中立：《陳書》卷二八《永陽王伯智傳》亦記爲“太建中”。中華本據《陳書》卷四《廢帝紀》校勘以爲，陳伯智之立爲永陽王，及陳伯謀之立爲桂陽王，均在廢帝光大二年（568）而非宣帝太建中。

[3]尚書左僕射：或當爲尚書僕射。中華本校勘記云：“‘尚書左僕射’《陳書》本傳同，但《陳書·後主紀》及《南史·陳本紀》並言伯智於後主即位之年三月乙巳，爲尚書僕射，不言爲尚書左僕射。”

[4]特進：加官名號。漢朝優待貴戚勳臣，朝會時特許班次進至三公之下，稱特進。南朝用以安置閑退大臣，加特進者惟加班位，不享受本官之外的吏卒車服等待遇。梁十五班。陳二品，秩中二千石。

[5]國子司業：官名。即國子監司業。隋煬帝大業三年（607）於國子監置，輔佐國子祭酒。一員，從四品。

桂陽王伯謀字深之，[1]文帝第十三子。太建中立。[2]位散騎常侍，薨。子鄤，大業中，爲番禾令。[3]

[1]桂陽：郡名。治郴縣，在今湖南郴州市。

[2]太建中立：本書卷九《陳廢帝紀》、《陳書》卷四《廢帝紀》皆繫於廢帝光大二年（568）。

[3]番禾：縣名。治所在今甘肅永昌縣西。

宣帝四十二男：柳皇后生後主。[1]彭貴人生始興王叔陵。曹淑華生豫章王叔英。何淑儀生長沙王叔堅、宜都王叔明。魏昭華生建安王叔卿。錢貴妃生河東王叔獻。劉昭儀生新蔡王叔齊。袁昭容生晋熙王叔文、義陽王叔達、新會王叔坦。王姬生淮南王叔彪、巴山王叔雄。吴姬生始興王叔重。徐姬生尋陽王叔儼。淳于姬生岳陽王叔慎。王脩華生武昌王叔虞。韋脩容生湘東王叔平。施姬生臨賀王叔敖，[2]沅陵王叔興。曾姬生陽山王叔宣。楊姬生西陽王叔穆。申婕妤生海陵王叔儉、南郡王叔澄、岳山王叔韶、太原王叔匡。[3]袁姬生新興王叔純。吴姬生巴東王叔謨。劉姬生臨海王叔顯。秦姬生新寧王叔隆、新昌王叔榮。其皇子叔叡、叔忠、叔泓、叔毅、叔訓、叔武、叔處、叔封八人，並未及封。三子早卒，無名。

[1]柳皇后：柳敬言。河東解（今山西臨猗縣）人。本書卷一二、《陳書》卷七有傳。

[2]施姬：《陳臨賀王國太妃墓誌銘》碑主施太妃，即爲陳宣帝施姬。據碑文，施氏祖籍京兆郡長安縣，父施績，曾任陳始興王伯茂左常侍。施姬所生除臨賀王叔敖、沅陵王叔興外，還有一女寧遠公主，被隋文帝納爲宣華夫人（《隋書》卷三六有傳）。施姬卒於隋煬帝大業五年（609），年五十九歲（參見董理《〈陳臨賀王國太妃墓誌銘〉考釋》，《文博》2001年第5期）。

[3]婕妤：女官名號。陳后妃之制，婕妤、容華、充華、承徽、烈榮五職，地位低於九嬪。　海陵王：大德本同，汲古閣本、殿本作“南安王”。本卷下文及《陳書》卷二八《南安王叔儉傳》均作“南安王”，底本、大德本誤。南安，郡名。治晋安縣，在今福建南

安市豐州鎮。

始興王叔陵字子嵩，宣帝之第二子也。梁承聖中，生於江陵。[1]魏剋江陵，宣帝遷關右，[2]叔陵留穰城。[3]宣帝之還，以後主及叔陵爲質。天嘉三年，隨後主還朝，[4]封康樂縣侯。[5]

[1]江陵：縣名。治所在今湖北荆州市荆州區。

[2]關右：地區名。泛指故函谷關（今河南靈寶市東北）或潼關（今陝西潼關縣北）以西地區，此處代指都於長安的西魏。

[3]穰城：縣名。治所在今河南鄧州市。北魏孝文帝時於穰城置荆州。《魏書·地形志下》："荆州，後漢治漢壽，魏、晋治江陵，太延中治上洛，太和中治穰城。"《讀史方輿紀要》卷五一《河南六·鄧州》云："後魏盛時亦置荆州於穰縣，以控臨沔北。其後宇文泰欲經略江、漢，使楊忠都督三荆，鎮穰城，而沔口以西遂拱手取之矣。"

[4]天嘉三年，隨後主還朝：據《陳書》卷五《宣帝紀》，高宗於陳文帝天嘉三年（562）自周返陳，後主及叔陵亦於同年返陳。《資治通鑑》卷一六八《陳紀二》陳文帝天嘉三年記"（正月）丁未，周以安成王頊爲柱國大將軍，遣杜杲送之南歸……二月，丙子，安成王頊至建康，詔以爲中書監、中衛將軍……頊妃柳氏及子叔寶猶在穰城，上復遣毛喜如周請之，周人皆歸之"。據此，知後主及陳叔陵非一同返回。

[5]康樂：縣名。治所在今江西萬載縣東北。

叔陵少機辯，徇聲名，强梁無所推屈。[1]太建元年，封始興王，奉昭烈王祀。位都督、江州刺史。時年十六，政自己出，僚佐莫預焉。性嚴刻，部下懾憚。諸公子姪及罷縣令長，皆逼令事己。豫章内史錢法成詣府進謁，[2]即配其子季卿將領馬仗。[3]季卿慙耻，不時至，叔陵大怒，侵辱法成，法成憤怨，自縊而死。州縣非其部内，亦徵攝案之。[4]朝貴及下吏有乖忤者，輒誣奏其罪，陷以重辟。[5]

[1]推屈：《建康實録》卷二〇、《通志》卷八三作"摧屈"。意謂受挫之後窘迫或有所收斂。

[2]錢法成：《陳書》卷三五《周迪傳》記梁武帝天監三年(504)世祖遣將征討周迪，詔令中有"前宣城太守錢法成……樓艦馬步，直指臨川"，知法成曾任宣城太守。

[3]馬仗：車馬器仗。

[4]徵攝案之：《陳書》卷三六《始興王叔陵傳》"案"下有"治"字，《南史》避唐高宗李治名諱删（參見馬宗霍《南史校證》，第1016頁）。

[5]重辟：死罪。

四年，遷都督、湘州刺史。[1]諸州鎮聞其至，皆震恐股慄。叔陵日益横，征伐夷獠，[2]所得皆入己，絲毫不以賞賜。徵求役使，無有紀極。夜常不卧，執燭達曉，[3]呼召賓客，説人間細事，[4]戲謔無所不爲。性不飲酒，唯多置餚胾，[5]晝夜食噉而已。[6]自旦至中，方始寢寐。曹局文案，[7]非呼不得輒白。[8]笞罪者皆繫獄，動數年不省視。瀟湘以南，皆逼爲左右，[9]廛里殆無遺者。[10]其中脱有逃竄，輒殺其妻子。州縣無敢上言，宣帝弗之知。

［1］遷都督、湘州刺史：《陳書》卷三六《始興王叔陵傳》記爲“遷都督湘衡桂武四州諸軍事、平南將軍、湘州刺史，侍中、使持節如故”。如本書所記，祇督一州，與下文“諸州鎮聞其至”不協。此亦李延壽删簡過度之處。

［2］夷獠：對南方少數民族的泛稱。

［3］執燭達曉：《陳書·始興王叔陵傳》作“燒燭達曉”。

［4］人間：當作“民間”。唐避太宗李世民名諱，改“民”爲“人”。

［5］餚胾（zì）：魚、肉等豐盛菜肴。胾，大塊的肉。

［6］噉（dàn）：同“啖”。吃。

［7］曹局：官署各部門。

［8］白：《陳書·始興王叔陵傳》作“自呈”。

［9］通爲左右：通，大德本同，汲古閣本、殿本作“逼”。《陳書·始興王叔陵傳》亦作“逼”。

［10］廛（chán）里：古代城市中住宅的通稱。《周禮·地官·載師》云：“以廛里任國中之地。”孫詒讓正義云：“通言之，廛里皆居宅之稱；析言之，則庶人農工商等所居謂之廛……士大夫等所居謂之里。”

九年，除都督、揚州刺史。十年，至都，加扶，給油幢車。[1]叔陵居東府，事務多關涉省閣，[2]執事之司，承意順旨，即諷上進用之；微致違忤，必抵大罪，重者至殊死。[3]道路藉藉，[4]皆言其有非常志。叔陵脩飾虚名，每入朝，常於車中馬上，執卷讀書，高聲長誦，陽陽自若。[5]歸坐齋中，或自執斧斤，爲沐猴百戲。[6]又好游家墓間，遇有塋表主名可知者，輒命左右發掘，取其石誌、古器，并骸骨肘脛，持爲翫弄，藏之府庫。人間少妻處女，[7]微有色貌者，並即逼納。

[1]油幢車：車輿名。“油幢皂輪車”的省稱。油幢，是用塗油的織物製成的車蓋，利於防水，並以緑、青等不同顔色標示等級。南朝梁禮制，諸王、三公乘通幰車，車厢頂部覆蓋帳幔。德高望重之王公方準乘油幢皂輪車。《隋書·禮儀志五》記梁時車輿制度云："諸王三公有勳德者，皆特加皂輪車，駕牛，形如犢車。但烏漆輪轂，黄金雕裝，上加青油幢，朱絲絡，通幰或四望。"

[2]關涉：《陳書》卷三六《始興王叔陵傳》作“關治”。　省閣：謂中書、尚書二省。

[3]殊死：斬首之刑。《漢書》卷一下《高帝紀下》顔師古注曰："韋昭曰：'殊死，斬刑也。'師古曰：'殊，絶也，異也，言其身首離絶而異處也。'"

[4]藉藉：衆口喧騰貌。

[5]陽陽自若：洋洋自得。

[6]沐猴百戲：沐猴，即獼猴。百戲，泛指扛鼎、吞火、爬竿、履火、耍龍燈等各種雜技表演。沐猴百戲，或即猿猴之戲。晋代即有猿戲，傅玄《猨猴賦》云："戴以赤幘，襪以朱巾。先裝其面，又丹其脣。揚眉蹙額，若愁若嗔。或長眠而抱勒，或嚄咋而齟齗，或顒仰而踟蹰，或悲嘯而吟呻。既似老公，又類胡兒。或低眩而擇颯，或抵掌而胡舞"（《藝文類聚》卷九五）。此係猿猴扮人之戲。梁時有獼猴幢伎（《隋書·音樂志上》）。《鄴中記》又記猿騎之戲："又衣伎兒作獼猴之形，走馬上，或在馬脅，或在馬頭，或在馬尾，走如故，名爲猨騎。"此係人模仿猴相，融入百戲（參見周一良《魏晋南北朝史札記·宋書札記》“樂舞雜伎”條，第182—186頁）。

[7]人間:《陳書·始興王叔陵傳》作“民間”。唐避太宗李世民名諱,改“民”爲“人”。

十一年,丁所生母彭氏憂,去職。[1]頃之,起爲本職。晉世王公貴人,多葬梅嶺,[2]及彭氏卒,[3]叔陵啓求梅嶺葬之,乃發故太傅謝安舊墓,[4]棄去安柩,以葬其母。初喪日,僞爲哀毁,自稱刺血寫《涅槃經》。未及十旬,[5]乃日進甘膳。又私召左右妻女,與之姦合,所作尤不軌,侵淫上聞。[6]宣帝責御史中丞王政以不舉奏,免政官。又黜其典籤、親事,[7]仍加鞭捶。宣帝素愛叔陵,不繩以法,但責讓而已。服闋,又爲侍中、中軍大將軍。[8]

[1]丁所生母彭氏憂,去職:因生母彭氏喪事而辭去職務。舊制,父母死後,子嗣要守喪服制,三年内不做官,不婚娶,不赴宴,不應考。

[2]梅嶺:又稱梅嶺崗、梅崗,在今江蘇南京市雨花臺區。

[3]及彭氏卒:《陳書》卷三六《始興王叔陵傳》作“及彭卒”。

[4]太傅:官名。兩晉時常與太宰、太保並掌朝政,開府置僚屬,爲宰相之任。晉一品。南朝時多用作贈官,名義尊崇而實無職事,多用以安置元老勳臣。　謝安:字安石,陳郡陽夏(今河南太康縣)人。東晉名臣,在戰勝前秦苻堅的“淝水之戰”中有籌策大功,官至衛將軍、開府儀同三司,封建昌縣公。卒贈太傅,謚曰文靖。著有《謝安集》十卷,今亡佚。《晉書》卷七九有傳。《元和郡縣圖志》卷二五《江南道一·上元縣》:“謝安墓,在縣東南十里石子岡北。”《景定建康志》卷四三云:“謝安墓在城南九里梅嶺

崗。”後徙葬長興縣（今浙江長興縣東）。

[5]十旬：《陳書·始興王叔陵傳》作“十日”。

[6]侵淫：漸漸。

[7]典籤：官名。亦稱典籤帥或籤帥、主帥。本爲州、府掌管文書的佐吏，因南朝宋時多以年幼皇子出鎮，皇帝委派親信擔任此職，協助處理政事，品階雖不高，實權在長史之上。出任者多爲寒士，每州、府員數人，一歲中輪番還都，匯報當地情況，成爲皇帝升黜地方長官的主要依據。歷宋末以至齊，其權益重。齊時凡王府均置典籤，諸王出鎮州、郡，均置典籤。齊明帝之害諸王，均假典籤之手。梁中葉以後，典籤權勢逐漸衰微。　親事：官名。掌守衛陪從，或被差用。

[8]中軍大將軍：官名。中軍將軍與中衛、中撫、中權合稱四中將軍，地位顯要。陳擬二品，比秩中二千石。中軍將軍加“大”者，進位一階。

及宣帝不豫，[1]後主、諸王並入侍疾。[2]叔陵陰有異志，命典藥吏礪切藥刀。及倉卒之際，又命左右取劍，左右不悟，乃取朝服所佩木劍以進，叔陵怒。及翌日小斂，[3]後主哀頓俯伏，叔陵以剉藥刀斫後主，[4]中項。太后馳來救焉，[5]叔陵又斫太后數下。後主乳媪樂安君吴氏時在太后側，[6]自後掣肘，後主因得起。叔陵仍持後主衣，後主自奮得免。長沙王叔堅以手搤叔陵，奪去其刀，仍牽就柱，以其褶袖縛之，棄池水中，將殺之，問後主曰：“即盡之，爲待也？”時吴媪已扶後主避賊，叔堅求後主所在，將受命。叔陵多力，因奮得脱，[7]突出雲龍門，[8]馳車還東府，呼其甲士斷青溪橋道。[9]放東城囚，[10]以充戰士。又遣人往新林追所部兵馬。[11]仍自被甲，著白帽，[12]登城西門，招募百姓，散金銀以賞賜。外召諸王將帥，無有應者，唯新安王伯固聞而赴之。叔陵聚兵僅得千人，欲據城保守。

[1]不豫：意謂不復豫政。爲天子病重的隱諱之辭。

[2]後主：《陳書》卷三六《始興王叔陵傳》作“太子”。

[3]小斂：給死者沐浴、穿衣。爲喪禮儀式之一。

[4]剉藥刀：切藥所用刀具。

[5]太后：此指後主生母宣帝柳皇后。《資治通鑑》卷一七五《陳紀九》陳宣帝太建十四年記始興王叔陵謀殺後主事云：“上不豫，太子與始興王叔陵、長沙王叔堅並入侍疾。叔陵陰有異志，命典藥吏曰：‘切藥刀甚鈍，可礪之！’甲寅，上殂。倉猝之際，叔陵命左右於外取劍。左右弗悟，取朝服木劍以進，叔陵怒。叔堅在側，聞之，疑有變，伺其所爲。乙卯，小斂。太子哀哭俯伏。叔陵抽剉藥刀斫太子，中項，太子悶絶于地；母柳皇后走來救之，又斫后數下。”後主此時尚未即位，《資治通鑑》稱其“太子”，稱其母“柳皇后”，更爲恰當。

[6]樂安君：後主乳母吴氏封號。陳臨海郡有樂安縣（今浙江仙居縣），或即吴氏之封邑。

[7]因奮得脱：《陳書·始興王叔陵傳》作“因奮袖得脱”，中華本據《陳書》補“袖”字。

[8]雲龍門：建康臺城内城（或稱禁城）之東門。

[9]青溪：河渠名。在今江蘇南京市東。吴大帝孫權赤烏四年（241）詔令開鑿東渠，名青溪，北接玄武湖（後湖）東南角，南流達於秦淮水，是建康城東面縱貫南北的河道，兼具軍事與交通功能。東府在青溪東南，阻斷溪上橋道，可防官軍追擊。青，大德本、汲古閣同，殿本作“清”。

[10]東城：即東府城。在清溪大橋東南，秦淮河北岸。

［11］新林：又名新林浦，在今江蘇南京市雨花臺區西善橋街道。瀕臨長江，西與白鷺洲相對，六朝時爲建康城以西軍事、交通要地。新林本爲水名，源出牛首山（今牛頭山），西北流入長江。《景定建康志》云："在城西二十里，闊三丈，深一丈，長十二里。"

［12］著白帽：《陳書·始興王叔陵傳》作"著白布帽"。白帽，或稱白紗帽，南朝時爲皇帝便服所用之帽。《隋書·禮儀志七》云："宋、齊之間，天子宴私，著白高帽，士庶以烏，其制不定。或有卷荷，或有下裙，或有紗高屋，或有烏紗長耳。"唐代沿用此一禮俗，《新唐書·車服志》云："白紗冒者，視朝、聽訟、宴見賓客之服也。"或以爲白紗帽爲新君登極之服，如趙翼《廿二史劄記》卷一二《人君即位冠白紗帽》即云："蓋本太子由喪次即位之制，故事相沿，遂以白紗帽爲登極之服也。"此説不確，因古時喪事不必著白，且南朝時皇帝即位的正式禮服爲衮冕服（參見周一良《魏晋南北朝史札記》，第131—132頁；孫機《中國古輿服論叢（增訂本）》，文物出版社2001年版，第403—404頁）。

時衆軍並緣江防守，臺内空虚，叔堅白太后，使太子舍人司馬申急召右衛將軍蕭摩訶，［1］將兵至府西門。［2］叔陵事急，遣記室韋諒送鼓吹與摩訶，［3］謂曰："事據，［4］以公爲台鼎。"［5］摩訶紿報曰："須王心膂節將自來，［6］方敢從命。"叔陵即遣戴洫、譚騏驎二人詣摩訶。［7］摩訶執以送臺，斬於閣道下，［8］持其首徇東城，仍懸於朱雀門。［9］叔陵自知不濟，遂入，［10］沈其妃張氏及寵妾七人于井中。叔陵有部下兵先在新安，［11］於是率人馬數百，自小航度，［12］欲趣新林，以舟艦入北。行至白楊路，［13］爲臺軍所邀。［14］伯固見兵至，旋避入巷，［15］叔陵拔刀追之，伯固復還。叔陵部下多棄甲潰散，摩訶馬容陳智深迎刺叔陵,[16]閹豎王飛禽斫之數十下,[17]馬容陳仲華就斬首送臺。[18]自寅至巳乃定。尚書八坐奏:“請依宋世故事，流尸江中，汙瀦其室,[19]并毁其所生彭氏墳廟，還謝氏之塋。”後主從所奏。叔陵諸子，即日並賜死。

[1]太子舍人：官名。太子東宮屬官，掌文記。陳七品，秩二百石。　司馬申：字季和，河内温（今河南温縣）人。本書卷七七、《陳書》卷二九有傳。　右衛將軍：官名。禁衛軍統帥之一。與左衛將軍合稱二衛將軍，掌宫廷宿衛營兵，多由近臣擔任。陳三品，秩二千石。　蕭摩訶：字元胤，蘭陵（今山東棗莊市）人。輔佐陳後主登基有功，加爲侍中、驃騎大將軍、綏建郡公。後降隋。本書卷六七、《陳書》卷三一有傳。

[2]西門：此指東府城西門。按，東府城有西、南、東三門。

[3]記室：官名。記室參軍的省稱。王公軍府屬官，掌府内文書。陳自七品至九品，皆依府主地位而定。皇弟皇子府記室參軍第七品。

[4]據：大德本、汲古閣本、殿本與《陳書》卷三六《始興王叔陵傳》並作“捷”，底本誤。

[5]台鼎：三公、宰相的尊稱。

[6]心膂：本義爲心與脊骨。喻指親信得力之人。　節將：持節統轄某一地區的軍事長官。

[7]戴洫：中華本校勘記:“‘戴洫’,《陳書》《通鑑》作‘戴温’，疑‘洫”爲‘温’字之訛。”今按,《陳書・始興王叔陵傳》作“戴温”，卷二八《長沙王叔堅傳》作“戴洫”，不知何者爲是。

[8]斬於閣道下：《陳書・長沙王叔堅傳》作“斬于尚書閣下”。閣道，謂連接尚書朝堂與尚書下省的空中通道。本書卷六二《徐孝克傳》云:“自晋以來，尚書官僚皆攜家屬居省。省在臺城内下舍門，中有閣道，東西跨路，通于朝堂。其第一即都官之省，西

抵閣道。”

［9］朱雀門：又名大航門。建康南門，南臨淮水（秦淮河），北對都城宣陽門，爲南北御道之南端。故址在今江蘇南京市中華門内秦淮河北岸。

［10］遂入：《陳書·長沙王叔堅傳》“入”字下有“内”字，《資治通鑑》卷一七五《陳紀九》陳宣帝太建十三年作“入内”，“内”字似不可省（參見馬宗霍《南史校證》，第1017頁）。

［11］安：大德本、汲古閣本同，殿本作“林”。按，《陳書·始興王叔陵傳》記作“叔陵有部下兵先在新林”。底本誤。

［12］小航度：小航，浮橋名。亦名驃騎航。在建康東府南門外淮水（秦淮河）上，大體位於今江蘇南京市九龍橋稍東一帶（參見賀雲翺《六朝瓦當與六朝都城》，第200頁）。《資治通鑑·陳紀九》陳宣帝太建十四年胡三省注云：“六朝都建業，航秦淮而渡者非一處，當朱雀門者爲大航，當東府門者爲小航。”度，同“渡”。

［13］白楊路：《六朝事迹編類》卷六引《圖經》云：“白楊路，縣南十二里石岡之横道是也。”石岡（石子岡）即今江蘇南京以雨花臺爲中心的東北—西南向山隴岡阜，白楊路當爲石岡北側的東西向道路。又東晋、南朝建康城外有作爲城郊分界的五十六籬門，白楊籬門屬其一，在今江蘇南京雨花臺西北。白楊路當與此白楊籬門有關。

［14］臺軍：建康臺城宿衛部隊。　邀：攔截。

［15］巷：當指白楊巷（參見魏斌《南朝建康的東郊》，《中國史研究》2016年第3期）。

［16］陳智深：後以誅陳叔陵之功爲巴陵内史，封游安縣子。事見本書卷六七《蕭摩訶傳》、《陳書·始興王叔陵傳》。

［17］王飛禽：據《陳書·始興王叔陵傳》，因誅陳叔陵之功除伏波將軍。

［18］陳仲華：據《陳書·始興王叔陵傳》，陳仲華因誅叔陵之功拜爲下嶲太守，封新夷縣子。

[19]流尸江中，汙瀦（zhū）其室：典出《宋書》卷九九《二凶傳》。宋文帝因太子劉劭多有惡行，意欲將其廢黜。元嘉三十年（453）二月，劉劭聯合始興王劉濬，搶先發動政變，弒父稱帝，改元太初。武陵王劉駿聯合諸州討逆，攻入建康，劉劭被殺，尸體被扔入長江，其在東宫的住宅被拆毁之後，漫水成池。按，汙瀦，謂將罪犯之第宅、祖墳平毁，掘成水池，是對犯謀反重罪者的加重懲戒。《晋書·刑法志》："至於謀反大逆，臨時捕之，或汙瀦，或梟菹，夷其三族，不在律令，所以嚴絶惡迹也。"

豫章王叔英字子烈，宣帝第三子也。寬厚仁愛。太建元年封。後位司空。隋大業中，位涪陵太守，[1]卒。

[1]涪陵：郡名。治石鏡縣，在今重慶合川市。

長沙王叔堅字子成，[1]宣帝第四子也。母本吴中酒家婢，[2]相者言當生貴子。宣帝微時，因飲通焉，生叔堅。及貴，召拜淑儀。

[1]長沙：郡名。治臨湘縣，在今湖南長沙市。

[2]吴中：今江蘇蘇州市吴中區一帶。亦泛指吴地。

叔堅少而嚴整，[1]又頗使酒，兄弟憚之。好數術、卜筮、風角，[2]鎔金琢玉，並究其妙。初封豐城侯。[3]太建元年封。[4]累遷丹楊尹。

[1]少而嚴整：《陳書》卷二八《長沙王叔堅傳》記爲"少傑黠"，語意頗異。

[2]風角：古代占卜之法。即以五音占候四方四隅之風而定吉凶。

[3]豐城：縣名。治所在今江西豐城市南。

[4]太建元年封：此指封長沙王。

初，叔堅與始興王叔陵並招聚賓客，各争權寵，甚不平。每朝會，鹵簿不肯爲先後，[1]必分道而趨，左右或争道而鬭，至有死者。及宣帝不豫，叔堅與叔陵等並從後主侍疾。叔陵陰有異志，叔堅疑之，微伺其所爲。及行逆，賴叔堅以免。以功進驃騎將軍、開府儀同三司、揚州刺史。[2]尋遷司空，將軍、刺史如故。

[1]鹵簿：古代皇帝出行時的儀仗和警衛。後亦用於后妃、太子、王公大臣。

[2]驃騎將軍：官名。陳時擬一品，比秩中二千石。加“大”爲驃騎大將軍，位進一階。多用以加賜元老重臣，以示尊崇。

時後主患創，不能視事，政無大小，悉決于叔堅，權傾朝廷，後主由是疏忌之。孔範、管斌、施文慶等並東宫舊臣，[1]日夕陰持其短。至德元年，乃詔令即本號用三司之儀，[2]出爲江州刺史。未發，尋以爲司空，實欲奪其權。又陰令人造其厭魅，[3]刻木爲偶人，衣以道士服，施機關，能拜跪，晝夜於星月下醮之，祝詛於上。[4]又令人上書告其事，案驗令實。後主召叔堅，囚于西省，[5]將黜之，[6]令近侍宣敕數之。叔堅自陳爲佞人所構，死日慙見叔陵。[7]後主感其前功，乃赦之，免所居官，以王還第。後位中軍大將軍、開府儀同三司、荆州刺史。秩滿還都。陳亡，入隋，遷于瓜州。叔堅素貴，不知家人生産，至是與妃沈氏酤酒，不以耕種爲事。[8]大業中，爲遂寧郡守，[9]卒。

［1］孔範：字法言，會稽山陰（今浙江紹興市）人。後主時拜都官尚書，長於詩文，深得寵信。本書卷七七有傳。　施文慶：吴興烏程（今浙江湖州市）人。早年仕於東宫，後主即位，擢爲中書舍人，有治吏才能，爲後主所倚重。本書卷七七有傳。

［2］本號：原有官號，此指驃騎將軍。

［3］厭魅：祈禱鬼神以迷惑或傷害他人。

［4］祝詛於上：祝告鬼神，使加禍於後主。

［5］西省：即秘書省，在皇帝内殿（即帝寢區）西側，故名。爲文學侍從之臣侍讀、校書、修史、撰譜之處，亦爲驍騎將軍、左右衛將軍等禁衛武官及中書舍人宿值之所（參見陳蘇鎮《西省考》，《周一良先生八十生日紀念論文集》，中國社會科學出版社1993年版，第67—75頁）。

［6］黜：《陳書》卷二八《長沙王叔堅傳》、《資治通鑑》卷一七五《陳紀九》皆作“殺”。按，後文叔堅自陳“死日慙見叔陵”，“死”正與“殺”呼應。本書改“殺”爲“黜”，於意欠安。

［7］日：大德本同，汲古閣本、殿本作“且”。按，據本書，厭魅祝詛之事，實係他人構陷，陳叔堅並未參與，事發之後也未認罪。然《陳書·長沙王叔堅傳》記其事爲：“叔堅不自安，稍怨望，乃爲左道厭魅以求福助，刻木爲偶人，衣以道士之服，施機關，能拜跪，晝夜於日月下醮之，祝詛於上。其年冬，有人上書告其事，案驗並實，後主召叔堅囚于西省，將殺之。其夜，令近侍宣敕，數之以罪，叔堅對曰：‘臣之本心，非有他故，但欲求親媚耳。臣既犯天憲，罪當萬死，臣死之日，必見叔陵，願宣明詔，責於九泉之

下。’”據此，陳叔堅是厭魅祝詛的當事人，又在事發之後承認了罪行。二史所記不同，不知何者爲是（參見高敏《南北史掇瑣》，中州古籍出版社 2003 年版，第 329—330 頁）。或以爲叔堅自陳爲佞人所構，殆近事實，故《南史》似可信（參見馬宗霍《南史校證》，第 1018 頁）。

[8]至是與妃沈氏酣酒，不以耕種爲事：《陳書·長沙王叔堅傳》記作“至是與妃沈氏酤酒，以傭保爲事”。按，《陳書》記叔堅入隋之後淪爲貧賤，不得不勞動以供養，以與上文“叔賢素貴，不知家人生産”正相呼應。本書所記，則入隋之後仍然富足，不知所據爲何。

[9]爲遂寧郡守：大德本、汲古閣本同，殿本作“爲遂寧郡太守”。遂寧，郡名。治方義縣，在今四川遂寧市。按，據《陳書·長沙王叔堅傳》，叔堅入隋後改名“叔賢”，以避隋文帝楊堅名諱。又《唐故永嘉郡永嘉縣令陳公墓誌銘並序》記“祖陳長沙王諱叔堅，及青蓋入隋，拜侍中，特秉樞密”（參見周紹良、趙超主編《唐代墓誌彙編續集》，上海古籍出版社 2001 年版，第 615 頁），似爲譜牒腴詞，於史無據。

建安王叔卿字子弼，宣帝第五子也。性質直，有材器，容貌甚偉。太建四年立。位中書監。[1]陳亡，入隋。大業中，爲都官郎、上黨通守。[2]

[1]中書監：官名。與中書令同爲中書省長官，但通常不並置。本掌撰詔命，記會時事，典作文書，南朝時漸演變爲貴顯而不任事的高級虚位官職，多作重臣加官。陳二品，秩中二千石。

[2]都官郎：官名。尚書省都官曹長官，掌非違得失事。隋初爲正六品上，文帝開皇三年（583）職掌改爲簿録没官同奴俾、俘囚等事，加爲從五品。　上黨：郡名。治上黨縣，在今山西長治

市。　通守：官名。隋煬帝時始於諸郡置，位次太守，協助處理本郡政務。

宜都王叔明字子昭，[1]宣帝第六子也。儀容美麗，舉止和柔，狀似婦人。太建五年立。位侍中。陳亡，入隋。大業中，爲鴻臚少卿。[2]

[1]宜都：郡名。治夷陵縣，在今湖北枝江市。

[2]鴻臚少卿：官名。鴻臚寺副長官，佐鴻臚卿掌册封諸藩、接待外使及凶儀等事。隋文帝開皇三年（583）曾廢鴻臚寺，將其職能歸入太常寺；開皇十二年又恢復。卿置一員，隋初正四品上，煬帝降爲從四品。

河東王叔獻字子恭，[1]宣帝第九子也。性恭謹，聰敏好學。太建五年立。位南徐州刺史。薨，贈司空，謚康簡。子孝寬嗣，隋大業中，爲汶城令。[2]

[1]河東：郡名。治松滋縣，在今湖北松滋市西北。

[2]汶城：縣名。確址不詳。

新蔡王叔齊字子肅，[1]宣帝第十一子也。風采明贍，博涉經史，善屬文。太建七年立。位侍中。陳亡，入隋。大業中，爲尚書主客郎。[2]

[1]新蔡：郡名。僑寄黖布舊城，在今湖北黄梅縣西。陳宣帝太建五年（573），陳軍北伐，從北齊得江州之新蔡郡，故得於太建七年分封。

［2］尚書主客郎：官名。隋初於禮部四曹之一主客曹置主客侍郎，爲該曹長官，正六品上。文帝開皇三年（583）加爲從五品。煬帝大業三年（607）諸曹侍郎並改稱郎，主客侍郎改名主客郎，後又改名司蕃郎。掌二王後及諸蕃朝聘之事。

晋熙王叔文字子才，宣帝第十二子也。性輕險，好虚譽，頗涉書史。太建七年立。位都督、湘州刺史。徵爲侍中，未還而隋軍濟江，隋秦王至漢口。時叔文自湘州還朝，至巴州，乃率巴州刺史畢寶等請降，致書於秦王。王遣使往巴州迎勞叔文。叔文與畢寶、荆州刺史陳慧紀及文武將吏赴漢口，秦王並厚待之。及至京，[1]隋文帝坐于廣陽門觀，[2]叔文從後主至朝堂。[3]文帝使内史令李德林宣旨，[4]責其君臣不能相弼，以致喪亡。後主與其群臣並愧懼拜伏，莫能仰視，叔文獨欣然有自得志。後上表陳在巴州先送款，望異常例。[5]文帝嫌其不忠，而方懷柔江表，[6]遂授開府、宜州刺史。[7]

［1］京：此指京師建康。

［2］廣陽門觀：廣陽門爲建康都城南門之一，又稱陵陽門、尚方門。門有觀闕，稱廣陽門觀。

［3］朝堂：《陳書》卷二八《晋熙王叔文傳》“朝堂”下有“南”字。

［4］内史令：官名。内史省長官，掌皇帝詔令出納宣行，居宰相之職。隋初内史省置監、令各一人，尋廢監，置令二人。正三品。　李德林：字公輔，博陵安平（今河北安平縣）人。善屬文，詞覈而理暢。《隋書》卷四二、《北史》卷七二有傳。

［5］後上表陳在巴州先送款，望異常例：按，《陳書·晋熙王

叔文傳》記其事曰："旬有六日，乃上表曰：'昔在巴州，已先送款，乞知此情，望異常例。'"

[6]江表：本指長江以南地區，此處特指南朝統治區域。

[7]開府：官名。開府儀同三司的簡稱。　宜州：州名。治泥陽縣，在今陝西銅川市耀州區。

淮南王叔彪字子華，[1]宣帝第十三子也。少聰慧，善屬文。太建八年立。位侍中。入隋，卒于長安。

[1]淮南：郡名。寄治姑孰，在今安徽當塗縣。

始興王叔重字子厚，宣帝第十四子也。性質朴，無伎藝。宣帝崩，始興王叔陵爲逆，誅，其年立叔重爲始興王，以奉昭烈王後。位江州刺史。隋大業中，爲太府少卿。[1]

[1]太府少卿：官名。太府寺副長官，協助長官太府卿掌管倉儲出納及所轄各署事。隋初正四品上，煬帝改從四品。

尋陽王叔儼字子思，[1]宣帝第十五子也。性凝重，舉止方正。後主即位立。位侍中。入隋，卒。

[1]尋陽：郡名。治柴桑縣，在今江西九江市西南。

岳陽王叔慎字子敬，[1]宣帝第十六子也。少聰敏，十歲能屬文。太建十四年立。至德中，爲丹楊尹。時後主尤愛文章，叔慎與衡陽王伯信、新蔡王叔齊等日夕陪侍賦詩，恒被嗟賞。

[1]岳陽：郡名。治岳陽縣，在今湖南汨羅市長樂鎮。

禎明元年，出爲湘州刺史，加都督。及隋師濟江，清和公楊素兵下荆州，[1]遣將龐暉略地至湘州，州内將士，剋日請降。叔慎置酒會文武，酒酣，歎曰："君臣之義，盡於此乎！"長史謝基伏而流涕。湘州助防遂興侯正理在坐，[2]起曰："主辱臣死，諸君獨非陳國臣乎？[3]縱其無成，猶見臣節，青門之外，有死不能。[4]今日後應者斬。"衆咸許諾，乃刑牲結盟。遣人詐奉降書於龐暉，叔慎伏甲待之。暉入，伏兵發，縛暉等以徇，皆斬之。叔慎招士衆，數日中，兵至五千人。隋遣内陽公薛胄爲湘州刺史，[5]聞龐暉死，乃益請兵。隋又遣行軍總管劉仁恩救之。[6]未至，薛胄禽叔慎，秦王斬之漢口。[7]

[1]清和公楊素兵下荆州：《陳書》卷二八《岳陽王叔慎傳》記爲"隋行軍元帥清河公楊素兵下荆門"，中華本據此改"清和"爲"清河"、"荆州"爲"荆門"，甚是。清河公，封爵名。"清河郡公"的省稱。爲隋九等爵的第四等。從一品。清河，郡名。治清河縣，在今河北清河縣西。荆門，山名。在今湖北宜昌市東南長江南岸。

[2]助防：官名。職在協助主官守備。

[3]主辱臣死，諸君獨非陳國臣乎：《陳書·岳陽王叔慎傳》此句後有"今天下有難，實是致命之秋也"，《資治通鑑》卷一七七《隋紀一》即同《陳書》。本書逕删，致下文"縱其無成"一語無

以承接（參見馬宗霍《南史校證》，第1019頁）。

[4]青門之外，有死不能：典出《史記》卷五三《蕭相國世家》："召平者，故秦東陵侯。秦破，爲布衣，貧，種瓜於長安城東，瓜美，故世俗謂之'東陵瓜'。"又《三輔黄圖》卷一："長安城東出南頭第一門曰霸城門，民見門色青，名曰青城門，或曰青門。門外舊出佳瓜，廣陵人邵平爲秦東陵侯，秦破爲布衣，種瓜青門外，瓜美，故時人謂之東陵瓜。"陳正理所言，意謂臣子當死節報恩，不能像召平那樣降身布衣，屈尊苟活。又"青門"或代指隋都長安，陳正理所言，意謂一旦降而入隋，人爲刀俎，我爲魚肉，縱有戰死報國之心，亦無從踐行。

[5]内陽公：封爵名。内陽，或誤。錢大昕《廿二史考異》卷三七云："'内陽'，《陳書》作'中牟'，考之《北史·薛胄傳》，胄襲封文城縣公，亦未嘗爲湘州刺史，當有一誤。"中華本校勘記亦云："《隋書·薛胄傳》，胄襲文城縣公，無封内陽及中牟事，疑《南史》《陳書》有訛。"　薛胄：字紹玄，河東汾陰（今山西萬榮縣）人。《隋書》卷五六有傳，《北史》卷三六有附傳。

[6]劉仁恩：北周、隋官員。籍貫不詳。兼具文武材用。曾任毛州（今河北館陶縣）刺史，治績號天下第一，擢拜刑部尚書。以行軍總管隨楊素伐陳，破陳將吕仲肅於荆門，授上大將軍。《北史》卷七五、《隋書》卷四六有附傳。

[7]秦王斬之漢口：據《陳書·岳陽王叔慎傳》，陳叔慎卒時年十八歲。

義陽王叔達字子聽，[1]宣帝第十七子也。太建十四年立。位丹楊尹。入隋，大業中，爲内史舍人、絳郡通守。[2]武德中，[3]位侍中，[4]封江國公，[5]歷禮部尚書，[6]卒。[7]

[1]義陽：郡名。寄治安鄉縣，在今湖南安鄉縣西南。《讀史方輿紀要》卷七七《湖廣三·安鄉縣》："東晉僑置南義陽郡，梁又置安鄉縣爲義陽郡治。隋平陳郡廢。"　子聽：大德本同，汲古閣本、殿本作"聰"。《陳書》卷二八《義陽王叔達傳》，《舊唐書》卷六一、《新唐書》卷一〇〇《陳叔達傳》皆作"聰"。底本誤。

[2]内史舍人：官名。爲内史省屬官，掌参議表章，草擬詔敕。隋初置八人，正六品上，文帝開皇三年（583）升爲從五品。煬帝大業三年（607）減置四人，大業末改内史省爲内書省，内史舍人遂改稱内書舍人。案，隋文帝父名忠，故隋改中書省稱内史省，中書舍人稱内史舍人。　絳郡：郡名。治正平縣，在今山西新絳縣。

[3]武德：唐高祖李淵年號（618—626）。馬宗霍《南史校證》以爲"武德"前似當加一"唐"字。錢大昕《廿二史考異》卷三七："按褚亮、歐陽詢、虞世南、姚思廉之徒，雖名見《南史》而不言唐官，惟陳後主太子深云武德初爲秘書丞卒官，及叔達此傳耳。"

[4]侍中：官名。唐爲門下省長官，掌審議、封駁中書省草擬詔敕，與中書省、尚書省長官同爲宰相，在政事堂共議國政。地位尊崇，員二人。正三品。

[5]國公：爵名。唐代國公食邑三千户，從一品。

[6]禮部尚書：官名。尚書省所轄六部之一禮部之長官，掌禮儀、祭祀、外交、宴享諸務，唐爲正三品。案，陳叔達入唐事迹，詳見《舊唐書》卷六一、《新唐書》卷一〇〇《陳叔達傳》。

[7]卒：據《舊唐書·陳叔達傳》《新唐書·陳叔達傳》，陳叔達卒於唐太宗貞觀九年（635）。

巴山王叔雄字子猛，[1]宣帝第十八子也。太建十四年立。入隋，卒于長安。

［1］巴山：郡名。治巴山縣，在今江西崇仁縣西南。

武昌王叔虞字子安，[1]宣帝第十九子也。太建十四年立。入隋，大業中，爲高苑令。[2]

［1］武昌：郡名。治武昌縣，在今湖北鄂州市。

［2］高苑：縣名。治所在今山東高青縣東南高城鎮。

湘東王叔平字子康，[1]宣帝第二十子也。至德元年立。入隋，大業中，爲胡蘇令。[2]

［1］湘東：郡名。治臨烝縣，在今湖南衡陽市。

［2］胡蘇：縣名。治所在今山東寧津縣保店鎮。《陳書》卷二八《湘東王叔平傳》作"湖蘇"。林礽乾《陳書異文考證》引《太平寰宇記》"臨津縣，本漢東光縣地。《漢書·地理志》云：'東光有胡蘇亭。'隋開皇十六年，於此置胡蘇縣，因胡蘇亭爲名"，又《隋書·地理志中》亦作"胡蘇"，故認爲當以"胡"爲是（第222頁）。

臨賀王叔敖字子仁，[1]宣帝第二十一子也。至德元年立。入隋，大業中，位儀同三司。[2]

［1］臨賀：郡名。治臨賀縣，在今廣西賀州市東南。

［2］儀同三司：官名。隋十一等勳官之第八等，正五品上。煬帝大業三年（607）罷。

陽山王叔宣字子通，[1]宣帝第二十二子也。至德元年立。入隋，大業中，爲溼城令。[2]

[1]陽山：郡名。治含洭縣，在今廣東英德市浛洸鎮。

[2]溼城：縣名。治所在今河北威縣。《隋書·地理志中》作“經城”。

西陽王叔穆字子和，[1]宣帝第二十三子也。至德元年立。入隋，卒于長安。

[1]西陽：郡名。治西陽縣，在今湖北黄石市東南。

南安王叔儉字子約，[1]宣帝第二十四子也。至德元年立。入隋，卒于長安。

[1]南安：郡名。治晋安縣，在今福建南安市豐州鎮。

南郡王叔澄字子泉，[1]宣帝第二十五子也。至德元年立。入隋，大業中，爲靈武令。[2]

[1]南郡：郡名。本治江陵縣，在今湖北荆州市荆州區，梁元帝承聖三年（554）西魏攻占江陵，南郡亦没。陳後主至德元年（583）前僑立，唯治所、領縣皆乏考（參見程剛《東晋南朝荆州政治地理研究——兼論雍州、湘州、郢州》，博士學位論文，南京大學，2014年，第241頁）。

[2]靈武：縣名。治所在今寧夏靈武市西南。

沅陵王叔興字子推，[1]宣帝第二十六子也。至德元年立。入隋，大業中，爲給事郎。[2]

［1］沅陵：郡名。治沅陵縣，在今湖南沅陵縣西南。

［2］給事郎：官名。隋文帝開皇六年（586）於尚書省吏部置朝議、通議、朝請、朝散、給事、承奉、儒林、文林等八郎，爲散官番直，常出使監察。正八品上。煬帝大業三年（607）罷，並取其名置於門下省，位黄門侍郎下，掌省讀奏案，從五品。

岳山王叔韶字子欽，[1]宣帝第二十七子也。至德元年立。位丹陽尹。入隋，卒于長安。

［1］岳山：史籍不見此郡名，或即巴陵郡。《資治通鑑》卷一七五《陳紀九》長城公至德元年胡三省注曰："《郡縣志》：巴陵，一名天岳山。岳山蓋即巴陵，以封叔韶。"巴陵郡，治巴陵縣，在今湖南岳陽市。

新興王叔純字子洪，[1]宣帝第二十八子也。至德元年立。入隋，大業中，爲河北令。[2]

［1］新興：郡名。南朝陳僑置，治所、領縣乏考。　子洪：《陳書》卷二八《新興王叔純傳》作"子共"。

［2］河北：縣名。治所在今山西平陸縣西南。

巴東王叔謨字子軌，[1]宣帝第二十九子也。至德四年立。入隋，大業中，爲汧陽令。[2]

［1］巴東：郡名。南朝陳僑置，治所、領縣乏考。

［2］汧陽：縣名。治所在今陝西千陽縣西北。《隋書·地理志上》作“汧陽”。《陳書》卷二八《巴東王叔謨傳》作“岍陽”。林礽乾《陳書異文考證》認爲“岍陽”與“汧陽”同，一者因汧山（即岍山）而得名，一者因汧水而得名（第222頁）。

臨海王叔顯字子亮，[1]宣帝第三十子也。至德四年立。入隋，大業中，爲鶉觚令。[2]

［1］臨海王：本書卷一〇《陳後主紀》及《陳書》卷六《後主紀》、卷二八《臨江王叔顯傳》並作“臨江王”。中華本校勘記云：“陳皇子皆以郡爲封。時南豫州有臨江郡，治烏江；東揚州有臨海郡，治章安。後主至德世，江北已失，臨江郡改屬周、隋，疑作臨海爲是。”臨海，郡名。治章安縣，在今浙江台州市椒江區章安街道。　子亮：《陳書·臨江王叔顯傳》作“子明”。

［2］鶉觚：縣名。治所在今甘肅靈臺縣東。

新會王叔坦字子開，[1]宣帝第三十一子也。至德四年立。入隋，大業中，爲涉縣令。[2]

［1］新會：郡名。治盆允縣，在今廣東江門市新會區北。

［2］涉縣：縣名。治所在今河北涉縣西北。

新寧王叔隆字子遠，[1]宣帝第三十二子也。至德四年立。入隋，卒于長安。

［1］新寧：郡名。治新興縣，在今廣東新興縣。

新昌王叔榮字子徹,[1]宣帝第三十三子也。禎明三年立。[2]入隋，大業中，爲内黄令。[3]

[1]新昌：郡名。治嘉寧縣，在今越南永富省白鶴縣南鳳州。

[2]三年：《陳書》卷二八《新昌王叔榮傳》作“二年”，中華本據改，可從。

[3]内黄：縣名。治所在今河南内黄縣西。

太原王叔匡字子佐,[1]宣帝第三十四子也。禎明二年立。入隋，大業中，爲壽光令。[2]

[1]太原：郡名。寄治彭澤縣，在今江西彭澤縣東北。

[2]壽光：縣名。治所在今山東壽光市。

後主二十二男：張貴妃生太子深、會稽王莊。[1]孫姬生吴興王胤。高昭儀生南平王嶷。吕淑媛生永嘉王彦、邵陵王兢。龔貴嬪生南海王虔、錢唐王恬。[2]張淑華生信義王祗。徐淑儀生東陽王恮。孔貴人生吴郡王藩。[3]其皇子總、觀、明、綱、統、沖、洽、縚、綽、威、辯十一人，並未及封。

[1]張貴妃：陳後主貴妃張麗華。本書卷一二、《陳書》卷七有傳。

[2]貴嬪：女官名號。陳后妃之制，貴妃、貴嬪、貴姬三人，擬古之三夫人，地位僅次於皇后。

[3]吴郡王藩：《陳書》卷二八《後主十一子傳》作“吴郡王蕃”。

太子深字承源，後主第四子也。少聰慧，有志操，容止儼然，左右近侍未嘗見其喜愠。以母張貴妃故，特爲後主所愛。至德元年，封始安王。[1]位揚州刺史。禎明二年，皇太子胤廢，後主乃立深爲皇太子。隋師濟江，隋將韓擒自南掖門入，[2]百寮奔散，深時年十餘歲，閉閤而坐，舍人孔伯魚侍。隋軍排閤入，[3]深使宣令勞之曰："軍旅在道，不乃勞也！"軍人咸致敬焉。隋大業中，爲枹罕太守。[4]武德初，爲秘書丞，[5]卒官。

[1]始安：郡名。治始安縣，在今廣西桂林市。

[2]韓擒：即韓擒虎。唐避高祖李淵祖父李虎名諱而去"虎"字。字子通，河南東垣（今河南新安縣）人。《隋書》卷五二有傳，《北史》卷六八有附傳。　南掖門：建康宫城（臺城）南門之一。宫城南面有二門，正門爲大司馬門，東側即南掖門。

[3]排閤：推門。

[4]枹罕：郡名。治枹罕縣，在今甘肅臨夏市。

[5]秘書丞：官名。秘書省屬官，佐助秘書令、秘書監掌管文書圖籍諸事。從五品上。

吴興王胤字承業，後主長子也。太建五年二月乙丑，生於東宫。母孫姬，因産卒，沈皇后哀而養之，以爲己子。後主年長，未有嗣，宣帝命以爲嫡孫，詔爲父後者賜爵一級。十年，封永康公。[1]後主即位，爲皇太子。

[1]永康：縣名。治所在今浙江永康市。

胤性聰敏好學，執經肄業，[1]終日不倦，博通大義，兼善屬文。時張貴妃、孔貴嬪並愛幸，沈皇后無寵，日夜構成后及太子之短。孔範之徒，又於外合成其事。禎明二年，廢爲吴興王，加侍中衛將軍。[2]入隋，卒于長安。

[1]肄業：修習學業。古人書所學之文字於方版謂之業，師授生曰授業，生受之於師曰受業，習之曰肄業。

[2]加侍中衛將軍：《陳書》卷二八《吴興王胤傳》作“加侍中中衛將軍”，中華本據補一“中”字，改爲“加侍中、中衛將軍”。可從。

南平王嶷字承岳，[1]後主第二子也。方正有器局，年數歲，風采舉動，有若成人。至德元年立。位揚州刺史。遷都督、郢州刺史。入隋，卒于長安。

[1]南平：郡名。治公安縣，在今湖北公安縣西北（參見程剛《東晉南朝荆州政治地理研究——兼論雍州、湘州、郢州》，博士學位論文，南京大學，2014年，第240頁）。

永嘉王彦字承懿，[1]後主第三子也。至德元年立。位都督、江州刺史。[2]入隋，大業中，爲襄武令。[3]

[1]永嘉：郡名。治永寧縣，在今浙江温州市。

[2]位都督、江州刺史：按，本書卷一〇《後主紀》記永嘉王陳彦曾鎮南徐州。

[3]襄武：縣名。治所在今甘肅隴西縣東南。

南海王虔字承恪，[1]後主第五子也。至德元年立。位南徐州刺史。入隋，大業中，爲涿令。[2]

[1]南海：郡名。治番禺縣，在今廣東廣州市。

[2]涿：縣名。治所在今河北涿州市。

信義王祗字承敬，[1]後主第六子也。至德元年立。位琅邪、彭城二郡太守。[2]入隋，大業中，爲通議郎。[3]

[1]信義：郡名。治南沙縣，在今江蘇常熟市西北。

[2]琅邪：郡名。此應指南琅邪。　彭城：郡名。此處應爲南彭城。屬南徐州。二郡皆寄治白下城，在今江蘇南京市北金川門外幕府山南麓。

[3]通議郎：官名。隋文帝開皇六年（586）吏部别置散官八郎之一，從六品上。

邵陵王兢字承檢，[1]後主第七子也。禎明元年立。入隋，大業中，爲國子監丞。[2]

[1]邵陵：郡名。治邵陵縣，在今湖南邵陽市。

[2]國子監丞：官名。亦稱國子丞。隋煬帝大業三年（607）於國子監置三員，掌判國子監事。從六品。

會稽王莊字承肅，[1]後主第八子也。容貌蕞陋。[2]性嚴酷，數歲時，左右有不如意，輒剟刺其面，[3]或加燒爇。[4]性嗜酒，愛博。以母張貴妃寵，後主甚愛之。至德元年立。[5]位楊州刺史。入隋，大業中，爲昌隆令。[6]

［1］會稽：郡名。治山陰縣。在今浙江紹興市。

［2］蕞陋：醜陋猥瑣。《文選》卷六左思《魏都賦》："宵貌蕞陋，禀質遳脆。"劉良注："蕞陃，醜惡也。"

［3］劖刺：刺戳。

［4］爇（ruò）：同"爇"。

［5］至德元年立：元年，《陳書》卷二八《會稽王莊傳》作"四年"。又《陳書》卷六《後主紀》記立莊爲會稽王在陳後主至德四年（586）夏五月丁巳，中華本據改。可從。

［6］昌隆：縣名。西魏改漢昌縣置。治所在今四川江油市彰明鎮。《陳書·會稽王莊傳》作"會昌"，中華本校勘記云："據《南史》改。按《隋志》無會昌縣。"《大唐故陳夫人墓誌銘》追述碑主陳照先世，有"曾祖莊，陳會稽王揚州牧；祖元順，皇朝散大夫考城縣令；父希沖，朝議郎，懷州司户参軍，早亡。盤石維城，開物濟世，並以紛綸載籍，豈一二詳焉"（《唐代墓誌彙編》，上海古籍出版社 1992 年版，第 1583 頁）。

東陽王恮字承原，[1]後主第九子也。禎明二年立。入隋，大業中，爲通議郎。

［1］東陽：郡名。治長山縣，在今浙江金華市。　承原：原，大德本同，汲古閣本、殿本作"承厚"。《陳書》卷二八《東陽王恮傳》亦作"承厚"。

吴郡王藩字承廣，[1]後主第十子也。禎明二年封。隋大業中，爲任城令。[2]

［1］藩：《陳書》卷二八《吴郡王蕃傳》、卷六《後主紀》作"蕃"。

[2]任城：《陳書·吴郡王蕃傳》作“涪城”。林礽乾《陳書異文考證》云：“按隋金山郡有涪城縣，魯郡有任城縣（見《隋書·地理志》）。涪城故城在今四川三台縣西北，任城故治即今山東濟寧縣治。隋大業末，各本云吴郡王藩‘爲涪城令’,《南史》則謂‘爲任城令’，二者未審孰是？”（第225—226頁）涪城，縣名。治所在今四川三台縣西北。又《新唐書·宰相世系表一下》記陳蕃入唐任忠州刺史。

錢唐王恬字承惔，[1]後主第十一子也。禎明二年封。入隋，卒于長安。

[1]錢唐：郡名。治錢塘縣，在今浙江杭州市。錢塘本爲吴郡轄縣。據《陳書》卷六《後主紀》，陳後主禎明元年（587）十一月，割揚州吴郡置吴州，割錢塘縣爲郡，屬吴州。

江左承西晋，[1]諸王開國，並以户數相差，爲大小三品。大國置上、中、下三將軍，[2]又置司馬一人。[3]次國置中、下二將軍。小國置將軍一人。餘官亦準此爲差。武帝受命，自永定訖于禎明，唯衡陽王昌特加禮命，至五千户，自餘大國不過二千，[4]小國則千户云。[5]

[1]江左：地區名。指長江下游以東地區，此處代指東晋、南朝。亦稱“江東”。

[2]上、中、下三將軍：上軍將軍、中軍將軍、下軍將軍，各一人。

[3]司馬：官名。軍府屬官，爲高級幕僚，掌參贊軍務。品秩隨其府主地位而定。陳制，皇弟皇子府司馬第五品，秩千石。

［4］大國不過二千：據《陳書》，新安、南康、始興、始安等國皆食邑二千户。

［5］小國則千户：據《陳書》，邵陵、東陽、錢塘等國皆食邑一千户。案，此段文字，抄自《陳書》卷二八《後主十一子傳》。然《陳書》傳末尚有"而舊史殘缺，不能别知其國户數，故綴其遺事附于此"，係對本傳情況不明之處所作的説明，本書逕删，實屬不妥（參見高敏《南北史掇瑣》，第330頁）。

論曰：有陳受命，雖疆土日蹙，[1]然封建之典，無革先王。永脩等並以疏屬列居蕃屏，[2]慧紀始終之迹，其殆優乎！衡陽、南康，[3]地皆懿戚，[4]提契以殞，[5]惟命也夫！文、宣二帝，諸子不一，鄱陽、岳陽，[6]風迹可紀，古所謂維城盤石，[7]叔慎其近之乎。

［1］疆土日蹙：趙翼《廿二史劄記》卷一二《南朝陳地最小》，專述陳地削剥情形："晋南渡後，南北分裂，南朝之地，惟晋末宋初最大，至陳則極小矣。劉裕相晋，滅慕容超而復青、齊，降姚洸而復洛陽，滅姚泓而復關中。其後關中雖爲赫連勃勃所奪，而泝河西上時，遣王仲德在北岸陸行，魏將尉建棄滑臺，仲德入據之。自後魏屢攻，得而復失。魏明元帝欲南伐，崔浩謂當略地以淮爲限，則滑臺、虎牢反在我軍之北，是滑臺、虎牢尚爲宋地。宋將到彦之、王仲德攻河南，明元帝遣長孫道生等追擊，至歷城而還，是歷城亦宋地也。宋元嘉十九年，詔闕里往經寇亂，應下魯郡修復學舍，是魯郡亦宋地也。直至魏太武帝遣安頡攻拔洛陽，剋虎牢，剋滑臺，帝臨江起行宫於瓜步，宋餽百牢，乃班師，於是河南之地多入魏。魏孝文帝時，宋薛安都以彭城，畢衆敬以兖州，常珍奇以懸瓠，俱屬於魏。張永、沈攸之與魏戰又大敗，於是宋遂失淮北四州及豫州淮南地。其後齊將裴叔業又以壽春降魏，於是淮北之地亦盡入於

魏。故蕭齊北境已小於宋。迨梁武帝使張惠紹取宿豫，蕭宏取梁城，韋叡取合肥，以及義陽、邵陽之戰，浮山堰之築，兩國交兵，争沿淮之地者十餘年，互相勝負。魏孝明帝時，元法僧以徐州降梁，梁武遣蕭綜守之，綜仍以徐州降魏。魏末爾朱榮之亂，北海王顥奔梁，梁立爲魏主，使陳慶之送之歸國，深入千里，孝莊帝北走，顥遂入洛，梁之勢幾振。其後顥戰敗被擒，魏仍復所失地，而梁之地尚無恙也。及侯景之亂，西魏寇安陸，執司州刺史柳仲禮，盡没漢東之地。其淮陽、山陽、淮陰等地俱降東魏，鄱陽王範又以合州降東魏，東魏遂盡有淮南之地。景又攻陷廣陵，使郭元建守之，景敗，元建以廣陵降北齊，於是江北亦爲北齊所有。是時蕭繹在江陵，乞師於西魏，令蕭循以南鄭與西魏，西魏遂取漢中。繹稱帝於江陵，武陵王紀自成都起兵伐之，西魏使尉遲迥攻成都以救繹，及紀爲繹所殺，而迥亦取成都，於是蜀地盡入於西魏矣。是時梁之境，自巴陵至建康，惟以長江爲限，荆州界北盡武寧，西拒峽口。而岳陽王蕭詧以繹殺其兄譽，遂據襄陽降西魏。西魏遣于謹等伐江陵，克之，殺元帝，乃以江陵易襄陽，使詧爲梁主，而襄陽亦入於西魏矣。元帝殁後，王僧辯、陳霸先立其子方智於建業，北齊文宣納蕭淵明入爲梁主，陳霸先廢殺之，仍奉方智。其時徐嗣徽、任約降北齊，方據石頭城，文宣又遣蕭軌、柳達摩、東方老等來鎮石頭，爲霸先所擒殺，金陵之地得以不陷。計是時江以北盡入於北齊，西境則蜀中及襄陽俱入西魏，江陵又爲蕭詧所有，梁地更小於元帝時矣。陳霸先篡位，因之以立國，其地之入於周者，惟湘州在江之南，周將賀若敦、獨孤盛不能守，全師北歸，地歸於陳。其後周、陳通好，陳又賂周以黔中地及魯山郡。迨北齊後主荒縱，陳宣帝乘其國亂，使吴明徹取江北，大敗齊師於吕梁，又攻殺王琳於壽陽，於是淮泗之地俱復。而是時周已滅齊，宣帝欲乘亂争徐、兖，又使明徹北伐，至彭城，反爲周師所敗，明徹被擒，於是周韋孝寬復取壽陽，梁士彦復拔廣陵，陳仍畫江爲界，江北之地盡入於周。故隋承周之地，晋王廣由江都至六合，韓擒虎自廬州直渡采石，賀若弼自揚州直造京口，遂以亡陳也。按三國時孫吴之地，初只江東六郡，漸及閩、粵，後取荆州，始有江陵、長沙、武陵、桂陽等地，而夔府以西尚屬蜀也，其江北之地亦只有濡須塢，其餘則皆屬魏。陳地略與之相似，而荆州舊統内江陵又爲後梁所占，是其地又小於孫吴時。"

［2］永脩：此指永脩縣侯陳擬。

［3］衡陽：此指衡陽王陳昌。　南康：此指南康王陳曇朗。

［4］懿戚：皇親國戚。

［5］提契以殞：契，底本同，汲古閣本、殿本作"攜"。

［6］鄱陽：此指鄱陽王伯山。　岳陽：此指岳陽王叔慎。

［7］維城盤石：維城，典出《詩·大雅》："懷德維寧，宗子維城。"盤石，典出《史記》卷一〇《孝文本紀》："高帝封王子弟，地犬牙相制，此所謂盤石之宗也，天下服其彊。"後世以維城盤石成詞，意謂宗室諸王同心同德，屏藩天子。

南史　卷六六

列傳第五十六

杜僧明　周文育 子寶安　侯瑱　侯安都　歐陽頠 子紇
黄法𣰰　淳于量　章昭達　吴明徹 裴子烈

杜僧明字弘照，廣陵臨澤人也。[1]形貌眇小，而有膽氣，善騎射。梁大同中，[2]盧安興爲廣州刺史、南江督護，[3]僧明與兄天合及周文育並爲安興所啓，請與俱行。頻征俚獠有功，[4]爲新州助防。[5]天合亦有材幹，預在征伐。

[1]廣陵：郡名。治廣陵縣，在今江蘇揚州市西北蜀岡上。　臨澤：縣名。治所在今江蘇高郵市臨澤鎮。

[2]大同：南朝梁武帝蕭衍年號（535—546）。

[3]廣州：州名。治番禺縣，在今廣東廣州市。中華本校勘記云："按下文，時廣州刺史爲新渝侯蕭映。又安興死，杜僧明復副其子子雄；而據《陳書·武帝紀》，子雄時爲新州刺史。則此廣州當爲新州之誤，今改正。"可從。新州，州名。治新興縣，在今廣東新興縣。　南江督護：官名。南朝時在廣州別置南江都護、西江都

護，鎮撫土著，主管一方軍事。《南齊書·州郡志上》："廣州，鎮南海。濱際海隅，委輸交部，雖民户不多，而俚獠猥雜，皆樓居山險，不肯賓服。西南二江，川源深遠，别置督護，專征討之。"南江，即今廣東西江，古稱南江。

[4]俚：古代南方少數民族名。南朝時主要居處於今兩廣、湘南等山地。文獻中常與"蠻""獠"連用，稱"俚蠻""俚獠"。獠：或作"僚"，古時南方少數民族名。南朝時主要居處於今廣西、貴州及四川地區《隋書·地理志下》記述俚、獠諸族習俗風尚："俚人則質直尚信，諸蠻則勇敢自立，皆重賄輕死，唯富爲雄。巢居崖處，盡力農事。刻木以爲符契，言誓則至死不改。父子别業，父貧，乃有質身於子。諸獠皆然。"

[5]助防：官名。職在協助主官防守。

安興死，僧明復副其子子雄。及交州豪士李賁反，[1]逐刺史蕭諮，[2]諮奔廣州。臺遣子雄與高州刺史孫冏討賁。[3]時春草已生，瘴癘方起，子雄請待秋討之。廣州刺史新渝侯蕭映不聽，[4]蕭諮又促之，子雄等不得已遂行。至合浦，[5]死者十六七，衆並憚役潰散，禁之不可，乃引其餘兵退還。蕭諮啓子雄及冏與賊交通，逗遛不進，[6]梁武帝敕於廣州賜死。[7]子雄弟子略、子烈並豪俠，家屬在南江。天合謀於衆曰："盧公累葉待遇我等亦甚厚矣，今見枉死而不能爲報，非丈夫也。我弟僧明，萬人之敵，若圍州城，召百姓，誰敢不從？城破斬二侯，[8]然後待臺使至，[9]束手詣廷尉，[10]死猶勝生。縱其不捷，亦無恨矣。"衆咸忼慨曰：[11]"是所願也，唯足下命之。"乃與周文育等率衆結盟，奉子雄弟子略爲主，以攻刺史蕭映。子略頓城南，天合頓城北，僧明、文育分據東西，吏人並應之，一日之中，衆至數萬。陳武帝時在高要，[12]聞事起，率衆來討，大破之。殺天合，禽僧明及文育等，[13]並釋之，引爲主帥。

[1]交州：州名。治龍編縣，在今越南北寧省仙游縣東。　豪士：《陳書》卷八《杜僧明傳》作“土豪”。　李賁：交州豪族。梁武帝大同七年（541）起兵，逐走交州刺史蕭諮。大同十年春正月，在交阯郡（今越南北寧省仙游縣東）稱帝，年號天德。中大同元年（546）春，交州刺史楊故克交阯嘉寧縣城（今越南永富省白鶴縣南鳳州），李賁逃入屈獠洞（在嘉寧縣），兩年後被斬，傳首梁都建康。

[2]蕭諮：字世恭，梁鄱陽王蕭恢之子。曾任衛尉卿、交州刺史等職，封武林侯。簡文帝大寶元年（550）爲侯景所殺。本書卷五二有附傳。

[3]臺：代指朝廷。魏晋以來，尚書臺分曹理事，爲國家政務中心，“臺”遂爲尚書省乃至朝廷代稱。　高州：州名。治高凉縣，在今廣東陽江市西。

[4]新渝：縣名。治所在今江西新餘市南。　蕭映：字文明，梁始興王蕭憺之子。歷任淮南太守、太子洗馬、吴興太守、北徐州刺史、廣州刺史等職，封新渝縣侯。本書卷五二有附傳。映，《陳書·杜僧明傳》作“暎”。

[5]合浦：郡名。治合浦縣，在今廣西合浦縣東北舊州。

[6]逗遛不進：軍法用語。謂畏懼軟弱，停留不前。南朝沿襲漢代軍法，軍行而畏懦逗遛者斬。

[7]梁武帝：蕭衍。字叔達。南朝梁開國皇帝。本書卷六、卷七，《梁書》卷一至卷三有紀。

[8]二侯：此指武林侯蕭諮、新渝侯蕭映。

[9]臺使：朝廷使者。南朝梁臺使權力極大，弊害叢生。詳見

趙翼《廿二史劄記》卷一二《齊梁臺使之害》。

[10]廷尉：官名。掌刑獄諸事。梁武帝天監七年（508）建置十二卿，廷尉爲其一，稱廷尉卿。梁制，流内官十八班，以班多者爲貴，廷尉卿居十一班。陳三品，秩中二千石。

[11]忼：同“慷”。本卷下同，不另注。

[12]陳武帝：陳霸先。南朝陳開國皇帝。時任梁西江督護、高要郡太守。本書卷九，《陳書》卷一、卷二有紀。　高要：郡名。治高要縣，在今廣東肇慶市。

[13]禽：同“擒”。本卷下同，不另注。汲古閣本作“擒”。

武帝征交阯及討元景仲，[1]僧明、文育並有功。侯景之亂，[2]俱隨武帝入援建鄴。[3]武帝於始興破蘭裕，[4]僧明爲前鋒，斬裕。又與蔡路養戰於南野，[5]僧明馬被傷，武帝馳救之，以所乘馬授僧明。僧明上馬復進，殺數十人，因而乘之，[6]大敗路養。高州刺史李遷仕又據大皋，[7]入灨石，[8]以逼武帝。武帝遣周文育爲前軍，與僧明擊走之。遷仕與寧都人劉孝尚并力將襲南康，[9]陳武又令僧明與文育等拒之。相持連戰百餘日，卒禽遷仕，送于武帝。及帝下南康，留僧明頓西昌，[10]督安城、廬陵二郡軍事。[11]梁元帝承制授新州刺史、臨江縣子。[12]

[1]交阯：郡名。治龍編縣，在今越南北寧省仙游縣東。　元景仲：本北魏宗室支屬，梁武帝普通（520—527）中隨父兄降梁。封枝江縣公，歷任右衛將軍、廣州刺史等職。後起兵響應侯景之亂，兵敗自殺。《梁書》卷三九有附傳。

[2]侯景：字萬景。原爲東魏大將，後叛至南朝梁，於梁武帝

太清二年（548）在壽陽發動叛亂，次年攻克都城建康，擅行廢立，禍亂朝野，史稱“侯景之亂”。本書卷八〇、《梁書》卷五六有傳。

[3]建鄴：東晋、南朝都城，又稱建業、建康，在今江蘇南京市。東漢獻帝建安十六年（211），孫權徙治丹陽郡秣陵縣，次年改名建業。吴大帝黄龍元年（229），正式定都於建業。西晋滅吴，恢復秣陵舊名。晋武帝太康三年（282），以秦淮水爲界兩分秣陵縣境，以南爲秣陵，以北爲建業，並改名建鄴。晋愍帝建興元年（313）因避愍帝司馬鄴諱，改名建康。其後宋、齊、梁、陳沿用爲都城，故稱六朝古都。《太平寰宇記》卷九〇《江南東道二・昇州》引《金陵記》云：“梁都之時，城中二十八萬餘户。西至石頭城，東至倪塘，南至石子岡，北過蔣山，東西南北各四十里。”城市西界至石頭城，位於今江蘇南京市水西門以北至清凉山；東界爲倪塘，在今江蘇南京市江寧區上坊街道泥塘社區附近；南界石子岡，是包含今雨花臺在内的城南東西走向的一系列岡阜；北界逾過蔣山，也就是鍾山，今稱紫金山（參見張學鋒《南朝建康的都城空間與葬地》，《中華文史論叢》2019 年第 3 期）。

[4]始興：郡名。治曲江縣，在今廣東韶關市南武水西岸。　蘭裕：南朝梁高州刺史。梁武帝太清三年以始興等十郡叛，攻監衡州事歐陽頠，後爲陳霸先所擒。

[5]蔡路養：南康（今江西贛州市）人。乘侯景之亂，據南康與義軍對抗，爲陳霸先所敗。　南野：縣名。治所在今江西贛州市南康區西南。

[6]僧明上馬復進，殺數十人，因而乘之：《陳書》卷八《杜僧明傳》作“僧明乘馬與數十人復進，衆皆披靡，因而乘之”。同一“數十人”，二史中一爲敵軍，一爲我軍，彼此乖忤。

[7]李遷仕：梁高州刺史。簡文帝大寶元年（550）起兵叛梁，被陳霸先擒殺。　大臯：城邑名。又稱大臯城、大臯邑、大臯口。在今江西吉水縣東北贛江渡口，《太平寰宇記》卷一〇九《江南西道七・太和縣》：“大臯城，在縣西北八十三里，臨贛水。”按，李

遷仕暗圖陳霸先之事，《黄法𣰰墓誌》記爲“前高州刺史李遷仕援臺，□□，退營大皋邑，有異志”（參見王素《陳黄法𣰰墓誌校證》，《文物》1993 年第 11 期，收入氏著《漢唐歷史與出土文獻》，故宫出版社 2011 年版，第 413—420 頁）。

［8］灨（gàn）石：贛水自今江西贛州市北至吉安市，江中有十八灘，稱爲灨石。《資治通鑑》卷一六四《梁紀二十》簡文帝大寶二年胡三省注曰：“《章貢圖經》：東江發源於汀州界之新樂山，經雩都而會于章水。西江導源於南安大庾縣之聶都山，與貢水合，會于贛水。二水合而爲贛，在州治後，北流一百八十里至萬安縣界。由萬安而上，爲灘十有八，怪石如精鐵，突兀廉厲，錯峙波面。自贛水而上，信豐、寧都俱有石磧，險阻視十八灘，故俚俗以爲上下三百里贛石。”

［9］寧都：縣名。治所在今江西寧都縣。　南康：郡名。治贛縣，在今江西贛州市西南。又有南康縣，屬南康郡，治所在今江西贛州市南康區。

［10］西昌：縣名。治所在今江西泰和縣西。

［11］安城：《陳書·杜僧明傳》作“安成”，《隋書·地理志下》安復縣條云：“舊置安成郡。平陳，郡廢，縣改曰安成。十八年又曰安復。”“城”與“成”通，安城即安成。郡治平都縣，在今江西安福縣東南。　廬陵：郡名。治石陽縣，在今江西吉水縣東北。

［12］梁元帝：蕭繹。小字七符，梁武帝第七子。初封湘東郡王，後爲荆州刺史，出鎮江陵。簡文帝大寶三年於江陵即位，年號承聖。元帝承聖三年（554），西魏圍攻江陵，城陷身死。廟號世祖。本書卷八、《梁書》卷五有紀。時值侯景之亂，建康淪陷，蕭繹受密詔爲侍中、假黄鉞、大都督中外諸軍事、司徒承制，可代表天子發號施令。　臨江縣子：封爵名。臨江，縣名。治所在今江蘇如皋市南。縣子，爵名。又稱開國子，爲開國縣子的省稱。梁位視二千石，班次之。陳爲九等爵之第五等，秩視二千石。

侯景遣于慶等寇南江，[1]武帝頓豫章，[2]命僧明爲前驅，所向剋捷。武帝表僧明爲長史，[3]仍隨東討。軍至蔡洲，[4]僧明率麾下燒賊水門大艦。及景平，除南兖州刺史，[5]進爵爲侯，[6]仍領晋陵太守。[7]及荆州覆亡，[8]武帝使僧明率吴明徹等隨侯瑱西援，於江州病卒。[9]贈散騎常侍，[10]謚曰威。陳文帝即位，[11]追贈開府儀同三司，[12]配享武帝廟庭。[13]子晋嗣。

[1]于慶：侯景部將，官至開府儀同三司、太子太師。　南江：本書中通常指今廣東廣州市南部，此處指江州南部，即今江西一帶。亦稱“南川”（參見周一良《魏晋南北朝史札記》，中華書局1985年版，第296頁）。

[2]豫章：郡名。治南昌縣，在今江西南昌市。

[3]長史：官名。魏晋南北朝時王府、公府、將軍府皆置，掌府内庶政，爲僚佐之首。府置一員，品秩依府主身份級别而定（參見嚴耕望《中國地方行政制度史·魏晋南北朝地方行政制度（上）》，上海古籍出版社2007年版，第184—189頁）。按，據《陳書》卷一《武帝紀上》，陳霸先當時身份是使持節、都督會稽東陽新安臨海永嘉五郡諸軍事、平東將軍、東揚州刺史，領會稽太守、豫章内史，其長史屬“庶姓持節府長史”，通常兼任本州所在首郡太守，並可代府主主持州府事務。梁時爲十八班制之第八班。陳爲七品，秩六百石。

[4]蔡洲：長江中沙洲，後併入長江南岸。在今江蘇南京市西南。地近石頭城，地理位置顯要。

[5]南兖州：州名。東晋僑立兖州，宋時改爲南兖州，初治京口，在今江蘇鎮江市。宋文帝元嘉八年（431）移治廣陵縣，在今江蘇揚州市西北蜀岡上。

[6]進爵爲侯：由臨川縣子進爲臨川縣侯。據《陳書》卷八

《杜僧明傳》，臨川縣侯食邑共五百户。

[7]領：官制術語。於本官之外以高官攝卑職。　晉陵：郡名。治晋陵縣，在今江蘇常州市。

[8]荆州：州名。治江陵縣，在今湖北荆州市荆州區。

[9]江州：州名。治溢口城，在今江西九江市。據《陳書·杜僧明傳》，卒時年四十六。

[10]散騎常侍：官名。集書省長官。職掌侍從皇帝左右，應對顧問，獻納得失。與散騎侍郎、通直散騎常侍、通直散騎侍郎、員外散騎常侍、員外散騎侍郎合稱六散騎，實爲閑職，用以安置閑退官員、衰老之士，多授宗室、公族子弟。梁十二班。陳三品，秩中二千石。

[11]陳文帝：陳蒨。字子華，陳武帝兄始興昭烈王陳道談長子。南朝陳第二任皇帝，廟號世祖。本書卷九、《陳書》卷三有紀。

[12]開府儀同三司：官名。大臣加號，意謂與三司（即太尉、司徒、司空）禮制、待遇相同，許開設府署，自辟僚屬。梁左右光禄開府儀同三司、諸將軍開府儀同三司爲二十四班之第十七班。陳制，開府儀同三司一品，秩萬石。

[13]配享武帝廟庭：據《陳書·杜僧明傳》，配享事在陳文帝天嘉二年（561）。本書删“天嘉二年”，易生歧解。

周文育字景德，義興陽羨人也。[1]少孤貧，本居新安壽昌縣，[2]姓項氏，名猛奴。年十一，能反覆游水中數里，跳高六尺，[3]與群兒聚戲，衆莫能及。義興人周薈爲壽昌浦口戍主，[4]見而奇之，因召與語。文育對曰：“母老家貧，兄弟姊並長大，[5]困于賤役。”[6]薈哀之，乃隨文育至家，就其母請文育養爲己子，母遂與之。及薈秩滿，[7]與文育還都，見太子詹事周捨，[8]請制名字，捨因爲立名爲文育，字景德。命兄子弘讓教之書計。[9]弘讓善隸書，寫蔡邕《勸學》及古詩以遺之，[10]文育不之省，謂弘讓曰："誰能學此，取富貴但有大槊耳。"[11]弘讓壯之，教之騎射，文育大悦。

[1]義興：郡名。治陽羨縣，在今江蘇宜興市。

[2]新安：郡名。治始新縣，在今浙江淳安縣西北。　壽昌：縣名。治所在今浙江建德市西南。

[3]跳高六尺：《陳書》卷八《周文育傳》作"跳高五六尺"。本書删"五"字，變約舉之數爲實數，於意欠妥（參見馬宗霍《南史校證》，湖南教育出版社2008年版，第1023頁）。

[4]戍主：戍爲地方軍事行政機構，南北朝時始置，多設於邊境軍事要地。戍的長官爲戍主，掌地方守衛捍禦之事，同時干預地方民政事務。

[5]兄弟姊：《陳書·周文育傳》作"弟姊"，無"兄"字。

[6]賤：大德本、汲古閣本同，殿本作"賦"。

[7]秩滿：任期届滿。

[8]太子詹事：官名。總管東宫内外事務，職權甚重。梁十四班。陳三品，秩中二千石。　周捨：字昇逸，汝南安成（今河南汝南縣）人。仕齊爲太常丞，仕梁歷中書通事舍人、右衛將軍、太子詹事等職。博學善辯，常侍梁武帝左右，參預機密，甚得器重。本書卷三四有附傳，《梁書》卷二五有傳。

[9]弘讓：周弘讓。周捨之侄。仕梁爲國子祭酒，入陳官至光禄大夫。以博學多通著名。本書卷三四有附傳。

[10]蔡邕：字伯喈，陳留圉（今河南杞縣）人。漢末名臣，兼通經史，善辭賦文翰，工書法，以博學著稱。所著詩、賦、碑、誄、銘、讚等一百零四篇，後人輯爲《蔡中郎集》。其《勸學》一篇，今已亡佚。《後漢書》卷六〇下有傳。

[11]大槊：長矛一類的兵器。

司州刺史陳慶之與薈同郡，[1]素相善，啓薈爲前軍主。[2]慶之使薈將五百人往新蔡懸瓠慰勞白水。[3]蠻謀執薈以入魏，[4]事覺，薈與文育拒之。時賊徒甚盛，一日中戰數十合，文育前鋒陷陣，勇冠軍中。薈於陣戰死，文育馳取其尸，賊不敢逼。及夕，各引去。文育身被九創，創愈，辭請還葬，慶之壯其節，厚加賵遺而遣之。[5]葬訖，會盧安興爲南江督護，啓文育同行。累征有功，除南海令。[6]安興死後，文育與杜僧明攻廣州，爲陳武帝所敗，帝赦之。

[1]司州：州名。寄治平陽縣，在今河南信陽市。　陳慶之：字子雲，義興國山（今江蘇宜興市）人。本書卷六一、《梁書》卷三二有傳。

[2]啓薈爲前軍主：《陳書》卷八《周文育傳》作“啓薈爲前軍軍主”，中華本據補“軍”字。前軍軍主爲統帥前軍的主將。“軍”爲軍隊編制名稱，所統兵力多少不一，一軍之統帥即稱軍主，其下設軍副（參見周一良《魏晋南北朝史札記》，第408—411頁）。

[3]新蔡：郡名。治新蔡縣，在今河南新蔡縣。　懸瓠：城名。在今河南汝南縣。汝水繞城，形如懸瓠，故名。南北朝時爲兵争要地。　白水：大德本、汲古閣本同。殿本作“白水蠻”，《陳書·周文育傳》同。蠻，南方少數民族的泛稱。東晋、南朝尤指居處於江淮之間的少數民族。族類繁多，語言不一，往往依據山谷，强悍善戰。東晋、南朝置寧蠻校尉職掌雍州（今湖北襄陽市）蠻務，又在蠻人聚居區設置左郡、左縣予以管理。詳參《宋書》卷九七《夷蠻傳》、《南齊書》卷五八《蠻傳》及《魏書》卷一〇一《蠻

傳》。

[4]魏：此當指東魏。

[5]賵（fèng）遺（wèi）：饋贈財物以助辦喪事。《儀禮·既夕禮》:“賵，所以助主人送葬也。”賵，汲古閣本作“贈”。

[6]南海：梁有南海郡（今廣東廣州市），未見有南海縣。隋文帝開皇十年（590）析番禺縣置南海縣，南海始爲縣名。

後監州王勱以文育爲長流，[1]深被委任。勱被代，文育欲與勱俱下。至大庾嶺，[2]詣卜者，卜者曰:“君北下不過作令長，南入則爲公侯。”文育曰:“足錢便可，誰望公侯!”卜人又曰:“君須臾當暴得銀至二千兩，若不見信，以此爲驗。”其夕，宿逆旅，[3]有賈人求與文育博，[4]文育勝之，得銀二千兩。旦辭勱，勱問其故，文育以告，勱乃遣之。武帝聞其還，大喜，分麾下配焉。

[1]監州：州無刺史，以他官代行刺史職權，監理該州事務，稱監州。　王勱：字公齊（《陳書》作“公濟”）。本書卷二三、《陳書》卷一七有附傳。其時河東王爲廣州刺史，稱疾還朝，王勱以河東王長史、南海太守身份行廣州刺史府事。　長流：官名。“長流賊曹參軍”的省稱。南朝公府、都督府設長流賊曹參軍，主緝捕盜賊事。

[2]大庾嶺:“五嶺”之一。在今江西大余、廣東南雄二縣交界處，古來爲粵、贛之間通道必經。

[3]逆旅：旅店。

[4]博：此當指博戲。《隋書·經籍志三》云“梁東宮撰《太一博法》一卷……梁有《大小博法》一卷”，皆爲南朝梁人對博戲方法的總結之作。

武帝之討侯景，文育與杜僧明爲前軍，剋蘭裕，[1]援歐陽頠，皆有功。武帝破蔡路養於南野，文育爲路養所圍，四面數重，矢石雨下，所乘馬死，文育右手搏戰，左手解鞌，潰圍而出。與杜僧明等相得，并力復進，遂大敗之。武帝乃表文育爲府司馬。[2]

[1]蘭裕：南朝梁高州刺史。梁武帝太清三年（549）以始興等十郡叛，攻監衡州事歐陽頠，後爲陳霸先所擒。

[2]府司馬：官名。掌刺史府軍務。與掌庶政之長史並爲高級僚佐，地位亞之，然在戰爭時期其職權反較長史爲重。常兼任本州屬郡甚至首郡太守，亦可代府主行州府事務（參見嚴耕望《中國地方行政制度史·魏晋南北朝地方行政制度（上）》，第190頁）。按，其時陳霸先爲員外散騎常侍、持節、明威將軍、交州刺史，府司馬屬“庶姓持節府司馬”，梁時爲十八班制之第八班。陳爲七品，秩六百石。

李遷仕之據大皋，遣其將軍杜平虜入灨石魚梁作城。[1]武帝命文育擊之，平虜棄城走，文育據其城。遷仕聞平虜敗，留老弱於大皋，悉選精兵自將，以攻文育。文育與戰，遷仕稍却，相持未解。會武帝遣杜僧明來援，别破遷仕水軍，遷仕衆潰，不敢過大皋，直走新淦。[2]梁元帝授文育義州刺史。[3]遷仕又與劉孝尚謀拒義軍，武帝遣文育與侯安都、杜僧明、徐度、杜稜築城於白口拒之。[4]文育頻出與戰，遂禽遷仕。

[1]遣其將軍杜平虜：《陳書》卷八《周文育傳》作“遣其將杜平虜”，無“軍”字。　魚梁：城名。在今江西萬安縣蜜溪坑

村，城臨贛江。《讀史方輿紀要》卷八七《江西五·吉安府》“遂興城”條:“魚梁城，在縣南十里。梁大寶元年陳霸先起義兵討侯景，軍南康，高州刺史李遷仕作亂，據大皋渡，遣將杜平虜入贛石，城魚梁以逼南康，霸先遣周文育擊走之，據其城。今俗呼爲城頭。”

[2]新淦：縣名。治所在今江西樟樹市。

[3]義州：州名。治苞信縣，在今河南商城縣西。

[4]徐度：字孝節，安陸（今湖北安陸市）人。本書卷六七、《陳書》卷一二有傳。　杜稜：字雄盛，吴郡錢塘（今浙江杭州市）人。本書卷六七、《陳書》卷一二有傳。　白口：城名。在今江西泰和縣南贛江畔。《太平寰宇記》卷一〇九《江南西道·吉州》:“白口城，在縣東南二里……今兩舊城迹猶存，近白下驛。”

武帝發自南康，遣文育將兵五千，開通江路。侯景將王伯醜據豫章，文育擊走之，遂據其城。累功封東遷縣侯。[1]武帝軍至白茅灣，[2]命文育與杜僧明常爲軍鋒。及至姑熟，[3]與侯景將侯子鑒戰，[4]破之。景平，改封南移縣侯，[5]累遷散騎常侍。

[1]東遷縣侯：封爵名。東遷，縣名。治所在今浙江湖州市東。縣侯，開國縣侯的省稱。食邑爲縣，故常冠以所封縣名。在梁位視孤卿、重號將軍、光禄大夫，班次之。在陳爲九等爵第三等，三品。按，《陳書》卷八《周文育傳》記東遷縣侯食邑五百户。

[2]白茅灣：地名。在今江西九江市東北，東近桑落洲。《梁書》卷四五《王僧辯傳》作“白茅洲”。

[3]姑熟：縣名。亦作姑孰。治所在今安徽當塗縣。

[4]侯子鑒：侯景部將。曾任中軍都督、南兗州刺史。

[5]南移：縣名。治所在今越南永富、北太兩省境。按，《陳

書·周文育傳》記南移縣侯食邑一千户。

武帝誅王僧辯，[1]令文育督衆軍，會文帝於吴興，[2]圍剋杜龕。[3]又濟江襲會稽太守張彪，[4]得其郡城。及文帝爲彪所襲，文育時頓城北香巖寺，文帝夜往趨之。彪又來攻，文育苦戰，遂破平彪。

[1]王僧辯：字君才，太原祁（今山西祁縣）人。初爲北魏將領，梁初隨父南渡，任湘東王蕭繹府中司馬等職。後與陳霸先收復建康。蕭繹即位後，爲太尉。梁元帝被殺，僧辯又立北齊扶持的蕭淵明爲帝，終爲陳霸先所襲殺。本書卷六三有附傳，《梁書》卷四五有傳。

[2]吴興：郡名。治烏程縣，在今浙江湖州市。

[3]杜龕（kān）：京兆杜陵（今陝西西安市長安區）人。王僧辯之婿。仕梁爲定州刺史、鎮東將軍、震州刺史。王僧辯死，起兵對抗陳霸先，兵敗歸降，被賜死。本書卷六四、《梁書》卷四六有附傳。

[4]會稽太守張彪：會稽，郡名。治山陰縣，在今浙江紹興市。張彪，早年在會稽若邪山（今浙江紹興市南）聚衆爲盜，後率衆抗擊侯景，深得王僧辯賞識，用爲爪牙部將，任吴郡太守、東揚州刺史。陳霸先襲殺王僧辯，張彪據州城對抗陳氏，死於若邪山，以忠義爲時人所重。本書卷六四有傳。按，梁武帝普通五年（524）分揚州、江州置東揚州，會稽郡爲東揚州主體。其時張彪身份爲東揚州刺史而非會稽太守（詳見邵春駒《〈陳書〉校讀札記》，《萍鄉高等專科學校學報》2009年第2期）。

武帝以侯瑱擁據江州，命文育討之，仍除南豫州刺史，[1]率兵襲盆城。[2]未剋，徐嗣徽引齊人度江，[3]據蕪湖，[4]詔徵文育還都。嗣徽等乃列艦於青墩，[5]至于七磯，[6]以斷文育歸路。及夕，文育鼓譟而發，嗣徽等不能制。至旦，反攻嗣徽，嗣徽驍將鮑砰獨以小艦殿，文育乘單舴艋，[7]跳入砰艦，斬砰，仍牽其艦而還。賊衆大駭，因留船蕪湖，自丹楊步上。時武帝拒嗣徽於白城，[8]適與文育會。將戰，風急，武帝曰："矢不逆風。"[9]文育曰："事急矣，當決之，何用古法。"抽槊上馬而進，衆軍隨之，風亦尋轉，殺傷數百人。嗣徽等移營莫府山，[10]文育徙頓對之。頻戰功最，[11]進爵壽昌縣公，[12]給鼓吹一部。[13]

[1]南豫州：州名。治姑孰，在今安徽當塗縣。

[2]盆城：即湓城，又名湓口城，爲江州治所。位於湓水（今江西龍開河）入長江處，故名。在今江西九江市。

[3]齊人：《陳書》卷八《周文育傳》作"齊寇"。

[4]蕪湖：縣名。治所在今安徽蕪湖市。

[5]青墩：在今安徽蕪湖市南。《讀史方輿紀要》卷二七《南直九・太平府》："青堆沙，在府西南二十里。或曰即青墩也。梁敬帝初徐嗣徽召齊兵犯建康，陳霸先召周文育於湓城，嗣徽列艦青墩至七磯以斷文育歸路，尋爲文育所敗。《志》云：今蕪湖縣南有青墩河，亦曰青墩沙。"

[6]七磯：在今安徽蕪湖市西北沿江弋磯山北。地勢險要，爲江防要隘。《讀史方輿紀要》卷二七《南直九・太平府》："七磯，縣西北十五里。梁末徐嗣徽引齊兵據蕪湖，列艦於青墩至七磯，以斷周文育湓城還建康之路，即此。一名磧磯。"

[7]舴艋：小船名。《廣雅・釋水》王念孫疏證云："小舟謂之

舴艋，小蝗謂之蚱蜢，義相近也。”

[8]白城：即白下城、白石壘。故址在今江蘇南京市金川門外，幕府山南麓。其地本名白石陂，東晋陶侃築城於此，東晋、南朝爲京師建康北部屏障。

[9]矢不逆風：《陳書·周文育傳》、《資治通鑑》卷一六六《梁紀二十二》梁敬帝太平元年皆作“兵不逆風”。

[10]莫府山：亦稱幕府山。在今江蘇南京市西北郊。相傳東晋元帝時丞相王導曾建幕府於此山，因以爲名。山北臨長江，形勢險要，爲都城建康之門户。

[11]頻戰功最：大德本、汲古閣本同，殿本作“頻戰有功最”。

[12]縣公：爵名。爲“開國縣公”省稱。食邑爲縣，故常冠以所封縣名。在梁位視三公，班次之。陳置爲九等爵之第二等，二品，秩視中二千石。

[13]鼓吹：本爲皇帝出行儀仗的組成部分，南朝時往往賜予皇親國戚或有功大臣，以示尊崇。高級儀仗分爲前部鼓吹、後部鼓吹，前部鼓吹在前開道，以鉦、鼓等大型樂器爲主，樂工步行演奏；後部鼓吹殿後，以簫、笳、鼙等小型樂器爲主，樂工或步行，或在馬上演奏。

及廣州刺史蕭勃舉兵踰嶺，[1]詔文育督衆軍討之。時新吴洞主余孝頃舉兵應勃，[2]遣其弟孝勱守郡城，自出豫章，據于石頭。[3]勃使其子孜將兵與孝頃相會，[4]又遣其別將歐陽頠頓軍苦竹灘，[5]傅泰據墌口城，[6]以拒官軍。官軍船少，孝頃有舴艋三百艘、艦百餘乘在上牢，[7]文育遣軍王焦僧度、羊柬潛軍襲之，[8]悉取而歸，仍於豫章立柵。

[1]蕭勃：南朝梁宗室，吴平侯蕭景之子。歷任定州刺史、廣州刺史、司徒、太尉、鎮南將軍、太保等職，封曲江縣侯。陳禪代梁，舉兵抗拒，事敗被殺。本書卷五一有附傳。

[2]新吴：縣名。治所在今江西奉新縣西。　洞主：中古時期對南方少數民族首領的一種稱謂。　余孝頃：初爲新吴洞主，後爲豫章太守、南江州刺史。梁末，與蕭勃起兵對抗控制朝廷的陳霸先，兵敗求降。陳霸先稱帝，復與王琳呼應，擁梁抗陳，兵敗被擒。仕陳爲宣毅將軍、南豫州刺史。陳文帝時任信義太守，天嘉四年（563），以信威將軍、益州刺史身份參與討平陳寶應之役。廢帝光大元年（567）二月，謀反伏誅。

[3]石頭：此指石頭渚。在今江西南昌市西北贛江西岸。

[4]子孜：蕭孜。《梁書》卷六《敬帝紀》記蕭孜爲蕭勃從子，與本書異。

[5]苦竹灘：即今江西豐城市西南贛江東岸苦竹洲。

[6]墌口城：在今江西豐城市曲江鎮郭橋村東贛江西岸。墌，《册府元龜》卷三六三同，《陳書》卷八《周文育傳》作“墌”，《資治通鑑》卷一六七《陳紀一》陳武帝永定元年作“蹠”。《讀史方輿紀要》卷八四《江西二·南昌府》云新建縣有蹠口城，注云“蹠”亦作“墌”。中華本據《陳書》改。

[7]上牢：水名。即今江西奉新縣東北之南河。顧祖禹《讀史方輿紀要》卷八四《江西二·奉新縣》：“上牢，蓋上繚之訛也。”

[8]軍王：大德本、汲古閣本、殿本作“軍主”。按，底本誤。　焦僧度：本爲侯瑱部將，後降陳霸先。仕陳爲雲麾將軍、合州刺史，封南固縣侯。

時官軍食盡，欲退還，文育不許。乃使人間行，遺周迪書，[1]約爲兄弟，并陳利害。迪得書甚喜，許饋以糧。於是文育分遣老小，乘故船舫沿流俱下，燒豫章所立栅，僞退。孝頃望之大喜，因不設備。文育由閒道信宿達芉韶。[2]芉韶上流則歐陽頠、蕭勃，下流則傅泰、余孝頃，文育據其中間，築城饗士，賊徒大駭。歐陽頠乃退入泥溪，[3]作城自守。文育遣嚴威將軍周鐵武與長史陸山才襲頠，[4]禽之。於是盛陳兵甲，與頠乘舟而宴，以巡傅泰城下，因攻泰，剋之。蕭勃在南康，聞之，衆皆股慄。其將譚世遠斬勃欲降，爲人所害。世遠軍主夏侯明徹持勃首以降。蕭孜、余孝頃猶據石頭，武帝遣侯安都助文育攻之，孜降文育，孝頃退走新吴，廣州平。文育還頓豫章，以功授開府儀同三司。

[1]周迪：臨川南城（今江西南城縣東南）人。以勇猛敢戰著稱。仕梁爲高州刺史、臨川内史、使持節、散騎常侍、信威將軍、衡州刺史、江州刺史，封臨汝縣侯。入陳，以功加平南將軍、開府儀同三司，進號安南將軍。後以官賞不至，謀反被殺。本書卷八〇、《陳書》卷三五有傳。

[2]信宿：二日二夜。　芉韶：城名。在今江西南昌市南贛江東岸。

[3]泥溪：水名。在今江西新干縣南。《太平寰宇記》卷一〇九《江南西道七·新淦縣》："泥溪水，在縣南六十里。其水從撫州崇仁縣流入贛水……泥溪城，在縣南四十里。按《陳書》云：'梁太平二年，南海郡刺史蕭勃舉兵入，遣將軍歐陽頠屯軍苦竹灘，用拒官軍。'即此城也。"

[4]嚴威將軍：官名。梁置一百二十五號將軍爲二十四班，班多者爲貴，嚴威將軍爲十六班。陳沿置，與智威、仁威、勇威、信威等合稱五威將軍。擬四品，比秩中二千石。　周鐵武：即周鐵虎。唐人避唐高祖祖父李虎諱，改"虎"爲"武"。初爲梁河東王

蕭譽部將，後歸梁元帝蕭繹，平侯景之亂有功，任潼州刺史，封沌陽縣子。後率部歸陳霸先，屢建戰功，累遷至太子左衛率。陳武帝永定元年（557），征討王琳，兵敗被殺。本書卷六七、《陳書》卷一〇有傳。　陸山才：字孔章，吴郡吴（今江蘇蘇州市）人。好文史，通書記，多謀略。初爲周文育長史，後官至散騎常侍，兼度支尚書。本書卷六八、《陳書》卷一八有傳。

王琳擁據上流。[1]詔侯安都爲西道都督，文育爲南道都督，同會武昌。[2]與琳戰於沌口，[3]爲琳所執，後得逃歸，請罪，詔不問，復其官爵。

[1]王琳：字子珩，會稽山陰（今浙江紹興市）人。梁元帝蕭繹心腹將領。江陵陷落後，擁立梁元帝之孫蕭莊，依附北齊，盤踞於湘、郢諸州，對抗陳朝。陳文帝天嘉元年（560）在蕪湖之役慘敗，逃奔北齊。本書卷六四、《北齊書》卷三二有傳。

[2]武昌：郡名。治武昌縣，在今湖北鄂州市。

[3]沌（zhuàn）口：城名。在今湖北武漢市蔡甸區沌口鎮。上接沔陽諸水，下通長江，爲軍事要地。

及周迪破余孝頃，孝頃子公颺、弟孝勱猶據舊柵，擾動南土。武帝復遣文育及周迪、黄法𣰰等討之。豫章内史熊曇朗亦率衆來會。[1]文育遣吴明徹爲水軍，配周迪運糧，自率衆軍入象牙江，[2]築城於金口。[3]公颺僞降，謀執文育，事覺，文育囚之送都，以其部曲分隸衆軍。[4]乃捨舟爲步軍，進據三陂。[5]

[1]豫章内史：内史，王國行政長官，職同郡太守。時豫章郡

爲梁武帝之子蕭綜封國，故設内史。　熊曇朗：豫章南昌（今江西南昌市）人。本書卷八〇、《陳書》卷三五有傳。

［2］象牙江：即象牙潭。在今江西南昌市新建區章江西曲處。清人王謨《江西考古録》："其洲灣繞，狀類象牙。"

［3］金口：即金溪口。在今江西南昌市新建區西南。

［4］部曲：漢代本爲軍隊編制用語，魏晋南北朝時演變爲世族、豪强的私屬依附，平時耕田從役，戰時隨主家作戰，父死子繼，地位低下。陳朝從建立至亡國，戰事頻仍，部曲私兵的主要職責是隨主家征戰（參見周一良《魏晋南北朝史札記》，第301—304頁）。

［5］三陂：疑在今江西撫州市臨川區北境。清人王謨《江西考古録》："其地當在瑞河口内，屬瑞州高安縣。"一説爲今江西南昌市新建區海昏之墟落（詳見徐忠民《西山文化通覽》，江西人民出版社2017年版，第176頁）。

王琳遣將曹慶救孝勱，[1]分遣主帥常衆愛與文育相拒，自帥所領攻周迪、吴明徹軍。迪等敗，文育退據金口。熊曇朗因其失利，謀害文育，以應衆愛。文育監軍孫白象頗知其事，[2]勸令先之。文育曰："不可。我舊兵少，客軍多，[3]若取曇朗，人皆驚懼，亡立至矣，不如推心撫之。"[4]

［1］曹慶：本爲王琳部將，梁主蕭莊封爲左衛將軍、吴州刺史。王琳敗，降陳，官至長沙太守。後隨華皎起兵叛亂，兵敗被殺。

［2］監軍：官名。軍中負有監察之責的官員。有權向朝廷彙報主帥違法行爲，但無權直接行使軍法，在軍事行動中仍需聽命於主帥。

［3］客軍：嫡系之外的軍隊。意謂不可靠。

［4］推心：推心置腹。典出《後漢書》卷一上《光武帝紀上》：

劉秀征討河北農民武裝，降服其衆，封其首領爲列侯。“降者猶不自安，光武知其意，敕令各歸營勒兵，乃自乘輕騎按行部陳。降者更相語曰：‘蕭王推赤心置人腹中，安得不投死乎！’由是皆服”。

初，周迪之敗，棄船走，莫知所在。及得迪書，文育喜，齎示曇朗，曇朗害之於坐。[1]武帝聞之，即日舉哀，贈侍中、司空，謚曰忠愍。[2]

[1]曇朗害之於坐：據《陳書》卷八《周文育傳》，時年五十一歲。

[2]侍中：官名。南朝梁、陳時爲門下省長官，侍奉皇帝生活起居，侍從左右，有顧問應對、諫諍糾察之職能；同時兼掌出納、璽封詔奏，有封駁權，參預機密政務，上親皇帝，下接百官，官顯職重。多選美姿容、有文才、與皇帝親近者任之。爲親王之起家官。梁十二班。陳三品，秩中二千石。　司空：官名。三公之一。魏晋南北朝時作爲名譽宰相，多爲大臣加官，無實際執掌。梁十八班。陳一品，秩萬石。

初，文育之據三陂，有流星墜地，其聲如雷，地陷方一丈，中有碎炭數斗。又軍市中忽聞小兒啼，[1]一市並驚，聽之在土下，軍人掘焉，得棺，長三尺，文育惡之。俄而迪敗，文育見殺。天嘉二年，[2]有詔配享武帝廟庭。子寶安嗣。

[1]軍市：在軍事駐扎地或屯戍地臨時設立的市場，主要功能是軍需品買賣，以及爲士兵之間或兵民之間商品交易提供便利（參見劉釗《論中國古代的“軍市”》，《書馨集——出土文獻與古文

字論叢》，上海古籍出版社 2013 年版，第 369 頁）。

[2]天嘉：南朝陳文帝陳蒨年號（560—566）。

文育本族兄景曜，因文育官至新安太守。

寶安字安人。[1]年十餘歲，便習騎射，以貴公子驕蹇游逸，好狗馬，樂驅馳，靡衣媮食。[2]文育之爲晋陵，征討不遑之郡，[3]令寶安監知郡事，尤聚惡少年，武帝患之。及文育西征敗績，縶於王琳，[4]寶安便折節讀書，與士君子游，綏御文育士卒，甚有威惠。文育歸，復除吴興太守。文育爲熊曇朗所害，徵寶安還，起爲猛烈將軍，[5]領其舊兵，仍令南討。

[1]安人：大德本、汲古閣本同，殿本作"安民"。唐避太宗李世民名諱，改"民"爲"人"。

[2]靡衣媮（tōu）食：華衣美食。媮，同"偷"。

[3]征討不遑之郡：大德本、汲古閣本、殿本作"以征討不遑之郡"。

[4]縶（zhí）：拘囚、監禁。

[5]猛烈將軍：官名。梁武帝天監七年（508）定一百二十五號將軍爲二十四班，班多者爲貴，猛烈將軍爲十班。陳以猛烈、猛毅、猛威、猛鋭、猛震、猛進、猛智、猛武、猛勝、猛駿將軍合稱十猛將軍，擬六品，比秩千石。

文帝即位，深器重之，寄以心膂，[1]精卒多配焉。及平王琳，頗有功。周迪之破熊曇朗，寶安南入，窮其餘燼。天嘉二年，重拜吴興太守，襲封壽昌縣公。三年，征留異，[2]爲侯安都前軍。異平，除給事黄門侍郎、衛尉卿。[3]再遷左衛將軍，[4]領衛尉卿。卒，[5]謚曰成。

[1]心膂：心腹脊梁。喻指親信得力之人。膂，大德本、殿本同，汲古閣本作"旅"。

[2]留異：東陽長山（今浙江金華市）人。本書卷八〇、《陳書》卷三五有傳。

[3]給事黄門侍郎：官名。門下省次官，協助長官侍中掌侍從贊相，獻納諫正，糾駁制敕。陳四品，秩二千石。　衛尉卿：官名。位列十二卿，掌宫門宿衛屯兵，巡行宫外，糾察不法，管理武庫，領武庫、公車司馬令。陳三品，秩中二千石。

[4]左衛將軍：官名。禁衛軍六軍之一。與右衛將軍合稱二衛將軍，掌宫廷宿衛營兵，多由近臣擔任。陳三品，秩二千石。

[5]卒：據《陳書》卷八《周文育傳》，周寶安卒於陳文帝天康元年（566），時年二十九歲。

子碧嗣，[1]位晋陵、定遠二郡太守。[2]

[1]碧（lüè）：據《陳書》卷八《周文育傳》，周碧卒於陳宣帝太建九年（577），時年二十四歲。

[2]位晋陵、定遠二郡太守：定遠，郡名。治定遠縣，在今安徽定遠縣東南。中華本校勘記云："'太守'二字各本並脱，據《陳書》《通志》補。"按，"太守"二字，大德本、汲古閣本、殿本俱闕。

侯瑱字伯玉，巴西充國人也。[1]父弘遠，累世爲西蜀酋豪。蜀賊張文蕚據白崖山，有衆萬人，梁益州刺史鄱陽王蕭範命弘遠討之。[2]弘遠戰死，瑱固請復讎，每戰先鋒，遂斬文蕚，由是知名。因事範，範委以將帥之任。[3]山谷夷獠不附者，[4]並遣瑱征之。累功授輕車府中兵參軍、晋康太守。[5]範爲雍州刺史，[6]瑱除馮翊太守。[7]範遷鎮合肥，[8]瑱又隨之。

[1]巴西：郡名。治涪縣，在今四川綿陽市東。　充國：縣名。治所在今四川閬中市。

[2]益州：州名。治成都縣，在今四川成都市。　鄱陽：郡名。治鄱陽縣，在今江西鄱陽縣。　蕭範：字世儀，梁武帝弟鄱陽王蕭恢之子，嗣父爵爲鄱陽王。本書卷五二、《梁書》卷二二有附傳。

[3]範委以將帥之任：中華本校勘記云："'將帥'各本作'將節'，據《陳書》《通志》改。"按，"帥"，大德本、汲古閣本、殿本作"節"。

[4]夷獠：古時對南方少數民族之蔑稱。

[5]輕車府中兵參軍：官名。輕車將軍府僚佐。輕車將軍，南朝梁時與征遠、鎮朔、武旅、貞毅將軍代舊輔國將軍，十四班。陳擬五品，比秩千石。中兵參軍，職掌公府、軍府中兵曹事務，兼備參謀咨詢。其品位隨府主地位高低不等。　晋康：郡名。治端溪縣，在今廣東德慶縣。

[6]雍州：僑置州名。寄治襄陽縣，在今湖北襄陽市。

[7]馮翊：僑置郡名。寄治都縣，在今湖北宜城市東南。

[8]合肥：城名。治所在今安徽合肥市。梁武帝太清元年（547）置合州，治合肥城。

侯景圍臺城，[1]範乃遣瑱輔其世子嗣入援都。[2]及城陷，瑱與嗣退還合肥，[3]仍隨範徙鎮盆城。俄而範及嗣皆卒，瑱領其衆，依于豫章太守莊鐵。[4]鐵疑之，瑱懼不自安，詐引鐵謀事，因刃之，據豫章之地。

[1]臺城：亦即宫城，在京師建康城中北部。本爲吴之苑城，晋成帝咸和年間改築爲宫城，是爲建康宫。因其爲臺省所在，故稱臺城。故址在今江蘇南京市雞籠山南。據《建康實録》卷七引《圖經》："臺城周八里，有兩重墻。"

[2]嗣：蕭嗣。字長胤。侯景之亂，堅守晋熙郡以拒敵，中箭而死。本書卷五二、《梁書》卷二二有附傳。

[3]瑱與嗣退還合肥：大德本、汲古閣本、殿本作"瑱嗣同退還合肥"。

[4]豫章太守：其時豫章屬王國，政務長官當稱内史而非太守。檢史籍，梁代無豫章太守之稱，皆稱豫章内史。故此"太守"當爲"内史"之誤（詳見邵春駒《〈陳書〉校讀札記》，《萍鄉高等專科學校學報》2009 年第 2 期）。　莊鐵：仕梁爲歷陽太守，投降侯景。後又歸梁，任豫章内史，復以郡反，敗又乞降，反覆無常。

後降於侯景將于慶。慶送瑱於景，景以瑱與己同姓，託爲宗族，待之甚厚。留其妻子及弟爲質，遣瑱隨慶平蠡南諸郡。[1]及景敗巴陵，[2]景將宋子仙、任約等並爲西軍所獲，[3]瑱乃誅景黨與以應義師，景亦誅其弟及妻子。梁元帝授瑱南兗州刺史、鄖縣侯。[4]仍隨都督王僧辯討景，[5]恒爲前鋒。既復臺城，景奔吴郡，[6]僧辯使瑱追景，大敗之於吴松江。[7]以功除南豫州刺史，[8]鎮姑熟。

[1]蠡南：即彭蠡澤以南。蠡即彭蠡，古湖澤名。在今江西鄱陽湖北部。

[2]巴陵：郡名。治巴陵縣，在今湖南岳陽市。

[3]宋子仙：侯景部將。征戰屢有克獲，被封爲司徒、太保、後爲王僧辯所敗，被俘後送江陵斬首。　任約：侯景部將。兵敗降梁，任晋安王司馬、征南將軍、南豫州刺史、征南大將軍。後起兵反擊陳霸先，兵敗後投奔北齊。

[4]南兗州：州名。東晋僑立兗州，宋時改爲南兗州，初治京口，在今江蘇鎮江市。宋文帝元嘉八年（431）移治廣陵縣，在今江蘇揚州市西北蜀岡上。　郫：縣名。治所在今四川成都市郫都區。

[5]都督：官名。地方軍政長官，亦稱都督諸州軍事。領駐在州刺史，兼理民政，無固定品級，多帶將軍名號，分使持節、持節、假節三種，職權各有不同。

[6]吴郡：郡名。治吴縣，在今江蘇蘇州市。

[7]吴松江：即吴淞江。自太湖東北流，與黄浦江匯合後注入東海。

[8]南豫州：州名。治姑孰，在今安徽當塗縣。梁武帝太清元年（547）七月，以壽春爲南豫州，平定侯景之亂後，徙南豫州至姑孰。

及齊追郭元建出濡須，[1]僧辯遣瑱扞之，大敗元建。魏攻荆州，[2]王僧辯以瑱爲前軍赴援，未至而魏剋荆州。瑱頓九江，[3]因衛晋安王還都。[4]承制以瑱爲侍中、江州刺史，加都督，[5]改封康樂縣公。[6]及司徒陸法和據郢州，[7]引齊兵來寇，乃使瑱西討，未至而法和入齊。齊遣慕容恃德鎮夏首，[8]瑱攻之，恃德食盡請和，瑱還豫章。[9]僧辯使其弟僧愔與瑱共討蕭勃，及陳武帝誅僧辯，僧愔陰欲圖瑱而奪其軍，瑱知之，盡收僧愔徒黨，僧愔奔齊。[10]

[1]及齊追郭元建出濡須：大德本、汲古閣本、殿本作"追"作"遣"。按，此底本誤。時在梁元帝承聖二年（553）。郭元建，本梁將，降侯景。侯景敗，又降北齊。事見《梁書》卷五六《侯景傳》。濡須，亦稱濡須口，爲古濡須水入長江之口。故址在今安徽無爲縣東南。

[2]魏：此指西魏。

[3]九江：地名。在今江西九江市西南。

[4]晋安王：此指蕭方智。字慧相，小字法真。梁元帝第九子。初封晋安王，後被陳霸先擁立爲帝，是爲梁敬帝。本書卷八、《梁書》卷六有紀。晋安，郡名。治候官縣，在今福建福州市。

[5]加都督：《陳書》卷九《侯瑱傳》作"都督江晋吴齊四州諸軍事"。

[6]康樂：縣名。治所在今江西萬載縣東北。據《陳書·侯瑱傳》，康樂縣公食邑五千户。

[7]司徒：官名。與司空、太尉並爲三公。魏晋南北朝時爲名譽宰相，多爲大臣加官，無實際職掌。梁十八班。陳一品，秩萬石。　陸法和：本爲禮佛隱居之人，後率弟子投官從戎，抗擊侯景，因功拜爲都督、郢州刺史，封縣公，加司徒。後降北齊。《北齊書》卷三二、《北史》卷八九有傳。　郢州：州名。治夏口城，在今湖北武漢市武昌區。

[8]夏首：即"夏口"。

[9]瑱還豫章：大德本、汲古閣本、殿本及《陳書·侯瑱傳》皆作"瑱還鎮豫章"。

[10]"僧辯使其弟僧愔與瑱共討蕭勃"至"僧愔奔齊"：按，侯瑱與王僧愔先友後敵之事，《陳書·侯瑱傳》所記同。本書卷六三《王僧辯傳》記其事爲："僧智弟僧愔位譙州刺史，征蕭勃，及

聞兄死，引軍還。時吴州刺史羊亮隸在僧愔下，與僧愔不平，密召侯瑱見禽。僧愔以名義責瑱，瑱乃委罪於將羊鯤斬之。僧愔復得奔齊。"《資治通鑑》卷一六六《梁紀二十二》梁敬帝太平元年胡三省注《考異》引《典略》云："魏恭帝三年，正月，初，僧愔與瑱共討曲江侯勃，至是，吴州刺史羊亮説僧愔襲瑱，而翻以告瑱，瑱攻之，僧愔奔齊。"三説微異，不知孰是。僧愔，王僧愔。王僧辯之弟。仕梁位至譙州刺史。陳霸先殺僧辯，僧愔投靠北齊，聯合齊軍攻陳，兵敗後投奔北齊。本書卷六三有附傳。

是時瑱據中流，甚强，又以本事王僧辯，雖外示臣節，未肯入朝。初，余孝頃爲豫章太守，及瑱鎮豫章，乃於新吴縣别立城栅，與瑱相拒。瑱留軍人妻子於豫章，令從弟奫知後事，[1]悉衆以攻孝頃，自夏迄冬弗能剋。奫與其部下侯方兒不協，方兒下攻奫，虜瑱軍府妓妾金玉，歸于武帝。瑱既失根本，輕歸豫章，豫章人拒之，乃趨盆城，就其將焦僧度。僧度勸瑱投齊，瑱以武帝有大量，必能容己，乃詣闕請罪，武帝復其爵位。永定二年，[2]進位司空。文帝即位，進授太尉。[3]王琳至栅口，[4]又以瑱爲都督，侯安都等並隸焉。

[1]奫（yūn）：林礽乾《陳書異文考證》云："按唐人避諱，有將前人之名兩字合書一字之例，如唐初長孫無忌等撰《隋書》，將張大淵改作'張奫'（見《隋書》卷六十四），即是其例。《陳書》修於唐時，此處各本避唐高祖李淵諱，將'大淵'合書一字作'奫'，當是沿唐初姚思廉原文之舊。《册府》四五〇作'大淵'，則是後人雕版時所回改。"（文史哲出版社 1979 年版，第 103—104 頁）　知後事：管理後方事務。

［2］永定：南朝陳武帝陳霸先年號（557—559）。

［3］太尉：官名。位三公之首，爲名譽宰相，多爲大臣加官，無實際職掌。陳一品，秩萬石。

［4］栅口：地名。在今安徽蕪湖市東北裕溪口。

天嘉元年二月，王琳引合肥漅湖之衆，[1]舳艫相次而下。[2]瑱率軍進獸檻洲。[3]明日合戰，琳軍少却。及夕，東西風吹其舟艦並壞。[4]夜中有流星墜于賊營。及旦風静，琳入浦，以鹿角繞岸，[5]不敢復出。時西魏將史寧躡其上流，[6]瑱聞之，知琳不能持久，收軍却據湖浦，以待其弊。及史寧至，圍郢州，琳恐衆潰，乃率船來下，[7]去蕪湖十里而泊。明日，齊人遣兵助琳，瑱令軍中晨炊蓐食，[8]頓蕪湖洲尾以待之。將戰，有微風至自東南，衆軍施拍縱火，[9]定州刺史章昭遠乘平虜大艦中江而進，[10]琳軍大敗，脱走以免者十二三，琳因此入齊。

［1］漅湖：即今巢湖。

［2］舳艫：船頭謂之舳，船尾謂之艫。

［3］獸檻洲：即“虎檻洲”，長江中沙洲，在今安徽蕪湖市繁昌區東北。唐人避高祖李淵祖父李虎名諱，改“虎”爲“獸”。

［4］東西風：《陳書》卷九《侯瑱傳》、《資治通鑑》卷一六八《陳紀二》陳文帝天嘉元年作“東北風大起”，中華本據改“東西風”爲“東北風”。

［5］鹿角：阻擋敵人接近的障礙物。多爲木質，外形似分叉鹿角，前端削成鋭尖，故名。

［6］時西魏將史寧躡其上流：此事發生在陳文帝天嘉二年

（561）。此前四年，西魏恭帝已禪位於北周閔帝，天嘉二年時當北周武帝宇文邕保定元年（561）。故此處“西魏”實爲北周。史寧，字永和。時任北周荆襄淅郢等五十二州及江陵鎮防諸軍事、荆州刺史。《周書》卷二八、《北史》卷六一有傳。

[7]乃率船來下：來下，《通志》作“東下”。中華本據改。按，《陳書·侯瑱傳》亦作“來下”。

[8]蓐（rù）食：未及起身而在床上進食，意謂早餐時間甚早。一説意謂飽食。王引之《經義述聞》卷一七：“蓐者，厚也，食之豐厚於常，因謂之‘蓐食’。”

[9]拍：即拍竿，一種用以投擲石塊或火種的抛射兵器。南北朝時普遍配置於大型戰船上。

[10]定州：州名。治蒙龍城，在今湖北麻城市東北。　章昭遠：大德本、汲古閣本、殿本作“章昭達”。按，此底本誤。　平虜大艦：一種大型戰船。

其年，詔以瑱爲都督五州諸軍事，[1]鎮盆城。周將賀若敦、獨孤盛等來攻巴、湘，[2]又以瑱爲西討都督，[3]大敗盛軍。以功授湘州刺史，改封零陵郡公。[4]二年薨，[5]贈大司馬，[6]謚曰壯肅，配享武帝廟庭。子净藏嗣，[7]尚文帝女富陽公主。[8]

[1]五州：《陳書》卷九《侯瑱傳》記爲湘、巴、郢、江、吴等五州。

[2]賀若敦：西魏、北周將領。河南洛陽（今河南洛陽市）人。隋名將賀若弼之父。《周書》卷二八、《北史》卷六八有傳。　獨孤盛：西魏、北周將領。入隋爲車騎將軍、右屯衛將軍，死於宇文化及江都之變。《隋書》卷七一有傳，《北史》卷七三有附傳。　巴：州名。治巴陵縣，在今湖南岳陽市。　湘：州名。治臨湘

縣，在今湖南長沙市。

[3]西討都督：官名。出現大規模叛亂、外寇入侵、對外征戰等情形時，被臨時任命的軍事指揮官〔參見［日］小尾孟夫《陳代的征討都督》，《東南文化》1998年增刊2〕。

[4]零陵郡公：封爵名。零陵，郡名。治泉陵縣，在今湖南永州市。郡公，爲開國郡公省稱。食邑爲郡，故爵前常冠以所封郡名。南朝梁開國郡公位視三公，班次之。陳置爲九等爵第二等，二品，秩視中二千石。《陳書·侯瑱傳》記食邑七千户。

[5]二年薨：按，據《陳書·侯瑱傳》，卒時年五十二。

[6]大司馬：官名。南朝不常授，多用作贈官。梁十八班。陳一品，秩萬石。

[7]净藏：侯净藏。零陵郡公侯瑱世子，襲父爵，後除員外散騎侍郎。陳宣帝太建三年（571）卒。

[8]富陽公主：陳文帝次女。《陳書》卷七《高宗柳皇后傳》記柳皇后之弟柳盼“太建中，尚世祖女富陽公主”。據此，富陽公主可能先嫁侯净藏，净藏於陳宣帝太建三年卒後，又嫁柳盼。富陽，縣名。治所在今浙江杭州市富陽區。

侯安都字師成，[1]始興曲江人也，[2]爲郡著姓。父捍，[3]少仕州郡，以忠謹稱，安都貴後，官至光禄大夫、始興内史。[4]

[1]師成：大德本、汲古閣本、殿本作“成師”，《陳書》卷八《侯安都傳》亦作“成師”。

[2]曲江：縣名。治所在今廣東韶關市南武水西岸。

[3]父捍：《陳書·侯安都傳》作“父文捍”。

[4]光禄大夫：官名。屬光禄勳。多作爲加官，或致仕、卒後的封贈官。無實際職掌。梁十三班。陳三品，秩中二千石。

安都工隸書，能鼓琴，涉獵書傳，爲五言詩頗清靡，[1]兼善騎射，爲邑里雄豪。侯景之亂，招集兵甲至三千人。陳武帝入援臺城，安都引兵從武帝，攻蔡路養，破李遷仕，剋平侯景，並力戰有功，封富川縣子。[2]隨武帝鎮京口，[3]除蘭陵太守。[4]

[1]清靡：清新華麗。

[2]富川：縣名。治所在今廣西鍾山縣。《陳書》卷八《侯安都傳》記富川縣子食邑三百户。

[3]京口：又稱京城、京，爲南徐州鎮所，在今江蘇鎮江市。東晋、南朝時爲軍事重鎮。《隋書·地理志下》："京口東通吴、會，南接江、湖，西連都邑，亦一都會也。"

[4]蘭陵：郡名。僑寄蘭陵縣，在今江蘇鎮江市。

武帝謀襲王僧辯，唯與安都定計。仍使安都率水軍自京口趣石頭，[1]武帝自從江乘羅落會之。[2]安都至石頭北，棄舟登岸，僧辯弗之覺。石頭城北接岡阜，不甚危峻，安都被甲，帶長刀，軍人捧之，投於女垣内，[3]衆隨而入，進逼僧辯卧室。武帝大軍亦至，與僧辯戰于聽事前，[4]安都自内閤出，[5]腹背擊之，遂禽僧辯。以功授南徐州刺史。[6]

[1]石頭：石頭城。又名石首城，簡稱石城。依石頭山（今江蘇南京市西清凉山）而建，負山面江，形勢險固，爲六朝軍事交通要地。南朝宋山謙之《丹陽記》云："石頭城，吴時悉土塢。義熙初始加磚累甓，因山以爲城，因江以爲池。地形險固，尤有奇勢。亦謂之石首城。"（參見劉緯毅《漢唐方志輯佚》，北京圖書館出版

社 1997 年版，第 177 頁）宋人張敦頤《六朝事迹編類》卷二："吴孫權沿淮立栅，又於江岸必争之地築城，名曰石頭。"

[2]江乘：縣名。治所在今江蘇句容市北。　羅落：橋名。在今江蘇南京市東北長江南岸。《資治通鑑》卷一一三《晋紀三十五》晋安帝元興三年："羅落橋在江乘縣南，蓋緣水設羅落，因以爲名。"按，據譚其驤主編《中國歷史地圖集》第四册，羅落橋在江乘縣治西、建康城東。從京口出發，向西經江乘縣、羅落橋，是通往京師建康的大道。晋安帝元興三年（404），劉裕討伐桓玄，即走此道。

[3]女垣：即女墻。城墻上附建的矮墻，上有箭孔與瞭望孔。墻體較城墻卑薄，猶女子卑小於丈夫，故得名。

[4]聽事：官府辦公之所。

[5]内閤：内院之門。

[6]南徐州：州名。治京口城，在今江蘇鎮江市。

武帝東討杜龕，安都留臺居守。徐嗣徽、任約等引齊寇入據石頭，游騎至于闕下。安都閉門示弱，令城中登陴看賊者斬。[1]及夕，賊收軍還石頭。安都夜令士卒密營禦敵之具。將旦，賊騎至，安都與戰，大敗之，賊乃退還石頭，不敢逼臺城。及武帝至，以安都爲水軍。於中流斷賊糧運。又襲秦郡，[2]破嗣徽栅，收其家口，得嗣徽所彈琵琶及所養鷹，遣信餉之，曰："昨至弟住處得此，今以相還。"嗣徽等見之大懼，尋求和，武帝聽其還北。及嗣徽等濟江，齊之餘軍猶據採石，[3]守備甚嚴，又遣安都攻之，多所俘獲。

[1]陴：墻城上的矮墻，即女墻。

[2]秦郡：郡名。僑寄六合縣，在今江蘇南京市六合區。

[3]採石：即采石磯，又名牛渚磯，爲京師建康西軍事要地。在今安徽馬鞍山市長江東岸牛渚山。

明年春，詔安都率兵鎮梁山以備齊。[1]徐嗣徽等復入，至湖熟，武帝追安都還拒之，戰於耕壇南。[2]安都率十二騎突其陣，破之，禽齊儀同乞扶無芳，[3]又刺齊將東方老墮馬，[4]會賊騎至，救老，獲免。賊北度蔣山。[5]安都又與齊將王敬寶戰於龍尾，[6]使從弟曉、軍主張纂前犯其陣，曉被創墜馬，張纂死之。安都馳往救曉，斬其騎士十二人，[7]取纂尸而還，齊軍不敢逼。武帝與齊軍戰於莫府山，命安都自白下横擊其後，大敗之。以功進爵爲侯，[8]又進號平南將軍，[9]改封西江縣公。[10]

[1]梁山：山名。即今安徽和縣南長江西岸西梁山。與東岸蕪湖市博望山（東梁山）隔江對峙，合稱天門山，歷來爲江防要地。

[2]耕壇：爲天子親耕籍田、祭祀先農的禮制建築。據《宋書·禮志一》記載：宋文帝元嘉二十年（443），恢復天子親耕籍田之制。在宫城東南方位八里之外的建康東郊，劃定一千畝耕地爲籍田，中間修建兩條主道，南北向主道稱“阡”，東西向稱“陌”，在阡西陌南居中處立先農壇，阡東陌北居中處立御耕壇。梁武帝普通二年（521）遷至南郊。

[3]儀同：官名。“開府儀同三司”的省稱。　乞扶無芳：北齊將領。扶，大德本、汲古閣本同，殿本作“伏”。《陳書》卷八《侯安都傳》作“乞伏無勞”。按，乞伏即乞扶，爲鮮卑姓氏。

[4]東方老：北齊將領。安德鬲（今山東德州市陵城區）人。

封陽平縣伯，位南兗州刺史。後與蕭軌等渡江攻建業，兵敗身死。《北齊書》卷二一、《北史》卷三一有附傳。

[5]蔣山：即鍾山。在今江蘇南京市玄武區紫金山。孫吴時在鍾山西北麓爲中都侯蔣子文立廟，後世崇祀，轉號鍾山爲蔣山。

[6]王敬寶：北齊將領。太原（今山西太原市）人。位東廣州刺史。文宣帝天保七年（556）與蕭軌等攻建業，兵敗身死。《北史》卷五三有附傳。　龍尾：鍾山西南方的富貴山，俗稱龍尾坡。或以爲在鍾山之北，即今江蘇南京市蔣王廟社區靠近鍾山登山口一帶（參見蔡宗憲《六朝軍事史上的鍾山——以龍尾與白土岡爲中心的考察》，《早期中國史研究》第十一卷，2019 年，第 287—327 頁）。由山脚或城底沿坡勢逶迤而上的小道，由上俯視，宛如下垂之龍尾，故名。《資治通鑑》卷一六六《梁紀二十二》梁敬帝太平元年胡三省注："自山趾築道，陂陀以登山，曰龍尾。"

[7]十二人：《陳書·侯安都傳》作"十一人"。

[8]進爵爲侯：《陳書·侯安都傳》記增食邑五百户。

[9]進號平南將軍：平南將軍，官名。與平東、平西、平北將軍合稱四平將軍，多持節都督或監某一地區的軍事，有時亦作爲刺史等地方官員兼理軍務的加官。梁武帝天監七年（508）定爲武職二十四班中的二十班。陳擬三品，比秩中二千石。按，據《陳書·侯安都傳》，侯安都於梁末已歷猛烈將軍、仁威將軍，此次因功拜平南將軍，故曰"進號"。然本書本傳前文不載猛烈將軍、仁威將軍，此處但言"進號平南將軍"，屬删繁過度，致文意突兀。

[10]西江縣公：按，史書未見南朝梁、陳西江爲縣之記載。

仍督水軍出豫章，助豫州刺史周文育討蕭勃。[1]安都未至，文育已斬勃，并禽其將歐陽頠、傅泰等。唯余孝頃與勃子孜猶於豫章之石頭作兩城，孝頃與孜各據其一，又多設船艦，夾水而陣。安都至，乃銜枚夜燒其艦。文育率水軍，安都領步騎，登岸結陣。孝頃俄斷後路，安都乃令軍士豎栅，引營漸進，頻致剋獲，孜乃降。孝頃奔歸新吴，請入子爲質，許之。以功加開府儀同三司。

[1]豫州刺史周文育：其時周文育爲南豫州刺史，此處"豫州刺史"前佚一"南"字（詳見邵春駒《〈陳書〉校讀札記》，《萍鄉高等專科學校學報》2009年第2期）。

仍率衆會武昌，與周文育西討王琳。將發，王公以下餞於新林，[1]安都躍馬度橋，人馬俱墜水中。又坐艑内，[2]墜於櫓井，時以爲不祥。至武昌，琳將樊猛棄城走，[3]文育亦自豫章至。時兩將俱行，不相統攝，因部下交争，稍不平。軍至郢州，琳將潘純於城中遥射官軍，[4]安都怒，圍之未剋，而王琳至弇口，[5]安都乃釋郢州，悉衆往沌口以禦之，遇風不得進。琳據東岸，官軍據西岸，相持數日，乃合戰。安都等敗，與周文育、徐敬成並爲琳囚，[6]總以一長鏁繫之，置于艑下，令所親宦者王子晋掌視之。琳下至盆城白水浦，[7]安都等甘言許賂子晋，子晋乃僞以小船住艑而釣，[8]夜載安都、文育、敬成上岸，入深草，步投官軍。還都自劾，詔並赦之，復其官爵。

[1]新林：即新林浦。在今江蘇南京市西南西善橋鎮。其地瀕臨大江，爲六朝軍事、交通要地。

[2]艑：大船。《集韻》："艑，兩槽大船。"

[3]樊猛：字智武，南陽湖陽（今河南唐河縣）人。陳逍遥郡公樊毅之弟。梁元帝時任湘州司馬、司州刺史。隨王琳抗陳，後歸順，歷任廬陵内史、長沙内史、荆州刺史、左衛將軍等職，封富川縣侯。陳亡入隋。本書卷六七、《陳書》卷三一有附傳。

[4]潘純：《陳書》卷八《侯安都傳》“純”後有“陁”字。“純陁”或爲其名。

[5]弇（yǎn）口：弇水入長江處。在今湖北武漢市武昌區。

[6]徐敬成：安陸（今湖北安陸市）人。徐度之子。起家著作郎，後任太子舍人、南豫州刺史、安州刺史。本書卷六七、《陳書》卷一二有附傳。

[7]白水浦：又名白水港、白水湖。在今江西九江市西。《讀史方輿紀要》卷八五《江西三・九江府》：“白水港，在府西。亦曰白水浦。梁王琳破陳侯安都於沌口，引兵下至湓城，屯於白水浦是也。今亦曰白水湖，水溢成湖，水落爲港。”

[8]住：《陳書・侯安都傳》作“依”。中華本據改，可從。

尋爲丹楊尹，[1]出爲南豫州刺史，令繼周文育攻余孝勱及王琳將曹慶、常衆愛等。安都自宫亭湖出松門，[2]躡衆愛後。文育爲熊曇朗所害，安都回取大艦，遇琳將周炅、周協南歸，[3]與戰，破之，禽炅、協。孝勱弟孝猷率部下四千家欲就王琳，遇炅敗，乃詣安都降。安都又進軍於禽奇洲，[4]破曹慶、常衆愛等，焚其船艦。衆愛奔廬山，爲村人所殺，餘衆悉平。

[1]丹楊尹：官名。丹楊郡行政長官。東晉、南朝皆以建康爲都城，建康在丹楊郡境内，故其長官稱尹，以區别於列郡太守。丹楊尹掌京畿地區行政諸務並詔獄，一度掌少府職事，地位頗重。南

朝齊位次九卿，梁品秩不詳。陳五品，秩中二千石，相當於豫、益、廣、衡等州刺史，遠高於郡太守。

[2]宫亭湖：即今江西鄱陽湖。　松門：在今江西永修縣，修水入鄱陽湖口之南岸。

[3]周炅：字文昭，汝南安成（今河南汝南縣）人。初爲梁通直散騎侍郎，平侯景之亂有功而遷江州刺史，封西陵縣侯。後降陳，歷定州、安州刺史，封武昌郡公。本書卷六七、《陳書》卷一三有傳。

[4]禽奇洲：地點不詳。《陳書》卷二《高祖紀下》記其事爲"儀同侯安都敗衆愛等於左里，獲琳從弟襲、主帥羊暕等三十餘人，衆愛遁走"。按，左里城在今江西都昌縣西北，當與禽奇洲相距不遠。

還軍至南皖而武帝崩。[1]安都隨文帝還朝，乃與群臣議，翼奉文帝。時帝謙讓弗敢當，太后又以衡陽王故，[2]未肯下令，群臣不能決。安都曰："今四方未定，何暇及遠？臨川王有功天下，[3]須共立之。今日之事，後應者斬。"便桉劍上殿，白太后出璽，义手解文帝髮，[4]推就喪次。文帝即位，遷司空，仍授南徐州刺史，給扶。[5]

[1]南皖：即皖口。皖水入長江之口，在今安徽懷寧縣東。

[2]衡陽王：衡陽獻王陳昌，陳武帝第六子。時被北周拘留，未及回南。本書卷六五、《陳書》卷一四有傳。

[3]臨川王：即陳武帝之侄、陳文帝陳蒨。

[4]义：《陳書》卷八《侯安都傳》作"又"。中華本據改。

[5]給扶：給予扶持之人。古時君主賜給大臣的一種禮遇。

王琳下至栅口，大軍出頓蕪湖。時侯瑱爲大都督，[1]而指麾經畧多出安都。及王琳入齊，安都進軍盆城，討琳餘黨，所向皆下。

[1]大都督：此爲作戰時節度諸軍的高級軍事長官，事畢即罷。本卷《侯瑱傳》載："王琳至栅口，又以瑱爲都督，侯安都等並隸焉。"

仍別奉中旨，[1]迎衡陽獻王昌。初，昌之將入，致書於文帝，辭甚不遜。帝不懌，召安都，從容而言曰："太子將至，須別求一蕃，[2]吾其老焉。"[3]安都對曰："自古豈有被代天子！愚臣不敢奉詔。"因自迎昌，中流而殺之。[4]以功進爵清遠郡公。[5]自是威名甚重，群臣無出其右。

[1]中旨：未經中書門下等部門而由皇帝直接發出的詔敕。

[2]蕃：藩國，封國。

[3]老焉：於彼終老。

[4]中流而殺之：陳文帝不肯讓出帝位，密示侯安都殺害太子陳昌。陳昌之死，本書卷六五《衡陽獻王昌傳》記作"於中流殞之，使以溺告"，語意與本卷同。《陳書》卷一四《衡陽獻王昌傳》記作"濟江，於中流船壞，以溺薨"；卷八《侯安都傳》記爲"昌濟漢而薨"，皆異於本書，有曲筆之嫌。王鳴盛《十七史商榷》卷六四《昌濟江中流殞之》云："雖情事宛然，然唐人書陳事，何必作此藴藉之筆，似有所不敢直書者乎？皆不如《南史》竟書殺之爲得實。"

[5]清遠郡公：封爵名。清遠，郡名。治清遠縣，在今廣東清

遠市。陳初移治翁源縣，在今廣東翁源縣西北。郡公，開國郡公的省稱。食邑爲郡，故常冠以所封郡名。在梁位視三公，班次之。在陳爲九等爵之第二等，二品，秩視中二千石。

安都父捍爲始興内史，[1]卒於官。文帝徵安都爲發喪，尋起復本官，贈其父散騎常侍、金紫光禄大夫，[2]拜其母爲清遠國太夫人，[3]仍迎赴都。母固求停鄉里，上乃下詔，改桂陽郡之汝城縣爲盧陽郡，[4]分衡州之始興、安遠二郡，合三郡爲東衡州，[5]以安都從弟曉爲刺史。安都第三子秘年九歲，上以爲始興内史，並令在鄉侍養。改封安都桂陽郡公。

[1]捍：《陳書》卷八《侯安都傳》作“文捍”。

[2]金紫光禄大夫：官名。漢有光禄大夫，銀印青綬。晋宋時加其重者金章紫綬，謂金紫光禄大夫。本掌論議，後漸爲加官、贈官及致仕大臣之榮銜，無職事。陳三品，秩中二千石。

[3]清遠國太夫人：《隋書·禮儀志六》記載，開國公太夫人，銀印珪鈕、青綬，佩水蒼玉、虎頭鞶。

[4]桂陽：郡名。治郴縣，在今湖南郴州市。　汝城：縣名。治所在今湖南汝城縣南。　盧陽：郡名。治汝城縣，在今湖南汝城縣南。

[5]衡州：本治曲江縣，在今廣東韶關市南武水西岸，陳文帝天嘉元年（560），改衡州桂陽郡之汝城、晋寧二縣爲盧陽郡，又分衡州之始興、安遠二郡，合三郡之地置東衡州，治曲江縣。原衡州改爲西衡州，治所由曲江縣改爲含洭縣（今廣東英德市浛洸鎮）。　安遠：郡名。治所約在今廣東南雄市東北〔參見周振鶴主編，胡阿祥、孔祥軍、徐成著《中國行政區劃通史·三國兩晋南朝卷（下

册）》，復旦大學出版社 2014 年版，第 1351 頁〕。

王琳敗後，周兵入據巴、湘，安都奉詔西捍。及留異擁據東陽，[1]又奉詔東討。異本謂臺軍自錢唐江上，安都乃步由會稽之諸暨出永康。[2]異大恐，奔桃枝嶺，[3]處巖谷間，豎柵以拒守。安都躬自接戰，爲流矢所中，血流至踝。安都乘輿麾軍，容止不變。因其山隴爲堰。屬夏潦水漲，安都引船入堰，樓艦與異城等，放拍碎其樓。[4]異與第二子忠臣脱身奔晋安，虜其妻子，振旅而歸。加侍中、征北大將軍，[5]仍還本鎮。吏人詣闕表請立碑頌美安都功績，[6]詔許之。

［1］東陽：郡名。治長山縣，在今浙江金華市。

［2］諸暨：縣名。治所在今浙江諸暨市。

［3］桃枝嶺：在今浙江縉雲縣西。《讀史方輿紀要》卷九四《浙江六·縉雲縣》："（馮公嶺）縣西南三十里。一名木合嶺。崎嶇盤屈，長五十里。有桃花隘，爲絶險處，郡北之鎖鑰也。《志》云：桃花隘嵯峨險仄，勢接雲霄，周圍壘石三四里，容百千人，山麓去郡城不過二十里。亦曰桃花嶺，即古桃枝嶺。"

［4］放拍：以拋車發砲。　樓：《陳書》卷八《侯安都傳》作"樓雉"。中華本以爲本書各本皆脱，據補。按，《資治通鑑》卷一六八《陳紀二》陳文帝天嘉三年作"樓堞"。

［5］征北大將軍：官名。征北將軍爲四征將軍之一，多出鎮地方，地位顯要。陳擬二品，比秩中二千石。加"大"爲征北大將軍，則進一階。

［6］吏人：《陳書·侯安都傳》作"吏民"。唐避太宗李世民名諱，改"民"爲"人"。

自王琳平後，安都勳庸轉大，又自以功安社稷，漸驕矜。招聚文武士，騎馭馳騁，[1]或命以詩筆，[2]第其高下，以差次賞賜之。文士則褚玠、馬樞、陰鏗、張正見、徐伯陽、劉刪、祖孫登，[3]武士則蕭摩訶、裴子烈等，[4]並爲之賓，齋内動至千人。部下將帥多不遵法度，檢問收攝，則奔歸安都。文帝性嚴察，深銜之。安都日益驕慢，表啓封訖，有事未盡，乃開封自書之，云又啓某事。及侍宴酒酣，或箕踞傾倚。[5]嘗陪樂游禊飲，[6]乃白帝曰："何如作臨川王時？"帝不應。安都再三言之，帝曰："此雖天命，抑亦明公之力。"宴訖，又啓便借供張水飾，[7]將載妻妾於御堂歡會，帝雖許其請，甚不懌。明日，安都坐於御坐，賓客居群臣位，稱觴上壽。

[1]騎馭馳騁：《陳書》卷八《侯安都傳》作"射馭馳騁"。

[2]詩筆：詩文。筆，指無韻之文。

[3]褚玠：字温理，河南陽翟（今河南禹州市）人。本書卷二八有附傳，《陳書》卷三四有傳。　馬樞：字要理，扶風郿（今陝西眉縣）人。本書卷七六、《陳書》卷一九有傳。　陰鏗：字子堅，武威姑臧（今甘肅武威市）人。本書卷六四、《陳書》卷三四有附傳。　張正見：字見賾，清河東武城（今河北清河縣）人。本書卷七二、《陳書》卷三四有傳。　徐伯陽：字隱忍，東海（今山東郯城縣）人。本書卷七二、《陳書》卷三四有傳。

[4]蕭摩訶：字元胤，蘭陵（今山東棗莊市）人。南朝陳大將，輔佐陳後主登基有功，加爲侍中、驃騎大將軍、綏建郡公。後降隋。本書卷六七、《陳書》卷三一有傳。　裴子烈：字大士，河東聞喜（今山西聞喜縣）人。本書卷六六、《陳書》卷九有附傳。

[5]箕踞：雙腿舒展而坐，形如畚箕，故名。在正式場合屬於

失禮行爲。

[6]喫：同“吃”。

[7]供張：供設陳設。　水飾：以水力機械操控各色木偶進行伎樂表演。《資治通鑑》卷一八三《隋紀七》隋煬帝大業十二年：“帝與群臣飲於西苑水上，命學士杜寶撰《水飾圖經》，采古水事七十二，使朝散大夫黄衮以木爲之，間以妓航、酒船，人物自動如生，鍾磬箏瑟，能成音曲。”《太平廣記》卷二二六叙其表演過程甚詳，可參。

初，重雲殿災，[1]安都率將士帶甲入殿，帝甚惡之，自是陰爲之備。又周迪之反，朝望當使安都討之，[2]帝乃使吴明徹討迪。又頻遣臺使案問安都部下，檢括亡叛。[3]安都内不自安。

[1]重雲殿災：據《陳書》卷三《世祖紀》，重雲殿火灾發生在陳武帝永定三年（559）七月乙丑。重雲殿，在京師建康宫城華林園内。梁武帝時建造，爲重閣構造，上名重雲殿，下名興光殿。據《隋書·天文志》記載，梁之重雲殿前置有銅儀，亦即渾天儀。

[2]朝望：朝廷的主流意見。

[3]檢括：調查。

天嘉三年冬，遣其别駕周弘實，[1]自託於舍人蔡景歷，[2]并問省中事。景歷録其狀奏之，稱安都謀反。帝慮其不受召，明年春，乃除安都爲征南大將軍、江州刺史。[3]自京口還都，部伍入於石頭，帝引安都宴於嘉德殿，[4]又集其部下將帥會于尚書朝堂，[5]於坐收安都，因于西省。[6]又收其將帥，盡奪馬仗而釋之。[7]因出景歷表於朝，乃下詔暴其罪，[8]明日於西省賜死。[9]尋有詔宥其妻子家口，葬以士禮。

［1］别駕：官名。“别駕從事”的省稱。爲州刺史佐吏，隨刺史行部，别乘傳車，故謂之别駕。州置别駕從事一人，事無不統，尤主官吏選任管理，秩輕職重，位居州吏之冠。梁、陳之制，别駕品秩隨本州及刺史地位高低而定。陳九品之制，别駕分四等，侯安都以庶姓爲南徐州刺史，其别駕八品。

［2］舍人：官名。中書舍人省稱。屬中書省。南朝諸帝皆非出身高門，遂引用没有聲望、社會地位的寒細親信充任中書舍人，入直禁中，於收納、轉呈文書章奏之本職外，漸奪中書侍郎草擬詔令之任，秩輕而權重。陳八品。　蔡景歷：字茂世，濟陽考城（今河南民權縣）人。本書卷六八、《陳書》卷一六有傳。

［3］征南大將軍：官名。征南將軍與征東、征西、征北將軍合稱四征將軍，多授持節都督，出鎮方面，地位顯要。陳擬二品，比秩中二千石。加“大”爲征南大將軍，位進一階。按，征南大將軍與征北大將軍品秩相同，但位在其前。

［4］嘉德殿：建康宫城殿名。南朝陳時修建。陳有嘉德殿學士，則此殿亦爲文學侍從之官侍讀、撰述之所。

［5］尚書朝堂：常簡稱“朝堂”，爲尚書上省理政處。南朝尚書辦公機構分爲上省與下省，上省爲尚書令、尚書僕射等八座丞郎議事處，屬决策機構，地近禁中；下省爲尚書諸曹辦公之處，屬執行機構，在上省之東，中有閣道相通。

［6］西省：即秘書省，在皇帝内殿（即帝寢區）西側，故名。爲文學侍從之臣侍讀、校書、修史、撰譜之處，亦爲驍騎將軍、左右衛將軍等禁衛武官及中書舍人宿值之所（參見陳蘇鎮《西省考》，《周一良先生八十生日紀念論文集》，中國社會科學出版社1993年版，第67—75頁）。

[7]馬仗：車馬器仗。

[8]乃下詔暴（pù）其罪：詔書内容詳見《陳書》卷八《侯安都傳》。暴，同“曝”。顯露。

[9]明日於西省賜死：據《陳書·侯安都傳》，安都死時年四十四歲。

初，武帝嘗與諸將宴，杜僧明、周文育、侯安都爲壽，各稱功伐。帝曰：“卿等悉良將也，而並有所短。杜公志大而識暗，狎於下而驕於尊，矜其功不收其拙。周侯交不擇人，而推心過差，居危履嶮，猜防不設。侯郎慠誕而無厭，[1]輕佻而肆志。並非全身之道。”卒皆如言。

[1]慠誕：驕横放肆。慠，同“傲”。

太建三年，[1]宣帝追封安都陳集縣侯。[2]子亶爲嗣。

[1]太建：南朝陳宣帝陳頊年號（569—582）。

[2]宣帝：南朝陳宣帝陳頊。陳武帝兄陳道談子，陳文帝弟。本書卷一〇、《陳書》卷五有紀。　陳集縣侯：陳集，縣名。治地不詳。據《陳書》卷八《侯安都傳》，食邑五百户。

歐陽頠字靖世，[1]長沙臨湘人也。[2]爲郡豪族。少質直有思理，以言行著於嶺表。[3]父喪，哀毁甚至。[4]家産累積，悉讓諸兄。廬於麓山寺傍，[5]專精習業，博通經史。

［1］歐陽頠（wěi）：傳另見《陳書》卷九。行迹又可參徐陵所撰《廣州刺史歐陽頠德政碑》，碑文云："弱水導其洪源，軒臺表其增殖。懿哉少府，師儲皇於二京；盛矣司徒，傳儒宗於九世。廣陵邕邕，族擅江右；渤海赫赫，名重洛陽。若夫嶽鎮龍蟠，星懸鶉火，衡山誕其高德，湘水降其清輝。千仞孤標，萬頃無度。年當小學，志冠成童。因孝爲心，欲仁成體。屯騎府君，早棄榮禄，易簀之日，幾將毀終，不杖之言，深非通制。遺貲巨萬，富擬猗頓，裁變槐榆，並賑宗戚。南茨大麓，北眺清湘，得性於橘洲之間，披書於杏壇之上。三冬文史，《五經》縱横，頻致嘉招，確乎難拔。既而帝啓黄樞，神亡赤伏，天地崩實，川冢沸騰，群悍酋豪，更爲禍亂。朝披羽檄，夜炤爟烽，浴鐵蔽於山原，摐金駭於樓堞。公疲兵屢出，獨居胡牀，勁賊重圍，尚憑書几。揚灰既散，駕棒將揮，咸克凶渠，以保衡服。常以二主蒙塵，三光掩曜，出入逾於嘗膽，殷憂獨其撫心。不治第宅，深符去病；志梟群醜，彌同越石。自禹珪既錫，堯玉已傳，物變謳謡，風移笙管。商、周之際，孤竹尚其哀歌；曹、劉之間，蘇子猶其狂哭。况番禺連帥，實爲宗枝，迷我天機，自窺梁鼎。以公威名本重，逼統前軍，《乾》數難違，《剥》象終悔。高祖永言惟舊，彌念奇功，即訓皇家，深弘朝綱。檻車纔至，輿櫬已焚，祝史祆於夷吾，壇場延於井伯。綢繆安樂，造次訏謀，爰珥豐貂，允光金蟪。但八桂之土，蠻夷不賓；九疑之陽，兵凶歲積。以公昔在衡皋，深留風愛，仁恩可以懷猛獸，威名可以懼啼兒，乃授持節、散騎常侍、衡州刺史。我皇帝從唐侯以胤國，屈啓筮而承家。一恭寶祚，開定江沔；三改璿衡，苞羅湘峽。昔中宗屈伸於處仲，高祖遺恨於平城。漢武承基，方通沙塞；晋明紹運，裁平姑熟。方其盛業，綽有光前。踐祚之初，進公位征南將軍、廣州刺史，又都督東衡州二十州諸軍事。宜公乃務是民天，敦其分地，火耕水耨，彌亘原野。賊盗皆偃，工賈競臻，鬻米商鹽，盈衢滿肆。新垣既築，外户無扃，脂脯豪家，鍾鼎爲樂。揚袪灑汗，振雨流風，市有千金之租，田多萬箱之詠。僧釋慧羑等，來朝絳闕，

備啓丹誠，乞於大路康莊，式刊豐琰。庶樊卿寶鼎，復述臺司之功；羊叟高碑，更紀征南之德。於是跪開黄素，爰登紫泥，鑒此誠祈，皆如所奏。乃詔庸臣，爲其銘曰：赫赫宗陳，桓桓鼎臣。千乘建學，五典攸因。盛德斯遠，公門日新。嵩高惟嶽，睨甫生申。去衡移廣，遷征自鎮。悠悠銅界，藐藐金鄰。莫遠非督，無思不賓。三江靡浪，五嶺奚塵。式歌式舞，仁哉至仁。公其饗福，於萬斯春。”按，此碑作於陳文帝天嘉元年（560）。王鳴盛《十七史商榷》卷六四《歐陽頠傳多誤》以爲，碑文與《南史》《陳書》多有不合，“碑係當時所作，當以碑爲正”。

［2］長沙：郡名。治臨湘縣，在今湖南長沙市。

［3］以言行著于嶺表：《陳書·歐陽頠傳》作“以言行篤信著于嶺表”。馬宗霍《南史校證》以爲，“篤信”二字不可省，省則言行無從表異而著聞（第1027頁）。嶺表，又作“嶺外”“嶺南”，泛指五嶺以南地區，相當於今廣東、廣西兩省及越南北部一帶。

［4］毁：毁瘠，居喪過哀而極度瘦弱。

［5］麓山寺：亦名岳麓寺。在今湖南長沙市西岳麓山。西晋武帝泰始四年（268）建。

年三十，其兄逼令從官。[1]梁左衛將軍蘭欽少與頠善，[2]故頠常隨欽征討。欽南征夷獠，禽陳文徹，[3]所獲不可勝計，大獻銅鼓，[4]累代所無。頠預其功，還爲直閤將軍。[5]欽征交州，復啓頠同行。欽度嶺而卒，頠除臨賀内史，[6]啓乞送欽喪還都，然後之任。時湘、衡界五十餘洞不賓，[7]敕衡州刺史韋粲討之。[8]粲委頠爲都督，悉皆平殄。

［1］其兄逼令從官：官，《陳書》卷九《歐陽頠傳》作“宦”。

歐陽頠起家爲信武將軍府中兵參軍，又遷平西將軍邵陵王府中兵參軍事。

［2］蘭欽：字休明。本書卷六一、《梁書》卷三二有傳。

［3］陳文徹：廣州西江地區俚人首領。仕梁爲南陵太守。

［4］大獻銅鼓：《陳書·歐陽頠傳》作“獻大銅鼓”，馬宗霍《南史校證》云:“銅鼓夷獠中多有之，以其大，故下文云‘累代所無’。此似當從《陳書》。”（第1028頁）中華本據《陳書》改，可從。銅鼓，是南方特别是西南少數民族特有的樂器，用於祭祀，兼作軍鼓，亦爲部族首領身份、權力、財富的標志，如《太平御覽》卷七八五引《廣州記》記載，“俚獠貴銅鼓……欲相攻擊，鳴此鼓集衆，到者如雲。有是鼓者，極爲豪强”。使用者地位越高，銅鼓越大。現存銅鼓皆爲銅製，鼓面圓形，衹有一面，邊緣往往鑄有蛙、牛、馬、船等形象。鼓身呈卡腰狀，上有精美紋飾。鼓面直徑往往在30至80釐米之間，偶有超過100釐米者，鑄造難度大，頗爲珍罕，當即所謂“大銅鼓”。廣西博物館所藏“水沖庵大銅鼓”，鼓面直徑165釐米，高67.5釐米，重299公斤，是目前所見最大的古代銅鼓。

［5］直閤將軍：官名。南朝宋時始以中下級禁衛武官值閤，南齊時固定爲直閤將軍，職在入值省閤，侍衛君主，屬君主最親近的禁衛武官之列。有時領兵出征。多以他官兼任，地位、品級不見史載。梁、陳又有朱衣直閤將軍，梁十班。陳四品（參見張金龍《南朝直閤將軍制度考》，《中國史研究》2002年第2期）。

［6］臨賀内史：内史，王國行政長官，掌王國民政，職同太守。宋五品。梁官品不詳。臨賀，郡名。治臨賀縣，在今廣西賀州市東南。時臨賀郡爲梁武帝養子蕭正德封國，故設内史。

［7］洞：又作“峒”，是中古時期南方少數民族的社會組織形式，意爲以河流、山嶺爲界限的峒場。首領稱洞主。亦可作爲對南方少數民族的泛稱。

［8］韋粲：字長蒨，京兆杜陵（今陝西西安市長安區）人。梁

名將韋叡之孫。本書卷五八有附傳，《梁書》卷四三有傳。

侯景構逆，粲自解還都征景，[1]以頠監衡州。[2]臺城陷後，嶺南互相吞併，蘭欽弟前高州刺史裕攻始興内史蕭昭基，[3]奪其郡。以兄欽與頠舊，遣招之。頠不從，謂使曰："高州昆季隆顯，[4]莫非國恩，今應赴難援都，豈可自爲跋扈！"及陳武帝入援都，將至始興，頠乃深自結託。裕遣兵攻頠，武帝援之。裕敗，武帝以王懷明爲衡州刺史，遷頠爲始興内史。

[1]自解：自行解除職務。

[2]監：官制術語。指以較高級别官員監理下級部門或某地區諸軍事，亦有以他官監理某地區民政事務者，凡監某州，即行使刺史職權。

[3]蕭昭基：《陳書》卷九《歐陽頠傳》作"蕭紹基"。

[4]昆季：此指蘭欽、蘭裕兄弟。

武帝之討蔡路養、李遷仕也，頠助帝平之。[1]梁元帝承制以始興郡爲東衡州，以頠爲刺史，封新豐縣伯。[2]

[1]帝：大德本、汲古閣本同，殿本作"討"。

[2]新豐縣伯：封爵名。新豐，縣名。治所在今廣東新豐縣東北。縣伯，開國縣伯省稱。食邑爲縣，故爵前常冠以所封縣名。南朝梁開國縣伯，位視九卿，班次之。陳爲九等爵之第四等，四品，秩視中二千石。據《陳書》卷九《歐陽頠傳》，食邑四百户。

侯景平，元帝徧問朝宰，[1]使各舉所知。群臣未對。元帝曰："吾已得一人矣。歐陽頠甚公正，本有匡濟才，恐蕭廣州不肯致之。"[2]乃授武州刺史。[3]尋授郢州，欲令出嶺，蕭勃留之，不獲拜命。尋授衡州刺史，進封始興縣侯。

[1]朝宰：朝中執政大臣。

[2]蕭廣州：此指蕭勃，時任廣州刺史。

[3]武州：州名。治臨沅縣，在今湖南常德市。

時蕭勃在廣州，兵强位重，元帝深患之，遣王琳代爲刺史。琳已至小桂嶺，[1]勃遣其將孫瑒監州，[2]盡率部下至始興避琳兵鋒。頠别據一城，不往謁勃，閉門高壘，亦不相戰。[3]勃怒，遣兵襲頠，盡收其貲財馬仗，尋赦之，還復其所，復與結盟。魏平荆州，頠委質於勃。及勃度嶺出南康，以頠爲前軍都督，周文育破禽之，送于武帝，帝釋而禮之。

[1]小桂嶺：山嶺名。在今廣東韶關市曲江區西北。《資治通鑑》卷一六六《梁紀二十二》梁敬帝紹泰元年"湘州刺史王琳將兵自小桂北下"，胡三省注曰："據姚思廉《陳書》，小桂，嶺名。《輿地志》：連州桂陽縣，漢屬桂陽郡，所謂小桂也。"《讀史方輿紀要》卷一〇一《廣東二·廣州府》："或即今之桂陽山。"

[2]孫瑒：字德璉，吴郡吴（今江蘇蘇州市）人。本書卷六七、《陳書》卷二五有傳。

[3]相：大德本、殿本同，汲古閣本作"拒"，《陳書》卷九《歐陽頠傳》亦作"拒"。或當以"拒"字爲是（參見馬宗霍《南

史校證》，第1028頁）。

蕭勃死後，嶺南亂，頠有聲南土，且與武帝有舊，乃授安南將軍、衡州刺史，[1]封始興縣侯。[2]未至嶺，頠子紇已剋始興。及頠至，嶺南皆懾伏，仍進廣州，盡有越地。改授都督交廣等十九州諸軍事、平越中郎將、廣州刺史。[3]

[1]安南將軍：官名。南朝梁、陳時爲八安（安東、安南、安西、安北，安前、安後、安左、安右）將軍之一。梁武職二十四班之第二十一班。陳擬三品，比秩中二千石。

[2]封始興縣侯：上文記梁元帝時歐陽頠進封爲始興縣侯。蓋其後隨蕭勃對抗朝廷，被剥奪爵位，此次以故爵重封。

[3]交廣等十九州：據《陳書》卷九《歐陽頠傳》，十九州指廣、交、越、成、定、明、新、高、合、羅、愛、建、德、宜、黄、利、安、石、雙州。越州，治合浦縣，在今廣西合浦縣東北舊州。成州，治梁信縣，在今廣東封開縣東南賀江口。定州，此指南定州。治布山縣，在今廣西桂平市西南。明州，治交谷縣，在今越南河静省河静市南。新州，治新興縣，在今廣東新興縣。合州，此指南合州。梁武帝太清元年（547）七月改合肥爲合州，治合肥城，在今安徽合肥市；改合州爲南合州，治徐聞縣，在今廣東雷州市。羅州，治石龍縣，在今廣東化州市。愛州，治移風縣，在今越南清化省清化市北馬江南岸。建州，治安遂縣，在今廣東郁南縣連灘鎮。德州，治九德縣，在今越南義安省榮市。宜州，嶺南諸州之一，治所不詳。黄州，治安平縣，在今廣西防城港市西南。利州，治金寧縣，在今越南河静省河静市西北。安州，治宋壽縣，在今廣西欽州市東北欽江西北岸。石州，治夫寧縣，在今廣西藤縣東北潯江南、北流江東岸。雙州，治龍鄉縣，在今廣東羅定市南。　平越

中郎將：官名。主管南越事務。治所設在廣州，多兼任廣州刺史。陳擬六品，比秩千石。

王琳據有中流，頠自海道及東嶺奉使不絕。[1]永定三年，即本號開府儀同三司。文帝即位，進號征南將軍，[2]改封陽山郡公。[3]

[1]東嶺：今廣東、福建、浙江、江西相接處山地。六朝時期，經由東嶺的道路是聯繫嶺南與閩浙贛，並聯結皖南與京師建康的重要陸上交通綫，時稱“東道”，又稱“嶺道”“嶠道”（參見何德章《六朝建康的水陸交通——讀〈宋書·州郡志〉札記之二》，武漢大學中國三至九世紀研究所編《魏晋南北朝隋唐史資料》第十九輯，武漢大學文科學報編輯部2002年版，第59—71頁）。

[2]進號征南將軍：此前歐陽頠戎號爲鎮南將軍，爲八鎮將軍之一。四征將軍與八鎮將軍品秩相同，但位在其前，故稱“進號”。征南將軍，官名。與征東、征西、征北將軍合稱四征將軍，多授持節都督，出鎮方面，地位顯要。陳擬二品，比秩中二千石。

[3]陽山：郡名。治含洭縣，在今廣東英德市浛洸鎮。

初，交州刺史袁曇緩密以金五百兩寄頠，令以百兩還合浦太守龔蔿，[1]四百兩付兒智矩，餘人弗之知。頠尋爲蕭勃所破，貲財並盡，唯所寄金獨存，曇緩亦尋卒。至是，頠並依信還之，時人莫不歎伏之。時頠合門顯貴，[2]威振南土，又多致銅鼓、生口，獻奉珍異，前後委積，頗有助軍國。

[1]合浦：郡名。治合浦縣，在今廣西合浦縣東北舊州。　龔

蔿（wěi）：《陳書》卷九《歐陽頠傳》作“龔蔿”。

[2]合門顯貴：當時其弟歐陽盛爲交州刺史，次弟歐陽邃爲衡州刺史。

天嘉四年薨，[1]贈司空，謚曰穆。子紇嗣。

[1]天嘉四年薨：據《陳書》卷九《歐陽頠傳》，歐陽頠卒時年六十六歲。

紇字奉聖，頗有幹略，襲父官爵，在州十餘年，威惠著於百越。[1]宣帝以紇久在南服，[2]頗疑之。太建元年，徵爲左衛將軍，其部下多勸之反，遂舉兵攻衡州刺史錢道戢。[3]詔儀同章昭達討禽之，[4]送至都，伏誅。[5]子詢以年幼免。

[1]越：大德本、汲古閣本同，殿本作“姓”。

[2]南服：南方。

[3]錢道戢：字子韶，吴興長城（今浙江長興縣）人。本書卷六七、《陳書》卷二二有傳。

[4]儀同：開府儀同三司的簡稱。

[5]伏誅：據《陳書》卷九《歐陽頠傳》，歐陽紇卒時年三十三。

黄法氍字仲昭，[1]巴山新建人也。[2]少勁捷有膽力，日步行二百里，[3]能距躍三丈。[4]頗便書疏，[5]閑明簿領，[6]出入州郡中，[7]爲鄉閭所憚。[8]

[1]黄法𣰰：𣰰，各本皆同。《陳書》卷一一《黄法𣰰傳》作“𣰰”。馬宗霍《南史校證》云：“𣰰，各本皆誤作𣰰，唯宋蜀本《陳書》不誤。”（第1028頁）1989年，江蘇南京市雨花區西善橋鎮磚瓦廠南朝墓出土“陳故司空義陽郡公黄君墓誌銘”，黄君即黄法𣰰，碑文正作“𣰰”字，足見馬宗霍先生之明識。碑文存四十行，每行三十四字，文多漫漶，猶有可參之處（詳見王素《陳黄法𣰰墓誌校證》，《文物》1993年第11期）。

[2]巴山：郡名。治巴山縣，在今江西崇仁縣西南。　新建：縣名。治所在今江西樂安縣西北。《黄法𣰰墓誌》有“遷來新建，復爲冠族”之語，則其先祖係由外地遷入新建。

[3]二百里：《陳書·黄法𣰰傳》作“三百里”。

[4]距躍三丈：距躍，跳躍。南朝度制，一丈十尺，一尺約合今24.5釐米，三丈約合今735釐米。

[5]書疏：文書信札。

[6]閑明：熟悉。　簿領：指官府記事的簿册或文書。

[7]出入州郡中：《陳書·黄法𣰰傳》作“出入郡中”。

[8]爲鄉閭所憚：《黄法𣰰墓誌》記其少年行迹，有“鄉黨前輩齊□□敬而服之”之語，又有“一邦寧□，□之力也”，皆言法𣰰少年成名，在鄉里頗有威望，正與傳文對應（詳見王素《陳黄法𣰰墓誌校證》，《文物》1993年第11期）。

侯景之亂，於鄉里合徒衆。太守賀詡下江州，[1]法𣰰監知郡事。陳武帝將踰嶺入援建鄴，李遷仕作梗中途，武帝命周文育屯西昌，法𣰰遣兵助文育。[2]時法𣰰出頓新淦縣，[3]景遣行臺于慶來襲新淦，法𣰰敗之。[4]梁元帝承制授交州刺史資，領新淦縣令，[5]封巴山縣子。[6]敬帝即位，[7]改封新建縣侯。[8]

［1］下江州：從江州鎮所巴山縣順贛水，可直達江州鎮所尋陽縣。《資治通鑑》卷一六三《梁紀十九》梁簡文帝大寶元年胡三省注曰："自巴山順流赴江州爲下。"

［2］法氍遣兵助文育：《陳書》卷一一《黄法氍傳》記同。《黄法氍墓誌》有"高祖遣周文育進屯西昌……公遣千人以助文育。文育大喜，一鼓便平"之語，文意詳贍，可以補史。

［3］新淦（gàn）：縣名。治所在今江西樟樹市。

［4］景遣行臺于慶來襲新淦，法氍敗之：行臺，北魏官名。本爲扈從皇帝出征時執行尚書臺職權的臨時性機構，北朝時演變爲常設機構，兼理軍政庶務，爲地方最高行政機構。按，此句《陳書·黄法氍傳》記爲"景遣行臺于慶至豫章，慶分兵來襲新淦，法氍拒戰，敗之。高祖亦遣文育進軍討慶，文育疑慶兵彊，未敢進，法氍率衆會之，因進克笙屯，俘獲甚衆"。《黄法氍墓誌》所記更爲詳細："虜僞儀同于慶由豫章□新淦。□□□□□□□□□□□。虜逕□吉陽。公乃親率精鋭□陷吉陽。慶□知。公此後密遣陽椿□□。新淦□人懼□□而固請□師。公徐命傳食。已而□□日，未移容。醜□威武□□馳歸。椿亦□退。會高祖又遣文育討慶，軍於巴丘，擁兵不前，頗有疑色。公□馬□入，使□腹心陳説□謀。若□諸軍乃方軌並進，□□笙屯。"本傳既删《陳書》周文育馳援之事，又與《陳書》皆不載法氍攻戰吉陽之事，墓誌可補二史之闕。又侯景部將于慶當時的身份，本傳記爲"行臺于慶"，與《陳書》合；墓誌則記"儀同于慶"，與《梁書》卷四《簡文帝紀》梁簡文帝大寶二年六月條記于慶官儀同正相合。

［5］梁元帝承制授交州刺史資，領新淦縣令：《陳書·黄法氍傳》記爲"梁元帝承制授超猛將軍、交州刺史資，領新淦縣令"，《黄法氍墓誌》記爲"西臺承制，即授假節、超猛將軍、交州刺史，領新淦縣令"。本傳删"超猛將軍"戎號，又與《陳書》並漏"假節"一職。交州刺史資領新淦縣令，意謂以交州刺史的身份兼

任新淦縣令。資，官制術語。指官吏的任職資歷。領，官制術語。指在本官之外以高官攝卑職。南朝梁、陳之間，常見以刺史資領郡守、縣令或監別州者。錢大昕《廿二史考異》卷二七云："梁、陳之間，往往有以刺史資領郡守、縣令者。程靈洗以譙州刺史資領新安太守，徐世譜以衡州刺史資領河東太守，陳詳以青州刺史資領廣梁太守，熊曇朗以桂州刺史資領豐城縣令，黄法𣰰以交州刺史領新淦縣令，錢道戢以東徐州刺史領錢塘、餘杭二縣令，章昭達先除定州刺史，而後爲長山縣令，亦是以刺史資領縣令也。"同書卷三七又云："梁末增置之州多，而刺史資亦輕，又遥授，非實土，故有以刺史資而領郡者。程靈洗以譙州刺史資領新安太守，徐世譜以衡州刺史資領河東太守是也。法𣰰以刺史資領縣令，又異數矣。"

[6]巴山縣子：封爵名。縣子，爲開國縣子省稱。《黄法𣰰墓誌》即記"封巴山縣開國子"。南朝梁開國縣子位視二千石，班次之。陳爲九等爵之第五等，五品，秩視二千石。據《陳書・黄法𣰰傳》，巴山縣子食邑三百户。

[7]敬帝：南朝梁敬帝蕭方智。字慧相，小字法真。梁元帝第九子。本書卷八、《梁書》卷六有紀。

[8]改封新建縣侯：據《陳書・黄法𣰰傳》記載，法𣰰於梁元帝承聖三年（554）進爵爲巴山縣侯，食邑五百户。此次改封爲新建縣侯，食邑户數不變。新建縣侯，《黄法𣰰墓誌》記作"新建縣開國侯"。

太平元年，[1]割江西四郡置高州，[2]以法𣰰爲刺史，鎮巴山。[3]蕭勃、歐陽頠來攻，[4]法𣰰破之。

[1]太平：南朝梁敬帝蕭方智年號（556—557）。

[2]割江西四郡置高州：江西，《陳書》卷一一《黄法𣰰傳》作"江州"。錢大昕《廿二史考異》卷二七云："是時江州刺史侯瑱

爲余孝頃所逼，棄州詣闕，則析置高州，所以分孝頃之勢也。”馬宗霍《南史校證》疑“西”字爲“州”字之訛（第1029頁）。中華本據《陳書》改“江西”爲“江州”，可從。四郡，指巴山、臨川、安成、豫寧等四郡。

［3］鎮巴山：《黄法𣰰墓誌》作“屯巴山城”。

［4］蕭勃、歐陽頠來攻：《陳書・黄法𣰰傳》作“蕭勃遣歐陽頠來攻”，中華本據補“遣”字。

永定三年，[1]王琳遣李孝欽、樊猛、余孝頃攻周迪，且謀取法𣰰，法𣰰援迪，禽孝頃等三將。以功授平南將軍、開府儀同三司。[2]熊曇朗於金口害周文育，法𣰰共周迪討平之。

［1］三年：《陳書》卷二《高祖紀下》、卷一一《黄法𣰰傳》、卷三五《周迪傳》皆作“二年”，中華本據改。《黄法𣰰墓誌》亦記其事於陳武帝永定二年（558）。

［2］禽孝頃等三將。以功授平南將軍、開府儀同三司：據《陳書・黄法𣰰傳》，法𣰰擒獲孝頃等三將，因功進號宣毅將軍，食邑增至一千户，給鼓吹一部。後又以拒王琳之功，授平南將軍、開府儀同三司。本書此處删節致疑，《黄法𣰰墓誌》亦可爲證。

天嘉三年，[1]周迪反，法𣰰與吴明徹討平迪，法𣰰功居多。[2]

［1］天嘉三年：《黄法𣰰墓誌》同。《陳書》卷一一《黄法𣰰傳》作“天嘉二年”，誤，當以本書“三年”爲是。

［2］法𣰰功居多：《陳書・黄法𣰰傳》記爲：“法𣰰功居多，徵

爲使持節、散騎常侍、都督南徐州諸軍事、鎮北大將軍、南徐州刺史，儀同、鼓吹並如故。未拜，尋又改授都督江吴二州諸軍事、鎮南大將軍、江州刺史。”本書删節過度。

廢帝即位，[1]進爵爲公。[2]

[1]廢帝：南朝陳廢帝陳伯宗。字奉業，陳文帝嫡長子。文帝天康元年（566）即位，光大二年（568）被廢爲臨海郡王，史稱陳廢帝。本書卷九、《陳書》卷四有紀。

[2]進爵爲公：《黄法𣰰墓誌》作“天康元年，徵爲中衛大將軍。改封新建縣開國公，食邑□□，給扶二人，餘並如故”。

太建五年，大舉北侵，[1]法𣰰爲都督，出歷陽。[2]於是爲拋車及步艦，[3]豎拍以逼之，砲加其樓堞，[4]尅之，盡誅其戍。[5]合肥望旗降款。[6]法𣰰禁侵掠，躬自勞撫，而與之盟，並放還北。[7]以功加侍中，改封義陽郡公。[8]七年，爲豫州刺史，[9]鎮壽陽。[10]薨，[11]贈司空，謚曰威。子玩嗣。

[1]北侵：《陳書》卷一一《黄法𣰰傳》作“北伐”。本書以北朝爲正統，故表述有異。

[2]歷陽：郡名。治歷陽縣，在今安徽和縣。

[3]拋車：《陳書·黄法𣰰傳》作“拍車”。

[4]砲加其樓堞：將拍竿上的石頭移至敵船上空，居高臨下砸其船樓。《陳書·黄法𣰰傳》作“施拍加其樓堞”，中華本校勘記疑“砲”字衍。馬宗霍《南史校證》以爲：拋、拍、砲三字皆一聲之轉，故可通用（第1029頁）。

[5]盡誅其戍：大德本、汲古閣本、殿本作“盡誅其戍卒”，《陳書·黄法氍傳》作“盡誅戍卒”，底本脱“卒”字。

[6]合肥望旗降款：《陳書·黄法氍傳》作“進兵合肥，望旗降款”。合肥，大德本、汲古閣本、殿本作“進兵合肥”。

[7]“法氍禁侵掠”至“並放還北”：此或與其信佛與關。《開元釋教録》卷七載《勝天王般若波羅蜜經序》有云：“江州刺史、儀同黄法氍，渴仰大乘，護持正法，以文帝天嘉六年歲次乙酉七月辛巳朔二十三日癸卯，勸請［中印度優禪尼國王子］首那，於州護事略開題序，設載遮大會，四衆雲集五千餘人。”（詳見王素《陳黄法氍墓誌校證》，《文物》1993 年第 11 期）

[8]義陽郡公：據《陳書·黄法氍傳》，食邑二千户。義陽，郡名。寄治今湖北武漢市黄陂區北。

[9]豫州：州名。寄治今安徽壽縣。

[10]壽陽：縣名。治所在今安徽壽縣。

[11]薨：按，據《陳書·黄法氍傳》，薨於陳宣帝太建八年（576）十月，時年五十九歲。按，傳世文獻記黄法氍死後安葬於原籍，如《太平御覽》卷六七池條引《臨川記》謂其墓在“崇仁縣巴山縣”，《太平寰宇記》卷一一〇《江南西道·臨川縣》鹹池條同。然墓誌出土於京師建鄴，與文獻所記不符。或以爲墓誌出土地即江蘇南京市雨花區西善橋鎮磚瓦廠是法氍真正墓地，而故崇仁縣巴山鄉應是其衣冠冢。（詳見王素《陳黄法氍墓誌校證》，《文物》1993 年第 11 期）

淳于量字思明，其先濟北人也，[1]世居建鄴。父文成，仕梁爲將帥，位梁州刺史。[2]量少善自居處，偉姿容，有幹略，便弓馬。梁元帝爲荆州刺史，文成分量人馬，令往事焉。以軍功封廣晋縣男。[3]

[1]濟北：郡名。治蛇丘縣，在今山東肥城市東南。

[2]梁州：州名。治南鄭縣，在今陝西漢中市東。

[3]廣晋縣男：封爵名。廣晋，縣名。治所在今江西鄱陽縣北石門街鎮。縣男，爲開國縣男省稱。南朝梁開國諸男，位視比二千石，班次之。陳置爲九等爵第六等，六品，秩視二千石。據《陳書》卷一一《淳于量傳》，食邑三百户。

侯景之亂，梁元帝凡遣五軍入援臺，量預其一。臺城陷，量還荆州。元帝承制以爲巴州刺史。侯景西上攻巴州，元帝使都督王僧辯入據巴陵，量與僧辯并力拒景，大敗之，禽其將任約。進攻郢州，獲宋子仙。仍隨僧辯平侯景，封謝沐縣侯。[1]尋出爲都督、桂陽刺史。[2]及魏剋荆州，量保桂州。王琳擁割湘、郢，累遣召量，量外雖與琳往來，而别遣使歸陳武帝。武帝受禪，進位鎮西大將軍、開府儀同三司。[3]

[1]謝沐：縣名。治所在今湖南江永縣西南。據《陳書》卷一一《淳于量傳》，謝沐縣侯食邑五百户。

[2]桂陽：郡名。治郴縣，在今湖南郴州市。《陳書·淳于量傳》作“桂州”，中華本據改，可從。桂州，治始安縣，在今廣西桂林市。

[3]鎮西大將軍：官名。梁、陳時鎮西將軍與鎮前、鎮後、鎮左、鎮右、鎮東、鎮南、鎮北將軍合稱八鎮將軍。爲重號將軍。梁二十二班。陳擬二品，比秩中二千石。加“大”爲鎮西大將軍，較鎮西將軍進一階。

天嘉五年，徵爲中撫軍大將軍。[1]量所部將率多戀本土，並欲逃入山谷，不願入朝。文帝使湘州刺史華皎征衡州，[2]且以兵迎量。天康元年，[3]至都，以在道淹留，爲有司奏，免儀同，餘如故。

[1]中撫軍大將軍：官名。亦稱中撫大將軍。梁、陳時中撫將軍與中軍、中衛、中護將軍合稱四中將軍。專授予在京師任職的官員。梁二十三班。陳擬二品，比秩中二千石。加“大”爲中撫大將軍，較中撫將軍進一階。

[2]華皎：晋陵暨陽（今江蘇江陰市）人。仕陳爲湘州刺史、安南將軍，封重安縣侯，深得陳文帝信任。廢帝時權歸安成王陳頊(即陳宣帝)，遂起兵叛亂，與後梁、北周聯軍拒陳，兵敗身死。本書卷六八、《陳書》卷二〇有傳。

[3]天康：南朝陳文帝陳蒨年號（566）。

華皎構逆，以量爲征南大將軍、西討大都督，總率大艦，自郢州樊浦拒之。皎平，并降周將長湖公元定等。[1]以功授侍中、中軍大將軍、開府儀同三司，[2]進封醴陵縣公。[3]未拜，出爲南徐州刺史。

[1]長湖公元定：即元定。字願安，河南洛陽（今河南洛陽市）人。西魏宗室。封長湖郡公。時任左武伯中大夫、大將軍。《周書》卷三四、《北史》卷六九有傳。長湖，郡名。西魏置。故治義安縣，在今湖北襄陽市西南。

[2]中軍大將軍：官名。較中軍將軍進一階。中軍將軍與中衛、中撫、中護將軍合稱四中將軍。梁二十三班。陳擬二品，比秩中二千石。加“大”爲中軍大將軍，較中軍將軍進一階。中軍大將軍與中撫大將軍品、秩相同，但位在其前。

[3]醴陵：縣名。治所在今湖南醴陵市。據《陳書》卷一一《淳于量傳》，醴陵縣公增食邑一千户。

太建元年，進號征北大將軍，給扶。三年，就江陰王蕭季卿買梁陵中樹，[1]季卿坐免，量免侍中。尋復侍中。

[1]江陰王蕭季卿：梁武林侯蕭諮之子。梁敬帝禪位後被封爲江陰王，陳武帝永定二年（558）四月死，季卿嗣爵爲江陰王。江陰，郡名。治江陰縣，在今江蘇江陰市。

吴明徹之北侵也，[1]量讚成其事，又遣第六子岑率所領從軍。淮南剋定，[2]量改封始安郡公。[3]及周獲吴明徹，乃以量爲都督水陸諸軍事、車騎將軍、都督、南兖州刺史。[4]十四年薨，[5]贈司空。

[1]北侵：《陳書》卷一一《淳于量傳》作“西伐”。

[2]淮南：地域名。泛指淮水以南之地，大致爲今江蘇、安徽二省淮河以南、長江以北的地方。

[3]始安郡公：封爵名。始安，郡名。治始安縣，在今廣西桂林市。據《陳書·淳于量傳》，增食邑一千五百户。

[4]車騎將軍：官名。多作爲軍府名號加授大臣、重要州郡長官，無具體職掌。陳擬一品，比秩中二千石。　都督：《陳書·淳于量傳》作“都督南北兖譙三州諸軍事”。

[5]十四年薨：據《陳書·淳于量傳》，時年七十二歲。

章昭達字伯通，吴興武康人也。[1]性倜儻，輕財尚氣。少時遇相者，謂曰："卿容貌甚善，須小虧，則當富貴。"梁大同中，昭達爲東宫直後，[2]因醉墮馬，鬢角小傷，昭達喜之，相者曰："未也。"侯景之亂，昭達率鄉人援臺，爲流矢所中，眇其一目。相者見之，曰："卿相善矣，不久當富貴。"

[1]武康：縣名。治所在今浙江德清縣西。

[2]東宫直後：官名。南朝梁置，爲東宫侍從武官，隸太子左、右衛率。多爲起家官。

臺城陷，昭達還鄉里，與陳文帝游，因結君臣分。侯景平，文帝爲吴興太守，昭達杖策來謁。[1]文帝見之大喜，因委以將帥，恩寵超於儕等。陳武帝謀討王僧辯，令文帝還長城招聚兵衆，[2]以備杜龕，頻使昭達往京口稟承計畫。僧辯誅後，杜龕遣其將杜泰來攻長城，昭達因從文帝進軍吴興以討龕。龕平，又從討張彪於會稽，剋之。累功除定州刺史。時留異擁據東陽，武帝患之，乃使昭達爲長山令，[3]居其心腹。

[1]杖策：策馬而行。

[2]長城：縣名。治所在今浙江長興縣東。爲陳朝龍興之地。

[3]長山：縣名。治所在今浙江金華市。

天嘉元年，追論長城功，封欣樂縣侯。[1]尋隨侯安都拒王琳，昭達乘平虜大艦，[2]中流而進，先鋒發拍，中賊艦。王琳平，昭達策勳第一。

［1］欣樂：縣名。治所在今廣東惠州市惠陽區東北。據《陳書》卷一一《章昭達傳》，欣樂縣侯食邑一千户。

［2］平虜大艦：一種大型戰船。

二年，除都督、郢州刺史。周廸據臨川反，詔昭達便道征之。迪敗走，徵爲護軍將軍，[1]改封邵武縣侯。[2]

［1］護軍將軍：官名。掌守衛京城的宫外禁衛軍，權任頗重。梁十五班。陳三品，秩中二千石。

［2］邵武縣侯：邵武，縣名。治所在今福建邵武市。據《陳書》卷一一《章昭達傳》，邵武縣侯增加食邑並前共二千户。

四年，陳寶應納周迪，[1]共寇臨川，又以昭達爲都督討廸。迪走，昭達乃踰嶺討陳寶應。與戰不利，因據上流爲筏，施拍其上，壞其水棚。又出兵攻其步軍。方大合戰，會文帝遣余孝頃出自海道，適至，因并力乘之，遂定閩中，盡禽留異、寶應。以功授鎮軍將軍、開府儀同三司。[2]

［1］陳寶應：晋安候官（今福建福州市）人。聯合留異、周迪抗陳，兵敗被殺。本書卷八〇、《陳書》卷三五有傳。

［2］鎮軍將軍：《陳書》卷三《世祖紀》及卷一一《章昭達傳》皆作“鎮前將軍”。據南朝四史及《隋書·百官志上》，南朝宋、齊皆有鎮軍將軍，宋三品。齊在四征將軍之上。梁、陳不見此職。故當依《陳書》，改鎮軍將軍爲鎮前將軍。鎮前將軍。官名。南朝梁陳時爲八鎮將軍之一。陳擬二品，比秩中二千石。

初，文帝嘗夢昭達升台鉉，[1]及旦，以夢告之。至是，侍宴酒酣，顧昭達曰："卿憶夢不？[2]何以償夢？"昭達對曰："當效犬馬之用，以盡臣節，自餘無以奉償。"尋出爲都督、江州刺史。

[1]台鉉：猶台鼎。鉉，鼎耳，以代鼎。鼎三足，有三公之象，故以喻宰輔重臣。

[2]不：大德本、汲古閣本同，殿本作"否"。

廢帝即位，改封邵陵郡公。[1]華皎之反，其移文並假以昭達爲辭，又頗遣使招之，[2]昭達盡執其使送都。秩滿，[3]徵爲中撫大將軍。

[1]邵陵：郡名。治邵陵縣，在今湖南邵陽市。

[2]頗：大德本、汲古閣本同，殿本與《陳書》卷一一《章昭達傳》作"頻"。

[3]秩滿：陳時刺史以三年爲任期。

宣帝即位，進號車騎大將軍，[1]以還朝遲留，爲有司所劾，降號車騎將軍。歐陽紇據嶺南反，詔昭達都督衆軍征之。紇聞昭達奄至，乃出頓洭口，[2]聚沙石，盛以竹籠，置於水柵之外，用遏舟艦。昭達居其上流，裝艦造拍，以臨賊柵。又令人銜刀潛行水中，以斫竹籠，籠篾皆解。因縱大艦突之，大敗紇，禽之送都。廣州平，進位司空。

[1]車騎大將軍：官名。多加權臣元老，以示尊崇。陳擬一品，比秩中二千石。

[2]洭口：又名洸口，爲洭水（即洸水）與湟水匯合之處。在今廣東英德市西南。

太建二年，征江陵。[1]時梁明帝與周軍大蓄舟艦於青泥中，[2]昭達分遣偏將錢道戢、程文季乘輕舟焚之。[3]周又於峽口南岸築壘，[4]名安蜀城，[5]於江上横引大索，編葦爲橋，以度軍糧。昭達乃命軍士爲長戟，施樓船上，仰割其索，索斷糧絶，因縱兵攻其城，降之。三年，於軍中病薨，[6]贈大將軍。[7]

[1]江陵：南朝後梁都城，在今湖北荆州市荆州區。

[2]梁明帝：南朝後梁明帝蕭巋。字仁遠，梁宣帝蕭詧之子。《周書》卷四八、《北史》卷九三有附傳。　青泥：一作清泥河，即在今湖北襄陽市西北之清河，東流入漢水。

[3]程文季：字少卿，新安海寧（今安徽休寧縣）人。本書卷六七、《陳書》卷一〇有附傳。

[4]峽口：西陵峽口。《陳書》卷一一《章昭達傳》作“峽下”。

[5]安蜀城：城名。在今湖北宜昌市西陵峽口南岸。

[6]於軍中病薨：據《陳書·章昭達傳》，時年五十四歲。

[7]大將軍：官名。南朝不常授，或以爲贈官。梁十八班。陳一品，秩萬石。

昭達性嚴刻，每奉命出征，必晝夜倍道；然其所剋，必推功將帥。厨膳飲食，並同群下，將士亦以此附之。每飲會，[1]必盛設女伎雜樂，備羌胡之聲，[2]音律姿容，並一時之妙，雖臨敵弗之廢也。四年，配享文帝廟庭。

[1]會：大德本、汲古閣本同，殿本作“食”。

[2]羗：同“羌”。

子大寶，襲邵陵郡公。位豐州刺史，[1]在州貪縱，百姓怨酷，後主以太僕卿李暈代之，[2]乃襲殺暈而反。尋被禽，梟首朱雀航，[3]夷三族。

[1]豐州：州名。治東候官縣，在今福建福州市。

[2]後主：南朝陳後主陳叔寶。本書卷一〇、《陳書》卷六有紀。　太僕卿：官名。本爲太僕之尊稱，南朝梁武帝天監七年（508）官班改革，建置十二卿，改太僕爲太僕卿，遂爲正式官名。總管南馬牧、左右牧、龍厩、内外厩等國家養馬機構，不掌車輿。梁十班。陳三品，秩中二千石。

[3]朱雀航：浮橋名。即朱雀橋，又稱大航。在東晋、南朝建康城南淮水（今秦淮河）上，與城南朱雀門相對，故名。故址在今江蘇南京市秦淮區鎮淮橋附近，是建康城南最重要的橋梁。始建於東晋成帝咸康二年（336）。《建康實録》卷七記載：“冬十月，更作朱雀門，新立朱雀浮航。航在縣城東南四里，對朱雀門，南度淮水，亦名朱雀橋。”注引《地志》：“本吴南津大吴橋也。王敦作亂，温嶠燒絶之，遂權以浮航往來。至是，始議用杜預河橋法作之。長九十步，廣六丈，冬夏隨水高下也。”

吴明徹字通炤，[1]秦郡人也。父樹，梁右軍將軍。[2]明徹幼孤，性至孝。年十四，感墳塋未脩，家貧無以取給，乃勤力耕種。時天下亢旱，苗稼焦枯，明徹哀憤，每之田中號哭，仰天自訴。居數日，有自田還者，云苗已更生，明徹疑其紿己，及往，如言。秋而大穫，足充葬用。時有伊氏者善占墓，[3]謂其兄曰："君葬日，必有乘白馬逐鹿者經墳，此是最小孝子大貴之徵。"至時果有應。明徹即樹之小子也。

[1]通炤：《陳書》卷九《吴明徹傳》作"通昭"。

[2]右軍將軍：官名。與前軍、後軍、左軍將軍合稱四軍將軍。掌宫禁宿衛。梁九班。陳五品，秩千石。

[3]占墓：占墓之術，相傳始於漢末郭璞。六朝時盛行不衰（參見趙翼《廿二史劄記》卷八《相墓》）。《隋書·經籍志三》著録《五姓墓圖》一卷，並云："梁有《冢書》《黄帝葬山圖》各四卷，《五音相墓書》五卷，《五音圖墓書》九十一卷，《五姓圖山龍》及《科墓葬不傳》各一卷，《雜相墓書》四十五卷，亡。"皆屬占墓方伎之書。

及侯景寇都，明徹有粟麥三千餘斛，而鄰里飢餧，乃白諸兄曰："今人不圖久，奈何不與鄉里共此？"於是計口平分，同其豐儉，群盜聞而避焉，賴以存者甚衆。

陳武帝鎮京口，深相要結，明徹乃詣武帝，帝爲之降堦，[1]執手即席。明徹亦微涉書史經傳，就汝南周弘正學天文、孤虚、遁甲，略通其術，[2]頗以英雄自許，武帝亦深奇之。及受禪，授安南將軍，與侯安都、周文育將兵討王琳。及衆軍敗没，明徹自拔還都。

［1］降堦：謂走下臺階迎接，以示殊尊。堦，《陳書》卷九《吴明徹傳》作“階”。

［2］汝南：郡名。治上蔡縣，在今河南上蔡縣西南。　周弘正：字思行，汝南安成（今河南汝南縣，《陳書》作“汝南安城”）人。陳時任尚書右僕射、祭酒。著《周易講疏》《論語疏》等，並行於世。本書卷三四有附傳，《陳書》卷二四有傳。　孤虚：方術名。通過計日、時干支推算吉凶禍福。古代常以此術預測軍事成敗。　遁甲：方術名。《後漢書》卷八二《方術傳上》李賢注曰：“遁甲，推六甲之陰而隱遁也。”其法以十干的乙、丙、丁爲三奇，以戊、己、庚、辛、壬、癸爲六儀。三奇六儀，分置九宫，而以甲統之，視其加臨吉凶，以爲趨避，故稱“遁甲”。此術起於《易緯乾鑿度》太乙行九宫法，南北朝時頗爲盛行。按，《隋書·經籍志》中録有大量孤虚、遁甲之類書籍，可參。

文帝即位，以本官加右衛將軍。[1]及周迪反，詔以明徹爲江州刺史，領豫章太守，總衆軍以討迪。明徹雅性剛直，統内不甚和，文帝聞之，遣安成王頊代明徹，[2]令以本號還朝。天嘉五年，遷吴興太守。及引辭之郡，帝謂曰：“吴興雖郡，帝鄉之重，[3]故以相授。”

［1］右衛將軍：官名。禁衛軍統帥之一。與左衛將軍合稱二衛將軍，掌宫廷宿衛營兵，多由近臣擔任。陳三品，秩二千石。

［2］安成王頊：即陳宣帝陳頊。時爲安成郡王。安成，郡名。治平都縣，在今江西安福縣東南。

［3］吴興雖郡，帝鄉之重：陳朝皇室出自吴興郡長城縣，故稱帝鄉。陳制，吴興郡太守與寧、桂、交等州刺史同爲第五品。

廢帝即位，授領軍將軍，[1]尋遷丹楊尹，仍詔以甲仗四十人出入殿省。[2]到仲舉之矯令出宣帝也，[3]毛喜知其詐，[4]宣帝懼，遣喜與明徹籌焉。明徹曰："嗣君諒闇，[5]萬機多闕，殿下親實周、召，[6]德冠伊、霍，[7]願留中深計，慎勿致疑。"及湘州刺史華皎陰有異志，詔授明徹都督、湘州刺史，仍與征南大將軍淳于量等討皎。皎平，授開府儀同三司，進爵爲公。[8]

[1]領軍將軍：官名。南朝禁衛軍將領，與護軍並爲中軍統帥，合稱"領護"。總領駐扎在建康臺城之内的中軍諸部（即内軍，又稱臺軍），宿衛宫闕。職位顯要，梁時有"領軍管天下兵要""總一六軍，非才勿授"（《梁書》卷四二《臧盾傳》）之説。資輕者稱中領軍，資重者稱領軍將軍。陳三品，秩中二千石。按，南朝宿衛京師諸軍總稱中軍，分爲六軍，首領分别是領軍、護軍、左衛、右衛、驍騎、游擊六將軍。此外還有左軍、右軍、前軍、後軍四將軍，虎賁中郎將、冗從僕射、羽林監三將，屯騎、步兵（梁時改爲步騎）、越騎、長水、射聲五校尉，積射、强弩二將軍等所統軍隊。梁武帝曾改驍騎雲騎，游擊爲游騎，另設左、右驍騎將軍，左、右游擊將軍，位在雲騎、游騎將軍之上，也屬中軍系統。另有稱作禁防、左右御刀、左右夾轂等的近侍，分别由閹人和特别募選的武吏組成。中軍中的左、右二衛宿衛宫闕，其餘諸軍宿衛京師（參見汪奎《南朝中外軍研究》，博士學位論文，華東師範大學，2008年，第20頁）。

[2]甲仗：亦作"甲杖"，指披甲執兵的衛士。

[3]到仲舉：字德言，彭城武原（今江蘇邳州市）人。時任侍中、尚書僕射。本書卷二五有附傳，《陳書》卷二〇有傳。

[4]毛喜：字伯武，滎陽陽武（今河南原陽縣）人。時任驃騎將軍府諮議參軍，領中記室，爲陳頊心腹。本書卷六八、《陳書》

卷二九有傳。

[5]諒闇：喪葬禮制術語。帝王崩，諸侯群臣皆居喪三年，嗣王不親政，謂之諒闇。

[6]親實周、召：周即周公姬旦，召即召公姬奭，皆爲周武王弟。武王死，成王年幼，二人受命輔政，穩定了西周政局。親實周、召，意謂從血緣關係來説，高宗陳頊是廢帝陳伯宗的叔父，就像周公、召公是成王的叔父那樣，有資格居中輔政。

[7]德冠伊、霍：伊即伊尹，商代名臣。輔佐成湯滅夏立商，綜理國事。商王太甲即位，荒亂暴虐，不理國政，被伊尹放逐。三年之後，太甲悔改，伊尹遂接歸復位。霍即霍光，字子孟，河東平陽（今山西臨汾市）人，西漢中期名臣。受漢武帝遺詔，以大司馬大將軍輔佐年幼的漢昭帝，翦除桑弘羊、上官桀等政敵，獨攬朝政大權，穩定了時局。昭帝死，徵召昌邑王劉賀即位，又因劉賀昏亂，果斷廢黜，另立漢宣帝劉病已。前後執政二十餘年，爲“昭宣中興”局面的形成做出了重要貢獻。

[8]進爵爲公：陳武帝受禪之前，吴明徹已受封爲安吴縣侯。此次進爵，當進爲安吴縣公。

太建五年，朝議北征，公卿互有異同，明徹決策請行。詔加侍中、都督征討諸軍事，[1]總衆軍十餘萬發都，緣江城鎮相續降款。軍至秦郡，齊大將軍尉破胡將兵爲援，[2]破走之，秦郡降。宣帝以秦郡明徹舊邑，詔具大牢，[3]令拜祠上冢，文武羽儀甚盛，[4]鄉里榮之。進剋仁州。[5]授征北大將軍，進封南平郡公。[6]進逼壽陽，齊遣王琳拒守，明徹乘夜攻之，中宵而潰。齊兵退據相國城及金城。[7]明徹令軍中益脩攻具，又遏肥水灌城，[8]城中苦濕，多腹疾，手足皆腫，死者十六七。會齊遣大將皮景和率兵數十萬來援，[9]去壽春三十里，[10]頓軍不進。諸將咸曰："計將安出？"明徹曰："兵貴在速，而彼結營不進，自挫其鋒，吾知其不敢戰明矣。"於是躬擐甲胄，四面疾攻，城中震恐，一鼓而禽王琳等，送建鄴。景和懼而遁走。詔以爲車騎大將軍、豫州刺史，增封并前三千五百户。遣謁者蕭淳就壽陽授策，[11]明徹於城南設壇，士卒二十萬，陳旗鼓戈甲，登壇拜受，成禮而退。

[1]都督征討諸軍事：官名。出現大規模叛亂、外寇入侵、對外征戰等情形時，被臨時任命的軍事指揮官〔參見［日］小尾孟夫《陳代的征討都督》，《東南文化》1998年增刊2〕。

[2]尉破胡：北齊將領。曾任開府儀同三司。《北齊書》卷三二《王琳傳》："會陳將吴明徹來寇，帝敕領軍將軍尉破胡等出援秦州"，知尉破胡時任領軍將軍。

[3]大牢：大德本同，汲古閣本、殿本"大"作"太"。

[4]文武羽儀：皆爲儀仗陳設。文武，指鼓、鐃兩種樂器。羽儀，指用羽毛裝飾的旌旗等物。

[5]仁州：州名。南朝梁置。治赤坎城，在今安徽固鎮縣東南。梁末爲東魏所據，陳宣帝太建五年（573）北伐收回，太建十一年復失。

[6]南平郡公：封爵名。南平，郡名。治孱陵縣，在今湖北公安縣西南。《陳書》卷九《吴明徹傳》記載，食邑並前增至二千五百户。

[7]相國城：南朝宋武帝劉裕伐長安後歸來所建，在壽陽（今安徽壽縣）城中。　金城：壽陽城之中城（即牙城），在相國城西北。時人稱中城爲金城。

[8]肥水：河名。在今安徽中部。

[9]皮景和：琅邪下邳（今江蘇睢寧縣古邳鎮東）人。《北齊

書》卷四一、《北史》卷五三有傳。

[10]壽春：即壽陽（今安徽壽縣）。

[11]謁者：官名。謁者臺屬官。掌導引賓客，奉命宣慰等。陳七品，秩千石。　蕭淳：《陳書·吴明徹傳》作“蕭淳風”。

六年，自壽陽入朝。輿駕幸其第，賜鍾磬一部。七年，進攻彭城，[1]軍至吕梁，[2]又大破齊軍。八年，進位司空，給大都督鈇鉞、龍麾。[3]尋授都督、南兖州刺史。[4]

[1]彭城：郡名。治彭城縣，在今江蘇徐州市。

[2]吕梁：地名。在今江蘇徐州市銅山區東南。

[3]鈇（fū）鉞：本指斫刀與大斧，是執行腰斬、砍頭之刑的刑具。此謂“九錫”之一的斧鉞，象徵着誅殺之權。

[4]南兖州：州名。東晋僑立兖州，宋時改爲南兖州，初治京口，在今江蘇鎮江市。宋文帝元嘉八年（431）移治廣陵縣，在今江蘇揚州市西北蜀岡上。本屬南朝梁，侯景敗後，其部將南兖州刺史郭元建投降北齊，北齊置東廣州，亦治廣陵。陳宣帝太建五年（573），陳軍北伐，取江北之地，復以廣陵爲南兖州治所。太建十一年，陳軍敗北，淮南江北之州盡没入周。北周以廣陵置東廣州。

及周滅齊，宣帝將事徐、兖。九年，詔明徹北侵，[1]令其世子慧覺攝行州事。軍至吕梁，周徐州總管梁士彦率衆拒戰。[2]明徹頻破之，仍迮清水以灌其城，[3]攻之甚急，環列舟艦於城下。周遣上大將軍王軌救之。[4]軌輕行，自清水入灌口，[5]横流豎木，以鐵鎖貫車輪，遏斷船路。諸將聞之甚恐，議欲破堰拔軍，以舫載馬。[6]馬明戍裴子烈曰：[7]“君若决堰下船，船必傾倒，豈可得乎？不如前遣馬出。”適會明徹苦背疾甚篤，知事不濟，遂從之。乃遣蕭摩訶帥馬軍數千前還，明徹仍自决其堰，乘水力以退軍。及至清口，水力微，舟艦並不得度，衆軍皆潰。明徹窮蹙，乃就執。周封懷德郡公，[8]位大將軍。[9]以憂遘疾，卒於長安，[10]後故吏盜其柩歸。至德元年，[11]詔追封邵陵侯，[12]以其息慧覺嗣。[13]

[1]北侵：《陳書》卷九《吴明徹傳》作“北伐”。

[2]總管：官名。北周明帝武成元年（559）改“都督諸州軍事”爲總管，轄一州或數州，加使持節，總理軍區軍政民政。　梁士彦：字相如，安定烏氏（今寧夏固原市）人。《周書》卷三一、《北史》卷七三有傳。

[3]迮（zé）：本意爲壓迫，引申爲阻遏（參見周一良《魏晋南北朝史札記·南史札記》“迮”條，第478頁）。　清水：一作“清泗”，泗水别名。古泗水源出今山東泗水縣東蒙山南麓，四源並發，故名泗水。東南流入淮水。

[4]上大將軍：官名。北周武帝建德四年（575）置，位大將軍上。正九命。　王軌：小名沙門，太原祁（今山西祁縣）人。仕北周爲上開府儀同大將軍，封上黄縣公。攻滅北齊有功，進位上大將軍，封郯國公。以行軍總管出拒吴明徹陳軍，取得吕梁大捷，進位柱國。爲人忠正，直言無諱，後爲周宣帝所誅。《周書》卷四〇、《北史》卷六二有傳。

[5]灌口：《陳書·吴明徹傳》作“淮口”。《資治通鑑》卷一七三《陳紀七》太建十年亦作“淮口”，胡三省注曰：“淮口，清水入淮之口，即清口也。”中華本據改，可從。淮口，古泗水入淮之

處，又名泗口、清河口。在今江蘇淮安市清江浦區西南。

［6］舫：將多艘小船並排聯成的大船。

［7］馬明戍：《陳書·吴明徹傳》作“馬主”。《資治通鑑》卷一七三《陳書》太建十年亦作“馬主”。馬主，或即軍中統管戰馬或騎兵的將領。

［8］懷德郡公：封爵名。北周定郡公食邑自一千户至八百户不等。

［9］大將軍：官名。北周武帝建德四年置勳官十一等，大將軍居第四等，正九命。

［10］卒於長安：據《陳書·吴明徹傳》，卒時年六十七歲。

［11］至德：南朝陳後主陳叔寶年號（583—586）。

［12］詔追封邵陵侯：邵陵侯，《陳書·吴明徹傳》作“邵陵縣開國侯”，食邑一千户。邵陵，縣名。治所在今湖南邵陽市。《陳書·吴明徹傳》詳載詔文，可參。

［13］慧覺：吴慧覺。吴明徹之子。仕陳任黄門侍郎、建安内史、豐州刺史，嗣父爵爲邵陵縣侯。

裴子烈字大士，河東聞喜人。[1]梁員外散騎常侍猗之子。[2]少孤，有志氣，以驍勇聞。位北譙太守、岳陽内史，[3]封海安伯。[4]

［1］河東聞喜人：此言其祖籍。河東，郡名。治安邑縣，在今山西夏縣西北。聞喜，縣名。治所在今山西聞喜縣。

［2］員外散騎常侍：官名。初爲正員之外添差之散騎常侍，後轉爲定員官，與散騎常侍、散騎侍郎、通直散騎常侍、通直散騎侍郎、員外散騎侍郎合稱六散騎。南朝梁、陳隸集書省，掌侍奉規諫，備顧問應對，實爲閑職，用以安置閑退官員、衰老之士，多授宗室、公族子弟。梁十班。陳四品，秩二千石。

[3]北譙：郡名。治北譙縣，在今安徽全椒縣北。　岳陽：郡名。治岳陽縣，在今湖南汨羅市長樂鎮。

[4]海安伯：即海安縣伯，食邑三百户。海安，縣名。治所在今江蘇連雲港市。

論曰：古人云："知臣莫若君。"[1]《書》曰："知人則哲。"[2]觀夫陳武論將，而周、侯遇禍，[3]有以知斯言之非妄矣。若不然者，亦何以驅駕雄傑而創基撥亂者乎？故瑱、頠並自奔囚，翻同有亂；軞、量望風景附，自等誠臣，良有以也。昭達勤王之略，遠符耿弇；[4]行己之方，頗同吴漢；[5]既眇而貴，亦黥而王，[6]吉凶之筭，豈人事也。明徹屬運否之期，當閫土之任，[7]才非韓、白，[8]識暗孫、吴，[9]知進而不知止，知得而不知喪，犯斯不韙，師亡國蹙，宜矣哉。

[1]知臣莫若君：語出《管子・大匡》："鮑叔曰：'先人有言：知子莫若父，知臣莫若君。'"

[2]知人則哲：語出《尚書・皋陶謨》："禹曰：'吁，咸若時，惟帝其難之。知人則哲，能官人；安民則惠，黎民懷之。'"

[3]陳武論將，而周、侯遇禍：陳武帝以"周侯交不擇人，而推心過差，居危履險，猜防不設"點評周文育，文育果因無防範之心而爲熊曇朗所害。以"侯郎傲誕而無厭，輕佻而肆志"評價侯安都，安都終以驕横放肆而遭陳文帝忌殺。

[4]耿弇：字伯昭，扶風茂陵（今陝西興平市）人。東漢開國功臣。拜建威大將軍，封好時侯。《後漢書》卷一九有傳。

[5]吴漢：字子顔，南陽宛（今河南南陽市）人。東漢開國功臣。拜大司馬，封廣平侯。《後漢書》卷一八有傳。

［6］亦黥而王：典出《史記》卷九一《黥布列傳》。英布本爲布衣，年少時有人給他看相，説“當刑而王”。長大以后果然犯法，被施以黥刑。後來參與反秦戰争有功，被封爲淮南王。

［7］闢土：開疆拓土。

［8］韓、白：韓指韓信，漢初名將，創造了擊魏破代、下燕取齊等經典戰例，輔佐漢高祖劉邦擊敗項羽，建立西漢政權。《史記》卷九二、《漢書》卷三四有傳。白指白起，戰國末秦國名將，曾在伊闕之戰中大破魏韓聯軍，在伐楚之戰中攻陷楚都郢城，在長平之戰中消滅趙國主力，爲秦國掃平東方、統一天下立下大功。《史記》卷七三有傳。

［9］孫、吴：孫指孫武及孫臏。孫武，春秋後期軍事家，善計謀，曾輔佐吴王闔閭攻入楚都郢城，重創楚國，爲吴國稱霸立下大功。著有《孫子兵法》。其後裔孫臏亦長兵法，戰國時曾爲齊威王軍師，屢敗魏國。著有《孫臏兵法》。吴指吴起，戰國初軍事家、政治家，曾輔佐魏文侯在陰晋之戰中大敗秦軍，又曾在楚國厲行改革。著有《吴起》四十八篇，今僅有《吴子兵法》六篇傳世。孫武、吴起傳並見《史記》卷六五。《抱朴子内篇·辨問》有“孫吴韓白，用兵之聖也”，“才非韓、白，識暗孫、吴”，或典出於此。

南史　卷六七

列傳第五十七

胡穎　徐度 子敬成　杜稜　周鐵武[1]　程靈洗 子文季
沈恪　陸子隆　錢道戢　駱文牙　孫瑒　徐世譜
周敷　荀朗　周炅　魯悉達 弟廣[2]　蕭摩訶 子世廉
任忠　樊毅 弟猛

[1]周鐵武：即周鐵虎。唐避唐高祖祖父李虎諱，改“虎”爲“武”。武，殿本作“虎”。

[2]廣：大德本、汲古閣本、殿本作“廣達”，底本脱“達”字。

胡穎字方秀，吴興人也。[1]偉姿容，性寬厚。梁末，陳武帝在廣州，[2]穎深自結託。從克元景仲，[3]平蔡路養、李遷仕，[4]皆有功。武帝進軍頓西昌，[5]以穎爲巴丘令，[6]鎮大皋，[7]督糧運。下至豫章，[8]以穎監豫章郡。武帝率衆與王僧辯會白茅灣，[9]同討侯景，[10]以穎知留府事。[11]

［1］吴興：郡名。治烏程縣，在今浙江湖州市。按，《陳書》卷一二《胡穎傳》作“吴興東遷”。東遷，縣名。治所在今浙江湖州市東。

［2］陳武帝：陳霸先。南朝陳開國皇帝。時任梁西江督護、高要郡太守。本書卷九，《陳書》卷一、卷二有紀。　廣州：州名。治番禺縣，在今廣東廣州市。

［3］元景仲：本北魏宗室支屬，梁武帝普通（520—527）中隨父兄降梁，封枝江縣公，歷任右衛將軍、廣州刺史等職。後起兵響應侯景之亂，兵敗自殺。《梁書》卷三九有附傳。

［4］蔡路養：南康（今江西贛州市）人。乘侯景之亂，據南康與義軍對抗，爲陳霸先所敗。　李遷仕：梁高州刺史。簡文帝大寶元年（550）起兵叛梁，被陳霸先擒殺。按，李遷仕暗圖陳霸先之事，《黄法氍墓誌》記爲“前高州刺史李遷仕援臺，□□，退營大皋邑，有異志”（參見王素《陳黄法氍墓誌校證》，《文物》1993年第11期，收入氏著《漢唐歷史與出土文獻》，故宫出版社2011年版，第413—420頁）。

［5］西昌：縣名。治所在今江西泰和縣西。

［6］巴丘：縣名。亦作巴邱。治所在今江西峽江縣。

［7］大皋：城邑名。又稱大皋城、大皋邑、大皋口。在今江西吉水縣東北贛江渡口。《太平寰宇記》卷一〇九《江南西道七·太和縣》：“大皋城，在縣北八十三里，臨贛水。”

［8］豫章：郡名。治南昌縣，在今江西南昌市。

［9］王僧辯：字君才，太原祁（今山西祁縣）人。初爲北魏將領，梁初隨父南渡，任湘東王蕭繹府中司馬等職。後與陳霸先收復建康。蕭繹即位後，爲太尉。梁元帝被殺，僧辯又立北齊扶持的蕭淵明爲帝，終爲陳霸先所襲殺。本書卷六三有附傳，《梁書》卷四五有傳。　白茅灣：地名。在今江西九江市東北，東近桑落洲。《梁書》卷四五《王僧辯傳》作“白茅洲”。

［10］侯景：字萬景。原爲東魏大將，後叛至南朝梁，於梁武帝

太清二年（548）在壽陽發動叛亂，次年攻克都城建康，擅行廢立，禍亂朝野，史稱“侯景之亂”。本書卷八〇、《梁書》卷五六有傳。

[11]知留府事：府主出征，臨時置員負責留守府諸事，稱知留府事。

梁承聖初，[1]元帝授穎羅州刺史，[2]封漢陽縣侯。[3]尋除豫章内史，[4]隨武帝鎮京口。[5]齊遣郭元建出東關，[6]武帝令穎率府内驍勇，隨侯瑱於東關大破之。[7]後從武帝襲王僧辯，又隨周文育於吴興討杜龕。[8]武帝受禪，兼左衛將軍。[9]

[1]承聖：南朝梁元帝蕭繹年號（552—555）。

[2]元帝：南朝梁元帝蕭繹。字世誠，小字七符，梁武帝蕭衍第七子。初封湘東郡王，後爲荆州刺史，出鎮江陵。簡文帝大寶三年（552）於江陵即位，年號承聖。元帝承聖三年，西魏圍攻江陵，城陷身死。廟號世祖。本書卷八、《梁書》卷五有紀。　羅州：州名。治石龍縣，在今廣東化州市。

[3]漢陽縣侯：封爵名。漢陽，縣名。治所在今貴州威寧彝族回族苗族自治縣東。縣侯，爵名。爲開國縣侯之省稱。南朝梁時位視孤卿、重號將軍、光禄大夫，班次之。陳置爲九等爵第三等，三品。

[4]内史：官名。王國行政長官，掌民政，職如郡太守。南朝宋爲五品。梁時品秩不詳。陳制，萬户以上郡國之内史，六品，秩二千石；不滿萬户，七品，秩二千石。

[5]京口：又稱京城、京，爲南徐州鎮所，在今江蘇鎮江市。南朝時爲交通要衝、軍事重鎮。《隋書·地理志下》：“京口東通吴、會，南接江、湖，西連都邑，亦一都會也。”

[6]郭元建：本南朝梁官員，初降侯景，侯景敗後又降北齊。

事見《梁書》卷五六《侯景傳》。　出東關：《陳書》卷一二《胡穎傳》作“出關”，卷九《侯瑱傳》載“承聖二年，齊遣郭元建出自濡須”。東關，即東關壘，在今安徽含山縣西南東關鎮西北。古濡須水源出巢湖，南入長江，三國時孫權在濡須河口築城塢以拒曹魏，北控巢湖，南扼長江，爲江淮間軍事重地。

[7]侯瑱：字伯玉，巴西充國（今四川閬中市）人。時任南豫州刺史，受王僧辯之命抵禦北齊入侵。本書卷六六、《陳書》卷九有傳。

[8]周文育：字景德，義興陽羡（今江蘇宜興市）人。侯景之亂，隨入援救都。後又跟從陳霸先討伐王僧辯餘黨，以功遷江州刺史。陳武帝永定三年（559），南討王琳，兵敗，爲叛將所殺。本書卷六六、《陳書》卷八有傳。　杜龕（kān）：京兆杜陵（今陝西西安市長安區）人。王僧辯之女婿。仕梁爲吴興太守。聞王僧辯被殺，舉兵反，後爲陳霸先所殺。本書卷六四、《梁書》卷四六有附傳。

[9]左衛將軍：官名。禁衛軍六軍之一，與右衛將軍合稱二衛將軍，掌宫廷宿衛營兵，權任頗重，多由皇室親信之人擔任。陳三品，秩二千石。按，據《陳書·胡穎傳》，胡穎此前職務爲持節、散騎常侍、仁威將軍、兼丹陽尹。本書不記本職而於此處徑言“兼左衛將軍”，屬删節致疑。

天嘉元年，[1]除散騎常侍，[2]吴興太守。卒官，[3]謚曰壯。二年，配享武帝廟庭。子六同嗣。

[1]天嘉：南朝陳文帝陳蒨年號（560—566）。

[2]散騎常侍：官名。集書省長官。職掌侍從皇帝左右，應對顧問，獻納得失。與散騎侍郎、通直散騎常侍、通直散騎侍郎、員外散騎常侍、員外散騎侍郎合稱六散騎，實爲閑職，用以安置閑退

官員、衰老之士，多授宗室、公族子弟。梁十二班。陳三品，秩中二千石。

[3]卒官：據《陳書》卷一二《胡穎傳》，胡穎卒時年五十四歲。

徐度字孝節，安陸人也。[1]少倜儻，不拘小節。及長，姿貌瓌偉，[2]嗜酒好博，恒使僮僕屠酤爲事。

[1]安陸：郡名。治安陸縣，在今湖北安陸市。

[2]瓌偉：瓌，同“瑰”。

初從梁始興内史蕭介征諸山洞，[1]以驍勇聞。陳武帝在交阯，[2]乃委質焉。[3]侯景之亂，武帝克廣州，平蔡路養，破李遷仕，計畫多出於度。侯景平後，追録前後戰功，封廣德縣侯。[4]

[1]始興：郡名。治曲江縣，在今廣東韶關市南武水西岸。　蕭介：字茂鏡。南朝齊、梁官吏。本書卷一八有附傳，《梁書》卷四一有傳。　山洞：此爲南方少數民族的泛稱。洞，又作“峒”，是中古時期南方少數民族的社會組織形式，意爲以河流、山嶺爲界限的峒場。

[2]在交阯：《陳書》卷一二《徐度傳》作“征交阯”，中華本據改“在”爲“征”，可從。交阯，郡名。治龍編縣，在今越南北寧省仙游縣東。按，陳霸先南征交阯，時在梁武帝太清元年(547)。

[3]委質：本意爲向君主獻禮，表示獻身。引申爲臣服、歸附。

[4]廣德縣侯：封爵名。廣德，縣名。治所在今安徽廣德市西

南。據《陳書·徐度傳》，廣德縣侯食邑五百户。

武帝鎮朱方，[1]除蘭陵太守。[2]武帝追衡陽獻王往荆州，[3]度率所領從焉。江陵覆亡，[4]間行東歸。

[1]朱方：京口的别稱。其地春秋時期爲吴國之朱方邑，故南朝時或稱京口爲朱方。

[2]蘭陵：郡名。僑寄蘭陵縣，在今江蘇常州市武進區西北。

[3]追衡陽獻王：大德本、汲古閣本、殿本作“遣衡陽獻王”。《陳書》卷五《宣帝紀》云：“高祖平侯景，鎮京口，梁元帝徵高祖子姪入侍。高祖遣高宗赴江陵。”據此，當以“遣”爲是，底本誤。衡陽獻王，即陳昌。字敬業，陳霸先第六子。本書卷六五、《陳書》卷一四有傳。　荆州：州名。治江陵縣，在今湖北荆州市荆州區。

[4]江陵：荆州刺史治所。承聖元年（552），梁元帝蕭繹在此登基，江陵遂爲國都。承聖三年，岳陽王蕭詧聯合西魏攻破江陵，殺梁元帝，建立後梁。

武帝東討杜龕，奉敬帝幸京口，[1]以度領宿衛，并知留府事。徐嗣徽、任約等來寇，[2]武帝與敬帝還都，時賊已據石頭，[3]使度頓軍於冶城寺。[4]明年，嗣徽等又引齊寇濟江，度隨衆軍破之於北郊壇。[5]以功除郢州刺史，[6]兼領吴興太守。[7]

[1]敬帝：南朝梁敬帝蕭方智。字慧相，小字法真，梁元帝第九子。元帝承聖元年（552）封晋安王，梁元帝死，被陳霸先擁立爲梁王、太宰，主持朝堂政務。承聖四年正式登基，改年號爲紹

泰。太平二年（557）被迫禪位於陳，降爲江陰王，次年被殺。本書卷八、《梁書》卷六有紀。

［2］徐嗣徽：高平（今山東巨野縣）人。侯景之亂，歸梁元帝，歷羅州刺史、秦州刺史等職。後挾北齊軍攻陳霸先，兵敗被殺。本書卷六三有附傳。　任約：侯景部將。兵敗降梁，任晉安王司馬、征南將軍、南豫州刺史、征南大將軍。後起兵反擊陳霸先，兵敗後投歸北齊。

［3］石頭：石頭城。又名石首城，簡稱石城。在臺城之西，依石頭山（今江蘇南京市西清涼山）而建，負山面江，形勢險固，六朝爲軍事交通要地。南朝宋山謙之《丹陽記》云："石頭城，吴時悉土塢。義熙初始加磚累甓，因山以爲城，因江以爲池。地形險固，尤有奇勢。亦謂之石首城。"宋人張敦頤《六朝事迹編類》卷二："吴孫權沿淮立柵，又於江岸必争之地築城，名曰石頭。"

［4］冶城寺：寺名。當位於建康城西南之冶山，今江蘇南京市朝天宫一帶。

［5］北郊壇：禮制建築，爲天子祭地之所。南朝建康北郊壇始建於東晋成帝咸和八年（333），最初位於覆舟山南麓，其後屢遷，至宋武帝大明三年（459）移至鍾山北原道西（大致位於今江蘇南京市太平門外鎖金村至新莊附近），與南郊壇（今江蘇南京牛首山下）遥相對應（參見張學鋒《南朝建康的都城空間與葬地》，《中華文史論叢》2019年第3期）。

［6］郢州：州名。治夏口城，在今湖北武漢市武昌區。

［7］領：官制術語。指在本官之外以高官攝卑職。南朝梁、陳之間，常見以刺史資領郡守、縣令者。錢大昕《廿二史考異》卷二七云："梁、陳之間，往往有以刺史資領郡守、縣令者。程靈洗以譙州刺史資領新安太守，徐世譜以衡州刺史資領河東太守，陳詳以青州刺史資領廣梁太守，熊曇朗以桂州刺史資領豐城縣令，黄法氍以交州刺史領新淦縣令，錢道戢以東徐州刺史領錢塘、餘杭二縣令，章昭達先除定州刺史，而後爲長山縣令，亦是以刺史資領縣令也。"

卷三七又云："梁末增置之州多，而刺史資亦輕，又遥授，非實土，故有以刺史資而領郡者。程靈洗以譙州刺史資領新安太守，徐世譜以衡州刺史資領河東太守是也。法氍以刺史資領縣令，又異數矣。"

文帝即位，[1]累遷侍中、中撫將軍、開府儀同三司，[2]進爵爲公。[3]天嘉元年，以平王琳功，[4]改封湘東郡公。[5]及太尉侯瑱薨于湘州，[6]以度代瑱爲都督、湘州刺史。秩滿，[7]復爲侍中、中軍大將軍。[8]文帝崩，度顧命，[9]許以甲仗五十人入殿省。[10]

[1]文帝：南朝陳文帝陳蒨。字子華，陳武帝兄始興昭烈王陳道談長子。南朝陳第二任皇帝，廟號世祖。本書卷九、《陳書》卷三有紀。

[2]侍中：官名。南朝梁、陳時爲門下省長官。職掌奏事，侍奉皇帝左右，應對顧問等，爲中樞要職。陳三品，秩中二千石。　中撫將軍：官名。南朝梁置，爲武職二十四班之第二十三班，屬重號將軍。陳時與中軍、中衛、中護將軍合稱四中將軍。擬二品，比秩中二千石。資深者加"大"爲中撫大將軍，位進一階。　開府儀同三司：官名。大臣加號，意謂與三司（太尉、司徒、司空）禮制、待遇相同，許開設府署，自辟僚屬。陳一品，秩萬石。

[3]進爵爲公：由廣德縣侯進爲廣德郡公。

[4]王琳：字子珩，會稽山陰（今浙江紹興市）人。梁元帝蕭繹心腹將領。江陵陷落後，擁立梁元帝之孫蕭莊，依附北齊，盤踞於湘、郢諸州，對抗陳朝。陳文帝天嘉元年（560）在蕪湖之役慘敗，逃奔北齊。本書卷六四、《北齊書》卷三二有傳。

[5]湘東郡公：封爵名。湘東，郡名。治臨烝縣，在今湖南衡陽市。郡公，爲開國郡公省稱。南朝陳置爲九等爵第二等，二品，秩視中二千石。據《陳書》卷一二《徐度傳》，湘東郡公食邑四

千户。

［6］太尉：官名。位三公之首，爲名譽宰相，多爲大臣加官，無實際職掌。陳一品，秩萬石。

［7］秩滿：陳時刺史以三年爲任期，是爲“小滿”。

［8］中軍大將軍：官名。中軍將軍與中衛、中撫、中權合稱四中將軍，地位顯要。陳擬二品，比秩中二千石。中軍將軍加“大”者，進位一階。

［9］度顧命：大德本、汲古閣本、殿本及《陳書·徐度傳》皆作“度預顧命”，底本當脱“預”字。

［10］甲仗：亦作“甲杖”，指披甲執兵的衛士。

廢帝即位，[1]進位司空。[2]薨，[3]贈太尉，謚曰忠肅。太建四年，[4]配享武帝廟庭。子敬成嗣。

［1］廢帝：南朝陳廢帝陳伯宗。字奉業，小字藥王，陳文帝嫡長子。性仁弱，文帝死後即位，光大二年（568）被廢爲臨海郡王。本書卷九、《陳書》卷四有紀。

［2］司空：官名。三公之一。魏晋南北朝時爲名譽宰相，多爲大臣加官，無實際執掌。陳一品，秩萬石。

［3］薨：據《陳書》卷一二《徐度傳》，徐度薨卒於陳廢帝光大二年，時年六十歲。

［4］太建：南朝陳宣帝陳頊年號（569—582）。

敬成幼聰慧，好讀書。起家著作佐郎。[1]永定元年，[2]領度所部士卒，隨周文育、侯安都征王琳，[3]於沌口敗績，[4]爲琳所縶。[5]二年，隨文育、安都得歸。父度爲吴郡太守，[6]以敬成監郡。

[1]起家著作佐郎：據《隋書·百官志上》所記南朝陳官制，陳親王起家爲侍中，三公之子起家爲員外散騎常侍，令僕之子起家爲秘書郎，次令僕子起家爲著作佐郎。徐敬成初出仕時，其父徐度爲南徐州刺史。陳南徐州刺史官品爲第三，次於一品之令及二品之左右僕射，屬於“次令僕子”，則其起家當爲“著作佐郎”。《陳書》記徐敬成起家爲著作郎，顯誤（詳見林礽乾《陳書異文考證》，文史哲出版社1979年版，第123頁）。

[2]永定：南朝陳武帝陳霸先年號（557—559）。

[3]侯安都：字成師，始興曲江（今廣東韶關市）人。本書卷六六、《陳書》卷八有傳。

[4]沌（zhuàn）口：古鎮名。在湖北武漢市蔡甸區沌口鎮。上接沔陽諸水，下通長江，爲軍事要地。

[5]縶（zhí）：拘囚。

[6]吴郡：郡名。治吴縣，在今江蘇蘇州市。

光大元年，[1]爲巴州刺史。[2]尋爲水軍，[3]隨吴明徹平華皎。[4]太建二年，以父憂去職。[5]尋起爲南豫州刺史，[6]襲爵湘東郡公。

[1]光大：南朝陳廢帝陳伯宗年號（567—568）。

[2]巴州：州名。治巴陵縣，在今湖南岳陽市。

[3]爲：大德本同，汲古閣本、殿本作“領”。

[4]吴明徹：字通昭，秦郡（今江蘇南京市六合區）人。仕梁官至使持節、散騎常侍、安東將軍、南兗州刺史，封安吴縣侯。入陳，官至司空、侍中、都督南北兗南北青譙五州諸軍事、南兗州刺史，進爵爲公。宣帝太建九年（577），受命北伐，爲北周所俘，後卒於長安。本書卷六六、《陳書》卷九有傳。　華皎：晋陵暨陽（今江蘇江陰市）人。仕陳爲湘州刺史、安南將軍，封重安縣侯，

深得陳文帝信任。廢帝時權歸安成王陳頊（即陳宣帝），遂起兵叛亂，與後梁、北周聯軍拒陳，兵敗身死。本書卷六八、《陳書》卷二〇有傳。

[5]太建二年，以父憂去職：《陳書》卷一二《徐度傳》、卷四《廢帝紀》均記徐度卒於廢帝光大二年，此處記爲宣帝太建二年，疑誤。中華本删“太建”二字，當是。父憂，父親去世。

[6]南豫州：州名。治姑孰，在今安徽當塗縣。

五年，除吴興太守。[1]隨都督吴明徹北討，出秦郡，[2]别遣敬成爲都督，乘金翅自歐陽引埭泝江，[3]由廣陵。齊人皆城守，弗敢出。自繁梁湖下淮，[4]剋淮陰、山陽、鹽城三郡，[5]仍進剋鬱州，[6]進號壯武將軍，[7]鎮朐山。[8]坐於軍中輒科訂，[9]并誅新附者，[10]免官。尋除安州刺史，[11]鎮宿豫。卒，[12]謚曰思。子敞嗣。

[1]五年，除吴興太守：中華本校勘記以爲，“二年”上各本有“太建”二字，“五年”上各本無“太建”二字，此蓋錯簡，當移正，“五年”之上當補“太建”二字。

[2]秦郡：郡名。僑寄六合縣，在今江蘇南京市六合區。

[3]金翅：一種大型戰船。《陳書》卷二〇《華皎傳》：“文帝以湘州出杉木舟，使（華）皎營造大艦金翅等二百餘艘。” 歐陽引埭：地名。具體不詳。

[4]繁梁湖：即樊梁湖。在今江蘇高郵市西北。

[5]淮陰：郡名。治淮陰縣，在今江蘇淮安市淮陰區西南甘羅城。 山陽：郡名。寄治山陽縣，在今江蘇淮安市。 鹽城：郡名。治鹽城縣，在今江蘇鹽城市。按，淮陰、山陽、鹽城皆爲南朝梁北兖州屬郡，侯景之亂後爲東魏、北齊所據。

[6]鬱州：即鬱洲。在今江蘇連雲港市東雲臺山。古爲海島，

公元18世紀後漸與大陸連接爲一體。《南齊書·州郡志上》“鬱州在海中，周迴數百里，島出白鹿，土有田疇魚鹽之利。”梁有青、冀二州，治鬱洲，侯景之亂後爲東魏、北齊所據。

[7]壯武將軍：官名。陳擬六品，比秩千石。

[8]朐山：城戍名。在今江蘇連雲港市西南。時爲北周朐山郡治所。

[9]科訂：巧立名目，徵收雜税。

[10]新附：指新近歸附的人。

[11]安州：州名。治宿豫縣，在今江蘇宿遷市舊黄河東北岸古城。南朝梁有東徐州，侯景之亂後淪屬東魏，改稱東楚州，陳宣帝太建七年（575）北伐復得，改爲安州。

[12]卒：徐敬成卒於陳宣帝太建七年，時年三十六歲。

杜稜字雄盛，吴郡錢唐人也。[1]少落泊，[2]不爲時知。頗涉書傳。游嶺南，[3]事梁廣州刺史新渝侯蕭映。[4]映卒，從陳武帝，平蔡路養、李遷仕，皆有功。梁元帝承制，[5]授石州刺史、上陌縣侯。[6]

[1]錢唐：縣名。治所在今浙江杭州市。

[2]落泊：同“落魄”。窮困潦倒，不得志。

[3]嶺南：又作“嶺外”“嶺表”，泛指五嶺以南地區，相當於今廣東、廣西兩省及越南北部一帶。

[4]新渝：縣名。治所在今江西新餘市南。　蕭映：字文明，南朝梁始興王蕭憺之子。歷任淮南太守、太子洗馬、吴興太守、北徐州刺史、廣州刺史等職，封新渝縣侯。本書卷五二有附傳。

[5]梁元帝承制：侯景之亂，建康淪陷，湘東王蕭繹受密詔爲侍中、假黄鉞、大都督中外諸軍事、司徒承制，可代表天子發號施令。

［6］石州：州名。治夫寧縣，在今廣西藤縣東北潯江南、北流江東岸。　上陌縣侯：封爵名。上陌，縣名。治所在今河南南陽市。據《陳書》卷一二《杜稜傳》，上陌縣侯食邑八百户。

侯景平後，武帝鎮朱方，以稜監義興、琅邪二郡。[1]武帝謀誅王僧辯，引稜與侯安都等共議，稜難之。武帝懼其泄己，乃以手巾絞稜，稜悶絶於地，因閉於别室。軍發，召與同行。及僧辯平後，武帝東征杜龕等，留稜與安都居守。徐嗣徽、任約引齊師濟江，攻臺城，[2]安都與稜隨方抗拒，未嘗解帶。賊平，以功除右衛將軍、丹楊尹。[3]

［1］義興：郡名。治陽羡縣，在今江蘇宜興市。　琅邪：郡名。此指南琅邪。寄治白下城，在今江蘇南京市北金川門外幕府山南麓。按，時陳霸先爲南徐州刺史，義興、南琅邪二郡皆屬南徐州。

［2］臺城：亦即宫城，在京師建康城中北部。本爲吴之苑城，晋成帝咸和年間改築爲宫城，是爲建康宫。因其爲臺省所在，故稱臺城。故址在今江蘇南京市雞籠山南。據《建康實録》卷七引《圖經》："臺城周八里，有兩重墻。"

［3］右衛將軍：官名。禁衛軍統帥之一。與左衛將軍合稱二衛將軍，掌宫廷宿衛營兵，多由近臣擔任。陳三品，秩二千石。　丹楊尹：官名。丹楊郡行政長官。東晋、南朝皆以建康爲都城，建康在丹楊郡境内，故其長官稱尹，以區别於列郡太守。掌京畿地區行政諸務並詔獄，一度掌少府職事，地位頗重。相當於豫、益、廣、衡等州刺史，遠高於郡太守。陳五品，秩中二千石。

永定九年，[1]位侍中、中領軍。[2]武帝崩，文帝在南皖。[3]時内無嫡嗣，外有强敵，侯瑱、侯安都、徐度等並在軍中，朝廷宿將，唯稜在都，獨典禁兵，乃與蔡景歷等秘不發喪，[4]奉迎文帝。文帝即位，遷領軍將軍，[5]以預建立功，改封永城縣侯，[6]位丹楊尹。廢帝即位，加特進、侍中。[7]光大元年，解尹，[8]量置佐史，給扶。[9]

[1]九：大德本、汲古閣本、殿本作“元”。底本誤，當改爲“元”。

[2]中領軍：官名。南朝禁衛軍將領，與護軍並爲中軍統帥，合稱“領護”。總領駐扎在建康臺城之内的中軍諸部（即内軍，又稱臺軍），宿衛宮闕。職位顯要，梁時有“領軍管天下兵要”“總一六軍，非才勿授”（《梁書》卷四二《臧盾傳》）之説。資輕者稱中領軍，資重者稱領軍將軍。陳三品，秩中二千石。按，南朝宿衛京師諸軍總稱中軍，分爲六軍，首領分别是領軍、護軍、左衛、右衛、驍騎、游擊六將軍。此外還有左軍、右軍、前軍、後軍四將軍；虎賁中郎將、冗從僕射、羽林監三將；屯騎、步兵（梁時改爲步騎）、越騎、長水、射聲五校尉；積射、强弩二將軍等所統軍隊。梁武帝曾改驍騎雲騎，游擊爲游騎，另設左、右驍騎將軍，左、右游擊將軍，位在雲騎、游騎將軍之上，也屬中軍系統。另有稱作禁防、左右御刀、左右夾轂等的近侍，分别由閹人和特别募選的武吏組成。中軍中的左、右二衛宿衛宮闕，其餘諸軍宿衛京師（參見汪奎《南朝中外軍研究》，博士學位論文，華東師範大學，2008 年，第 20 頁）。

[3]南皖：地名。亦稱南皖口。皖水注入長江處。在今安徽懷寧縣東。

[4]蔡景歷：字茂世，濟陽考城（今河南民權縣）人。南朝梁、陳官員。本書卷六八、《陳書》卷一六有傳。

[5]領軍將軍：官名。常省稱爲“領軍”。職掌同中領軍，但任職者資重於中領軍。陳三品，秩中二千石。

[6]永城：縣名。治所在今江西黎川縣北。

[7]特進：官名。南朝爲加官名號，用以安置閑退大臣。陳二品，秩中二千石。

[8]解尹：免除丹楊尹一職。

[9]給扶：給予扶持之人，爲君主賜給大臣的一種禮遇。

太建元年，出爲吴興太守。二年，徵爲侍中。尋加特進、護軍將軍。[1]三年，以公事免侍中、護軍。四年，復爲侍中、右光禄大夫，[2]將軍、佐史、扶並如故。

[1]護軍將軍：官名。南朝禁衛軍將領，與領軍並爲中軍統帥。總領臺城外宿衛諸軍，掌京城防衛，權任頗重。資輕者爲中護軍，資重者爲護軍將軍。陳三品，秩中二千石。

[2]右光禄大夫：官名。南朝時往往爲在朝顯職的加官，以示優崇，或授予年老有病的致仕之官，亦常用於卒後贈官。無具體職掌。陳二品，秩中二千石。

稜歷事三帝，並見恩寵。末年不預征役，優游都下。頃之，卒于官。[1]贈開府儀同三司，謚曰成，配享武帝廟庭。子安世嗣。

[1]卒于官：據《陳書》卷一二《杜稜傳》，卒時年七十。

周鐵武，不知何許人也。語音傖重，膂力過人，[1]便馬槊。事梁河東王蕭譽，[2]以勇敢聞。譽爲湘州，以爲臨蒸令。[3]侯景之亂，梁元帝遣世子方等伐譽，[4]譽拒戰，大捷，方等死，鐵武功最。及王僧辯討譽，於陣獲之，將烹焉，鐵武呼曰："侯景未滅，奈何殺壯士！"僧辯奇其言，宥之，還其麾下。及侯景西上，鐵武從僧辯剋任約，獲宋子仙，每戰有功。元帝承制，授潼州刺史，[5]封沌陽縣子。[6]又從僧辯定建鄴，[7]降謝答仁，[8]平陸納於湘州。[9]録前後功，進爵爲侯。

[1]膂：同"膂"。

[2]河東王蕭譽：字重孫。梁昭明太子蕭統第二子，梁武帝中大通三年（531）封河東郡王。本書卷五三有附傳，《梁書》卷五五有傳。河東，郡名。僑寄松滋縣，在今湖北松滋市西北。

[3]臨蒸：縣名。治所在今湖南衡陽市。

[4]方等：即蕭方等。字實相，梁元帝蕭繹長子。本書卷五四、《梁書》卷四四有傳。

[5]潼州：州名。治取慮城，在今安徽靈璧縣東北。

[6]沌陽縣子：封爵名。沌陽，縣名。治所在今湖北武漢市漢陽區東臨障山下。縣子，開國縣子省稱。食邑爲縣。南朝梁開國諸子位視二千石，班次之。陳爲九等爵之第五等，五品，秩視二千石。

[7]建鄴：東晋、南朝都城，又稱建業、建康，在今江蘇南京市。東漢獻帝建安十六年（211），孫權徙治丹陽郡秣陵縣，次年改名建業。吴大帝黄龍元年（229），正式定都於建業。西晋滅吴，恢復秣陵舊名。晋武帝太康三年（282），以秦淮水爲界兩分秣陵縣境，以南爲秣陵，以北爲建業，並改名建鄴。建興元年（313）因避愍帝司馬鄴諱，改名建康。其後宋、齊、梁、陳沿用爲都城，故稱六朝古都。《太平寰宇記》卷九〇《江南東道二・昇州》引《金陵記》云："梁都之時，城中二十八萬餘户。西至石頭城，東至倪

塘，南至石子岡，北過蔣山，東西南北各四十里。”城市西界至石頭城，位於今江蘇南京市水西門以北至清凉山；東界爲倪塘，在今江蘇南京市江寧區上坊街道泥塘社區附近；南界石子岡，是包含今雨花臺在内的城南東西走向的一系列岡阜；北界逾過蔣山，也就是鍾山，今稱紫金山（參見張學鋒《南朝建康的都城空間與葬地》，《中華文史論叢》2019 年第 3 期）。

[8]謝答仁：本侯景部將，兵敗被俘，被梁元帝蕭繹起用爲步兵校尉，後爲梁王蕭詧所殺。

[9]陸納：南朝梁湘州刺史王琳長史。梁元帝囚王琳，陸納據湘州反。事見本書卷六四《王琳傳》。

陳武帝誅僧辯，鐵武率所部降，因復其本職。徐嗣徽引齊寇度江，鐵武破其水軍。嗣徽平，遷太子左衛率。[1]尋隨周文育拒蕭勃，[2]文育命鐵武偏軍襲勃，禽勃前軍歐陽頠。[3]又隨文育西征王琳於沌口，敗績，與文育、侯安都並爲琳所禽。琳見諸將與語，唯鐵武辭氣不屈，故琳盡宥文育之徒，獨鐵武見害。[4]贈侍中、護軍。[5]天嘉三年，[6]文帝又詔配食武帝廟庭。子瑜嗣。

[1]太子左衛率：官名。與太子右衛率宿衛東宫，亦任征伐，地位頗重。梁十一班。陳四品，秩二千石。

[2]蕭勃：南朝梁武帝蕭衍之侄，吴平侯蕭景之子。封曲江鄉侯，時任廣州刺史。本書卷五一有附傳。

[3]歐陽頠（wěi）：字靖世，長沙臨湘（今湖南長沙市）人。本書卷六六、《陳書》卷九有傳。

[4]獨鐵武見害：時年四十九歲。

[5]護軍：官名。護軍將軍的省稱。按，《陳書》卷一〇《周

鐵虎傳》詳載陳武帝詔曰:"天地之寶，所貴曰生。形魄之徒，所重唯命。至如捐生立節，效命酬恩，追遠懷昔，信宜加等。散騎常侍、嚴威將軍、太子左衛率、潼州刺史、領信義太守、沌陽縣開國侯鐵虎，器局沈厚，風力勇壯，北討南征，竭忠盡力。推鋒江夏，致陷凶徒，神氣彌雄，肆言無撓。豈直温序見害，方其理鬚，龐德臨危，猶能瞋目。忠貞如此，惻愴兼深，可贈侍中、護軍將軍、青冀二州刺史，加封一千户，并給鼓吹一部，侯如故。"

[6]三年：《陳書·周鐵虎傳》記爲"五年"。中華本據改，可從。

程靈洗字玄滌，新安海寧人也。[1]少以勇力聞，步行日二百里，便騎善游，素爲鄉里畏伏。[2]侯景之亂，據黟、歙聚徒以拒景。[3]景軍據有新安，新安太守湘西鄉侯蕭隱奔依靈洗，[4]靈洗奉以主盟。梁元帝授靈洗譙州刺史資，領新安太守，[5]封巴丘縣侯。

[1]新安：郡名。治始新縣，在今浙江淳安縣西北。　海寧：縣名。治所在今安徽休寧縣萬安鎮。

[2]伏：同"服"。

[3]黟：縣名。治所在今安徽黟縣東。　歙：縣名。治所在今安徽歙縣。按，黟、歙俱爲新安郡屬縣。

[4]湘西鄉侯：封爵名。湘西，縣名。治所在今湖南株洲市南。鄉侯，爵名。南朝宋制四品；陳制視官八品，秩視千石。齊、梁情形不詳。

[5]梁元帝授靈洗譙州刺史資，領新安太守：譙州，州名。此指梁之南譙州。治桑根山下，在今安徽全椒縣西北。侯景亂後爲北齊所據，故靈洗爲譙州刺史，實爲虚授。錢大昕《廿二史考異》卷三七云:"梁末增置之州多，而刺史資亦輕，又遥授，非實土，故有

以刺史資而領郡者。程靈洗以譙州刺史資領新安太守，徐世譜以衡州刺史資領河東太守，是也。法氍以刺史資領縣令，又異數矣。”

後助王僧辯鎮防。及武帝誅僧辯，靈洗率所領來援，其夜，力戰於石頭西門，[1]武帝軍不利，遣使招喻，[2]久之乃降，帝深義之。授蘭陵太守，仍助防京口。及平徐嗣徽，靈洗有功，除南丹揚太守，[3]封遂安縣侯。[4]後隨周文育西討王琳，軍敗，爲琳所拘。尋與侯安都等逃歸。累遷太子左衛率。

[1]石頭：石頭城。

[2]喻：大德本同，汲古閣本、殿本作“諭”。

[3]南丹揚：郡名。治采石縣，在今安徽馬鞍山市西南。

[4]遂安縣侯：遂安，縣名。治所在今浙江淳安縣西南。據《陳書》卷一〇《程靈洗傳》，遂安縣侯增邑並前一千五百户。

武帝崩，王琳前軍東下，靈洗於南陵破之，虜其兵士，并獲青龍十餘乘。[1]以功授都督、南豫州刺史。侯瑱等敗王琳于柵口，[2]靈洗逐北，據有魯山。[3]徵爲左衛將軍。

[1]青龍：艦船名稱。庾信《哀江南賦》：“排青龍之戰艦，鬬飛燕之船樓。”本書卷六三《王僧辯傳》記陸納所造青龍艦、白虎艦，高達十五丈，並以牛皮蒙覆。

[2]柵口：地名。亦稱柵江口，在今安徽蕪湖市東北裕溪口，爲古柵水（即今裕溪河）入江處。《水經注·沔水》：“江水自濡須口又東，左會柵口，水導巢湖，柵水又東南流，注於大江，謂之

栅口。”

[3]魯山：城名。在今湖北武漢市漢陽區東北漢江南岸。城依魯山，故名。《太平寰宇記》卷一三一引《輿地志》云：“魯山臨江，盤基數十里。山下有城。”

天嘉四年，周迪重寇臨川，[1]以靈洗爲都督，自鄱陽别道擊之，迪又走山谷間。遷中護軍，出爲都督、郢州刺史。

[1]臨川：郡名。治南城縣，在今江西撫州市臨川區西。

廢帝即位，進號雲麾將軍。[1]華皎之反，遣使招靈洗，靈洗斬皎使以聞。朝廷深嘉其忠，因推心待之，使其子文季領水軍助防。時周將元定率步騎二萬助皎，[2]圍靈洗，靈洗嬰城固守。及皎敗，乃出軍躡定，[3]定不獲濟江，以其衆降。因進攻，剋周沔州，[4]禽其刺史裴寬。[5]以功改封重安縣公。[6]

[1]雲麾將軍：官名。南朝梁武帝天監七年（508）置，與武臣、爪牙、龍騎將軍取代舊置前、後、左、右將軍，爲武職二十四班中的十八班。陳擬四品，比秩中二千石。

[2]元定：即拓跋定。字願安，河南洛陽（今河南洛陽市）人。封長湖郡公。西魏宗室。時任左武伯中大夫、大將軍。《周書》卷三四、《北史》卷六九有傳。

[3]躡：追擊。

[4]沔州：州名。西魏廢帝三年（554）改江州置。治甑山縣，在今湖北漢川市東南。

[5]禽：同“擒”。本卷下同，不另注。　裴寬：字長寬，河東聞喜（今山西聞喜縣）人。《周書》卷三四、《北史》卷三八有傳。按，靈洗克沔州擒裴寬之事，《周書·裴寬傳》記述甚詳：“自華皎附後，乃圖寇掠。沔州既接敵境，事資守備，於是復以寬爲沔州刺史。而州城埤狹，器械又少，寬知其難守，深以爲憂。又恐秋水暴長，陳人得乘其便。即白襄州總管，請戍兵，并請移城於羊蹄山，權以避水。總管府許增兵守禦，不許遷移城。寬乃量度年常水至之處，竪大木於岸，以備船行。襄州所遣兵未至，陳將程靈洗已率衆至於城下。遂分布戰艦，四面攻之。水勢猶小，靈洗未得近城。寬每簡募驍兵，令夜掩擊，頻挫其鋭。相持旬日，靈洗無如之何。俄而雨水暴長，所竪木上，皆通船過。靈洗乃以大艦臨逼，拍干打樓，應即摧碎，弓弩大石，晝夜攻之。苦戰三十餘日，死傷過半。女垣崩盡，陳人遂得上城。短兵相拒，猶經二日。外無繼援，力屈。城陷之後，水便退縮。陳人乃執寬至揚州，尋被送嶺外。”

[6]重安縣公：封爵名。縣公，爲“開國縣公”省稱。在梁位視三公，班次之。陳置爲九等爵之第二等，二品，秩視中二千石。據《陳書》卷一〇《程靈洗傳》，重安縣公增邑並前二千户。

靈洗性嚴急，御下甚苛刻，士卒有小罪，必以軍法誅之。號令分明，與士卒同甘苦，衆亦以此德之。性好播植，躬勤耕稼，至於水陸所宜，刈穫早晚，雖老農不能及也。妓妾無游手，並督之紡績。至於散用貲財，亦弗儉吝。卒，[1]贈鎮西將軍、開府儀同三司，[2]謚曰忠壯。太建四年，配享武帝廟庭。子文季嗣。

[1]卒：據《陳書》卷一〇《程靈洗傳》，卒於陳廢帝光大二年（568），時年五十五歲。

[2]鎮西將軍：官名。梁、陳時鎮前、鎮後、鎮左、鎮右將軍

與鎮東、鎮西、鎮南、鎮北將軍合稱八鎮將軍，爲重號將軍，是内官專用之軍號。梁二十二班。陳擬二品，比秩中二千石。

文季字少卿，幼習騎射，多幹略，果决有父風。靈洗與周文育、侯安都等敗於沌口，爲王琳所執，武帝召陷賊諸子弟厚遇之，[1]文季最有禮容，深見賞。

[1]諸子弟：《陳書》卷一〇《程文季傳》作“諸將子弟”。中華本據補“將”字，甚是，可從。

文帝嗣位，除宣惠始興王府限内中直兵參軍，[1]累遷臨海太守。[2]後乘金翅助父鎮郢城。華皎平，靈洗及文季並有扞禦之功。及靈洗卒，文季盡領其衆。起爲超武將軍，[3]仍助防郢州。

[1]宣惠始興王：即陳伯茂。字鬱之，陳文帝第二子。武帝永定三年（559）封爲始興王，奉昭烈王祀。本書卷六五、《陳書》卷二八有傳。宣惠，即宣惠將軍。陳擬四品，比秩中二千石。 限内：官制術語。南朝梁、陳指定員之内的官吏，以區别於限外吏員。 中直兵參軍：官名。王公督府僚佐，佐助府主統理兵政，亦受府主之命率兵征伐。位次不及諮議、録事、記室等諸曹參軍，權力實居其上。其品位隨府主地位高低不等。按，晋時王公督府有中兵曹，又有直兵曹，各置參軍。南朝初，中兵、直兵二曹雖然分立，但合置一參軍，稱中直兵參軍。其後以中直兵曹取代直兵曹，中兵參軍、中直兵參軍並置，職掌相同，惟中直兵參軍位在中兵參軍之上。

[2]臨海：郡名。治章安縣，在今浙江台州市椒江區章安街道。

[3]超武將軍：官名。南朝梁武帝普通六年（525）刊正將軍名號時置，爲武職三十四班中的九班。陳擬八品，比秩六百石。

文季性至孝，雖軍旅奪禮，[1]而毀瘠甚至。[2]服闋，[3]襲封重安縣公。隨都督章昭達率軍往荆州征梁。[4]梁人與周軍多造舟艦，置于青泥水中，[5]昭達遣文季共錢道戢盡焚其舟艦。既而周兵大出，文季僅以身免。以功加通直散騎常侍。[6]

[1]奪禮：亦稱“奪情”，指守喪服未滿而强令終止。

[2]毀瘠：居喪過哀而極度瘦弱。

[3]服闋：守喪期滿除服。

[4]章昭達：字伯通，吴興武康（今浙江德清縣）人。本書卷六六、《陳書》卷一一有傳。　梁：此指後梁（555—587）。承聖三年（554），西魏攻陷江陵，殺梁元帝蕭繹，立蕭詧爲帝，仍以梁爲國號，實爲西魏附庸，史稱後梁或西梁。歷三帝，公元587年爲隋所廢。

[5]青泥：當爲湖泊名，或在今湖北天門市一帶。《讀史方輿紀要》卷七九《湖廣五·襄陽府》解作河名：“清泥河，府西北三十里。自均、房間東出，達于漢江。後漢建安中樂進在青泥，與關羽相拒。陳大建二年，蕭巋畜舟艦于章陵之青泥，章昭達謀襲之是也。”清泥河即今湖北襄陽市西北清河，爲漢江支流。此説值得商榷。陳軍在青泥燒毁周軍艦船之事，相關諸史多有記載。《北史》卷八一《蕭巋傳》記作“昭達又寇竟陵之青泥”。《周書》卷四八《蕭詧傳》記爲“昭達又寇章陵之青泥”，中華本校勘記云：“《北史·蕭氏傳》‘章’作‘竟’。按章陵，東漢郡名，在今棗陽。郡已久廢，自晋以來爲安昌縣，西魏爲昌州，何故在這裏特標一廢郡之名。且章昭達乃是進攻後梁。章陵和江陵懸遠，地久入周，又不

是陳軍攻梁所經的路綫。當時竟陵即在江陵之東。《陳書·章昭達傳》稱太建二年攻江陵時，‘蕭巋與周軍大蓄舟艦於青泥中’，知青泥必在江陵鄰近周、梁接界處。竟陵正在其地，且周圍湖泊縱横，便于舟艦屯聚。《北史》作‘竟陵’是。至《方輿紀要》卷七九以襄陽西北之青泥河當《章昭達傳》之青泥，更是渺不相涉。”此説甚是。《永樂大典》又記江陵府潛江縣有青泥湖（參見馬蓉、陳抗、鍾文、欒貴明、張忱石點校《永樂大典方志輯佚·郡縣志·江陵府》，中華書局2004年版，第24頁），北周竟陵郡治所在今湖北天門市，潛江、天門二市接鄰，青泥當在其境。

[6]通直散騎常侍：官名。晋武帝時以員外散騎常侍二人與散騎常侍通員當值，故名。南朝梁、陳隸集書省，與散騎常侍、散騎侍郎、通直散騎侍郎、員外散騎常侍、員外散騎侍郎合稱六散騎。掌侍奉規諫，備顧問應對，實爲閑職，用以安置閑退官員、衰老之士，多授宗室、公族子弟。陳四品，秩二千石。

太建五年，都督吴明徹北討，至秦郡。秦郡前江浦通涂水，[1]齊人並下大柱爲杙，[2]柵水中。文季乃前領驍勇拔開其柵，明徹率大軍自後而至，攻尅秦郡。又别遣文季攻涇州，[3]屠其城。進拔盱台。[4]仍隨明徹圍壽陽。[5]

[1]涂水：即滁水，今江蘇、安徽交界處的滁河。

[2]杙（yì）：木樁。

[3]涇州：州名。南朝梁置，轄涇城、東陽二郡。治沛縣，在今安徽天長市西北。梁末爲北方所據。陳宣帝太建五年（573）北伐收復其地，廢涇州，將二郡併爲沛郡。

[4]盱（xū）台（yí）：郡名。即盱眙。治盱眙縣，在今江蘇盱眙縣東北。台，同“眙”。

[5]壽陽：縣名。治所在今安徽壽縣。

文季臨事謹飭，御下嚴整，前後所剋城壘，率皆迮水爲堰，[1]土木之功，動踰數萬。置陣役人，文季必先於諸將，夜則早起，迄暮不休，軍中莫不服其勤幹。每戰爲前鋒，齊軍深憚之，謂爲程彪。[2]以功除散騎常侍，帶新安内史。[3]累遷北徐州刺史，[4]加都督。

[1]迮（zé）：本義爲壓迫，引申爲阻遏（參見周一良《魏晋南北朝史札記·南史札記》，中華書局1985年版，第478頁）。

[2]程彪：即程虎。本書避唐高祖李淵祖父李虎名諱，改“虎”爲“彪”。《陳書》卷一〇《程文季傳》作“程獸”，亦避唐諱改“虎”爲“獸”。

[3]帶：官制術語。兼管。　新安：郡名。治始新縣，在今浙江淳安縣西北。

[4]北徐州：州名。僑寄鍾離郡，治燕縣，在今安徽鳳陽縣臨淮關鎮。梁有北徐州，梁末没入北方。東魏改爲楚州，北齊改稱西楚州。陳宣帝太建五年（573）北伐復得，太建十一年復没入北周。

後隨明徹北侵，[1]軍敗，爲周所囚，仍授開府儀同三司。十一年，自周逃歸，至渦陽，[2]爲邊吏執送長安，死于獄。是時既與周絶，不之知。至德元年，[3]後主知之，[4]贈散騎常侍。又詔傷其廢絶，[5]降封重安縣侯，以子響襲封。

[1]北侵：《陳書》卷一〇《程文季傳》作“北討”。李延壽以北爲正，以南爲僞，故改“討”爲“侵”。

[2]渦（guō）陽：縣名。治所在今安徽蒙城縣。

[3]至德：南朝陳後主陳叔寶年號（583—586）。

[4]後主：南朝陳後主陳叔寶。字元秀，陳宣帝陳頊嫡長子。南朝陳最後一任皇帝。本書卷一〇、《陳書》卷六有紀。

[5]詔傷其廢絶：《陳書·程文季傳》載詔文云："故散騎常侍、前重安縣開國公文季，纂承門緒，克荷家聲。早歲出軍，雖非元帥，啓行爲最，致果有聞，而覆喪車徒，允從黜削。但靈洗之立功扞禦，久而見思，文季之埋魂異域，有足可憫。言念勞舊，傷兹廢絶，宜存廟食，無使餒而。可降封重安縣侯，邑一千户，以子饗襲封。"

沈恪字子恭，吴興武康人也。[1]深沈有幹局。梁新渝侯蕭映之爲廣州，兼映府中兵參軍。[2]陳武帝與恪同郡，情好甚昵。蕭映卒後，武帝南討李賁，[3]仍遣妻子附恪還鄉。尋補東宫直後。[4]以嶺南勳，除員外散騎侍郎。[5]仍令總集宗從子弟。

[1]武康：縣名。治所在今浙江德清縣西。

[2]中兵參軍：官名。亦作"中兵參軍事"，爲諸公、軍府僚屬，掌管本府中兵曹事務，兼任參謀咨詢之責。南朝齊、梁、陳則分置中兵、中直兵參軍。其品秩隨府主地位的高低而不同。

[3]李賁：交州豪族。梁武帝大同七年（541）起兵，逐走交州刺史蕭諮。大同十年春正月，在交阯郡（今越南北寧省仙游縣東）稱帝，年號天德。中大同元年（546）春，交州刺史楊故克交阯嘉寧縣城（今越南永富省白鶴縣南鳳州），李賁逃入屈獠洞（在嘉寧縣），兩年後被斬，傳首梁都建康。

[4]東宫直後：官名。南朝梁置，爲東宫侍從武官，隸屬於太子左、右衛率。多爲起家官。

[5]員外散騎侍郎：官名。初爲正員之外添差之散騎常侍，後轉爲定員官，與散騎常侍、散騎侍郎、通直散騎常侍、通直散騎侍郎、員外散騎常侍合稱六散騎。南朝梁、陳隸集書省，掌侍奉規諫，備顧問應對，實爲閑職，用以安置閑退官員、衰老之士，多授宗室、公族子弟。梁十班。陳四品，秩二千石。

侯景圍臺城，起東西二土山以逼城，城内亦作土山應之。恪爲東土山主，晝夜拒戰，以功封東興侯。[1]及城陷，間行歸鄉。武帝討景，遣使報恪，恪於東起兵相應。[2]賊平後，授都軍副。[3]

[1]東興侯：當爲“東興開國縣侯”的省稱。東興，縣名。治所在今江西黎川縣東北。據《陳書》卷一二《沈恪傳》，東興侯食邑五百户。

[2]於東起兵相應：《陳書·沈恪傳》所記同。《册府元龜》卷七六五作“乃於東江起兵”。林礽乾《陳書異文考證》云：“‘東江’，在今江蘇吴縣東南，爲太湖支流，經浙江嘉興府境海鹽縣乍浦入海。是時沈恪歸吴興，其地正近東江。及聞高祖討景，故亦於東江起兵相應也。各本‘乃於東’下脱一‘江’字，文義欠明，當據《册府》七六五補。”（第126頁）

[3]都軍副：“軍”爲南朝軍隊編制名稱，所統兵力多少不一。一軍之統帥即稱軍主，其下設軍副，協助軍主管理軍中事務。軍主或闕，則由軍副代領軍衆。都軍副情形不詳。

及武帝謀討王僧辯，恪預其事。[1]武帝使文帝還長城，[2]立栅備杜龕；使恪還武康，招集兵衆。及僧辯誅，龕果遣副將杜泰襲文帝於長城，恪時已出縣，誅龕黨與。武帝尋遣周文育來援長城，文育至，泰乃走。及龕平，文帝襲東揚州刺史張彪，[3]以恪監吴興郡。

[1]其：大德本、汲古閣本同，殿本作“兵”。

[2]長城：縣名。治所在今浙江長興縣東。

[3]東揚州：州名。治山陰縣，在今浙江紹興市。　張彪：早年在會稽若邪山（今浙江紹興市南）聚衆爲盜，後率衆抗擊侯景，深得王僧辯賞識，用爲爪牙部將，任吴郡太守、東揚州刺史。陳霸先襲殺王僧辯，張彪據州城對抗陳氏，死於若邪山，以忠義爲時人所重。本書卷六四有傳。

武帝受禪，時恪自吴興入朝，武帝使中書舍人劉師知引恪，[1]令勒兵入，因衛敬帝如别宫。恪排闥入見武帝，[2]叩頭謝曰：“恪身經事蕭家來，今日不忍見此事，分受死耳，決不奉命。”武帝嘉其意，不復逼，更以盪主王僧志代之。[3]

[1]中書舍人：官名。南朝諸帝皆非出身高門，遂引用没有聲望、社會地位的寒士、細人等親信爲之，入直禁中，於收納、轉呈文書章奏之本職外，漸奪中書侍郎草擬詔令之任。梁四班。陳八品。　劉師知：沛國相（今安徽濉溪縣）人。本書卷六八、《陳書》卷一六有傳。

[2]排闥：推門，撞開門。

[3]盪主：軍中統領突擊勇士的副將。清顧炎武《日知録》：“古人以左右衝殺爲盪陣，其鋭卒謂之跳盪，别帥謂之盪主。”

帝踐祚，除吴興太守。永定三年，除散騎常侍、會稽太守。[1]歷事文帝及廢帝，累遷護軍將軍。至宣帝即位，除平越中郎將、都督、廣州刺史。[2]恪來至嶺，[3]前刺史歐陽紇舉兵拒險，[4]不得進。朝廷遣司空章昭達討平紇，乃得入州。兵荒之後，所在殘毀，恪綏懷安輯，被以恩惠，嶺表賴之。後主即位，爲特進、金紫光禄大夫。[5]卒，[6]謚曰光。[7]子法興嗣。

[1]會稽：郡名。治山陰縣，在今浙江紹興市。

[2]平越中郎將：官名。主管南越事務。治所設在廣州，多兼任廣州刺史。陳擬六品，比秩千石。

[3]來：大德本、汲古閣本、殿本作“未”。底本誤。

[4]歐陽紇：字奉聖，長沙臨湘（今湖南長沙市）人。歐陽頠之子。本書卷六六、《陳書》卷九有附傳。　險：大德本、汲古閣本、殿本作“嶮”。

[5]金紫光禄大夫：官名。漢有光禄大夫，銀印青綬。晋宋時加其重者金章紫綬，謂金紫光禄大夫。本掌論議，後漸爲加官、贈官及致仕大臣之榮銜，無職事。陳三品，秩中二千石。

[6]卒：據《陳書》卷一二《沈恪傳》，卒時年七十四歲。

[7]光：《陳書·沈恪傳》作“元”。

陸子隆字興世，吴郡人也。[1]祖敞之，梁嘉興令。[2]父悛，封氏令。[3]子隆少慷慨，有志功名。侯景之亂，於鄉里聚徒。時張彪爲吴郡太守，引爲將帥，仍隨彪徙鎮會稽。及文帝討彪，彪將沈泰、吴寶真、申缙等皆降，[4]而子隆力戰敗績，文帝義之，復使領其部曲。

[1]吴郡人也：《陳書》卷二二《陸子隆傳》作“吴郡吴人

也”。馬宗霍《南史校證》云:“按《陳書》本傳‘郡’下有‘吴’字，謂吴縣也，疑《南史》傳寫脱去。”(第1038頁)

[2]嘉興：縣名。治所在今浙江嘉興市。

[3]封氏：當爲縣名。惟治所無考。按，史書不見此縣名。南朝有封平縣，治所在今廣東新會市西南；有封樂縣，治所在今廣東新會市西北；有封興縣，治所在今廣東封開縣東北；有封陽縣，治所在今廣西賀縣東北信都鎮。

[4]沈泰：時爲張彪司馬。張彪圍王懷振未歸，沈泰向陳蒨獻城投降。後爲定州及南豫州刺史，陳武帝永定二年（558）叛入北齊。　吴寶真：時爲張彪軍主。　申縉：本書卷六四《張彪傳》作“申進”。

文帝嗣位，子隆力戰領甲仗宿衛。[1]封益陽縣子，[2]累遷廬陵太守。[3]周迪據臨川反，子隆隨章昭達討迪，迪退走，因隨昭達討陳寶應。[4]晋安平，[5]子隆功最，遷武州刺史，[6]改封朝陽縣伯。[7]

[1]子隆力戰領甲仗宿衛：語意不通。汲古閣本與《陳書》卷二二《陸子隆傳》皆作“子隆領甲仗宿衛”。“力戰”當爲衍字。

[2]益陽：縣名。治所在今湖南益陽市。　縣子：封爵名。開國縣子的省稱。南朝陳爲九等爵第五等，五品，秩視二千石。據《陳書·陸子隆傳》，益陽縣子食邑三百户。

[3]廬陵：郡名。治石陽縣，在今江西吉水縣東北。

[4]陳寶應：晋安候官（今福建福州市）人。聯合留異、周迪抗陳，兵敗被殺。本書卷八〇、《陳書》卷三五有傳。

[5]晋安：郡名。治候官縣，在今福建福州市。

[6]遷武州刺史：《陳書·陸子隆傳》作“遷假節、都督武州諸軍事”。武州，州名。治臨沅縣，在今湖南常德市。梁末於郢州

武陵郡置武州，後爲王琳所據，陳文帝天嘉元年（560）擊敗王琳後，以荆州之天門、義陽、南平、郢州之武陵四郡重置武州。

[7]朝陽縣伯：封爵名。縣伯，爲開國縣伯省稱。南朝陳爲九等爵第四等，四品，秩視中二千石。據《陳書·陸子隆傳》，朝陽縣伯食邑五百户。

華皎據湘州反，以子隆居其心腹，[1]皎深患之，頻遣使招，子隆不從，攻又不剋。及皎敗於郢州，子隆出兵襲其後，因與大軍相會。進爵爲侯。[2]尋遷都督、荆州刺史。荆州新置，[3]居公安，[4]城池未固，子隆脩立城郭，綏集夷夏，[5]甚得人和，號爲稱職。吏人詣闕，[6]求立碑頌美功績，詔許之。卒，[7]謚威。子之武嗣。

[1]子隆居其心腹：武州與湘州毗鄰，故有此説。

[2]進爵爲侯：進爵爲朝陽縣侯，食邑并前增至七百户。

[3]荆州新置：陳廢帝光大二年（568），以南平、天門、義陽三郡置荆州，治所在今湖北公安縣西北。

[4]公安：縣名。治所在今湖北公安縣西北。

[5]綏集夷夏：安撫親睦當地的漢族與少數民族。

[6]詣闕：指赴朝廷。西漢未央宫北面司馬門外有玄武闕（即北闕），臣民謁見或上書，均需候於北闕之下，由公車司馬受理核查，故稱詣闕。

[7]卒：陸子隆卒於陳宣帝太建二年（570），時年四十七歲。

之武年十六，領其舊軍。後爲洪農太守，[1]乃隸吴明徹，[2]於吕梁軍敗逃歸，[3]爲人所害。

［1］洪農：郡名。即弘農。按，東晋、南朝三次僑置弘農郡，一在東晋成帝時，治所在今江西九江市東，後改爲弘農縣；一在南朝宋時，寄治五壟（今湖北襄陽市境）；一在南朝齊時，亦僑寄五壟（今河南淅川縣東南）。梁、陳時弘農郡治所不詳。洪，大德本、汲古閣本、殿本作“弘”，底本誤。

［2］乃隸吴明徹：《陳書》卷二二《陸子隆傳》作“仍隸明徹”。按，《陳書·陸子隆傳》記陸之武行迹云：“之武年十六，領其舊軍，隨吴明徹北伐有功，官至王府主簿、弘農太守，仍隸明徹。明徹於吕梁敗績，之武逃歸，爲人所害，時年二十二。”文意通暢，始末清朗。本書使人誤以爲陸之武先爲弘農太守，後率所部歸吴明徹節制，屬删節致疑。

［3］吕梁：地名。在今江蘇徐州市銅山區東南。北齊彭城郡有吕縣，城臨泗水，泗水至吕縣積石爲梁，故號吕梁。

子隆弟子才，亦有幹略，從子隆征討有功，除始平太守，[1]封始康縣子。[2]卒於信州刺史。[3]

［1］始平：郡名。《陳書》卷二二《陸子隆傳》作“南平”。

［2］始康：縣名。《陳書·陸子隆傳》作“始興”。

［3］卒於信州刺史：陸子才卒於陳宣帝太建十三年（581），時年四十二歲。信州，州名。治安蜀城，在今湖北宜昌市西陵峽口南岸。

錢道戢字子韜，吴興長城人也。父景深，梁漢壽令。[1]道戢少以孝行著聞，及長，頗有材幹。陳武帝微時，以從妹妻焉。[2]武帝輔政，道戢隨文帝平張彪于會稽，以功拜東徐州刺史，[3]封永安縣侯。[4]

[1]漢壽：縣名。治所在今湖南漢壽縣東北。

[2]以從妹妻焉：錢道戢從妹即吴興錢仲方之女，嫁給同郡陳霸先，早卒，陳霸先稱帝後追謚其爲昭皇后。

[3]東徐州：州名。治宿預縣，在今江蘇宿遷市東南舊黄河東北岸古城。

[4]永安：縣名。治所在今湖北公安縣西南。大德本、汲古閣本同，殿本作“永嘉”。

天嘉元年，爲臨海太守。侯安都之討留異，[1]道戢帥軍出松陽以斷其後。[2]異平，以功拜都督、衡州刺史，[3]領始興内史。後與章昭達討歐陽紇，紇平，除左衛將軍。[4]

[1]留異：東陽長山（今浙江金華市）人。時爲縉州刺史，割據東陽。陳文帝天嘉三年（562）春被侯安都擊敗，逃奔陳寶應，後被斬於建康。本書卷八〇、《陳書》卷三五有傳。

[2]松陽：縣名。治所在今浙江松陽縣西北。

[3]衡州：當指西衡州。陳文帝天嘉元年，改衡州桂陽郡之汝城、晋寧二縣爲盧陽郡，又分衡州之始興、安遠二郡，合三郡置東衡州。治曲江縣，在今廣東韶關市南武水西岸。原衡州改爲西衡州，治所由曲江縣改爲含洭縣，在今廣東英德市浛洸鎮。

[4]左衛將軍：官名。禁衛軍統帥之一。與右衛將軍合稱二衛將軍，掌宫廷宿衛營兵，多由近臣擔任。陳三品，秩二千石。

太建二年，又隨昭達征江陵，以功加散騎常侍。後爲都督、郢州刺史，與儀同黄法氍攻下歷陽，[1]因以道戢鎮之。卒官，[2]謚曰肅。子邈嗣。

［1］儀同：官名。開府儀同三司的簡稱。　黄法𣰰：字仲昭，巴山新建（今江西樂安縣）人。陳宣帝太建五年（573）伐北齊，黄法𣰰爲西路軍都督。本書卷六六、《陳書》卷一一有傳。　歷陽：梁末南豫州有歷陽郡，治歷陽縣，在今安徽和縣。黄法𣰰收復歷陽後，以此爲南豫州治所。

［2］卒官：據《陳書》卷二二《錢道戢傳》，錢道戢於陳宣帝太建五年十一月病卒，時年六十三歲。

駱文牙字旗門，［1］吴興臨安人也。［2］父裕，梁鄱陽嗣王中兵參軍事。［3］文牙年十二，宗人有善相者云："此郎容貌非常，必將遠致。"

［1］駱文牙：《陳書》卷三《世祖紀》同，卷二二《駱牙傳》作"駱牙"。

［2］臨安：縣名。治所在今浙江杭州市臨安區北。

［3］鄱陽嗣王：蕭範，梁武帝弟蕭恢之子，嗣父爵爲鄱陽王。本書卷五二、《梁書》卷二二有附傳。鄱陽，郡名。治鄱陽縣，在今江西鄱陽縣。　中兵參軍事：官名。即中兵參軍。

梁太清末，［1］陳文帝避地臨安，文牙母陵，［2］覩帝儀表，知非常人，賓待甚厚。及帝爲吴興太守，引文牙爲將帥。從平杜龕、張彪，勇冠衆軍。

［1］太清：南朝梁武帝蕭衍年號（547—549）。

［2］陵：大德本同，汲古閣本、殿本作"陳"。

文帝即位，封臨安縣侯，［1］位越州刺史。［2］初，文牙母卒，時兵荒，至是始葬，詔贈臨安國太夫人，謚曰恭。

[1]臨安：《陳書》卷二二《駱牙傳》作“常安”，誤。當以本書爲是。

[2]越州：州名。治合浦縣，在今廣西合浦縣東北舊州。

太建八年，文牙累遷散騎常侍，入直殿省。[1]十年，授豐州刺史。[2]至德二年卒，[3]贈廣州刺史。子義嗣。

[1]直：同“值”，指當班、輪值。

[2]豐州：州名。治東候官縣，在今福建福州市。

[3]至德二年卒：據《陳書》卷二二《駱牙傳》，駱文牙卒時年五十七歲。至德，南朝陳後主陳叔寶年號（583—586）。

孫瑒字德璉，吴郡吴人也。父脩道，[1]梁中散大夫，[2]以雅素知名。[3]瑒少倜儻，好謀略，博涉經史，尤便書翰。[4]仕梁爲邵陵王中兵參軍事。[5]太清之難，[6]授假節、宣猛將軍、軍主。[7]王僧辯之討侯景也，王琳爲前軍，琳與瑒親婭，[8]乃表薦爲宜都太守。[9]後以軍功封富陽侯。[10]敬帝立，累遷巴州刺文。[11]

[1]脩道：《陳書》卷二三《孫瑒傳》作“循道”。《建康實録》卷二〇亦作“脩道”。中華本校勘記云：“脩循形似，未知孰是。”

[2]中散大夫：官名。南朝梁、陳屬光禄卿。無職事，多以養老疾，或者授予失意甚至有罪官員。梁十班。陳四品，秩千石。

［3］雅素：節操恬淡。

［4］書翰：文書、文字。

［5］邵陵王：蕭綸，梁武帝蕭衍第六子，天監十三年（514）封爲邵陵郡王。邵陵，郡名。治邵陵縣，在今湖南邵陽市。

［6］太清之難：指侯景之亂。太清，南朝梁武帝蕭衍年號（547—549）。太清二年，侯景於壽陽發動叛亂，次年三月攻克建康臺城，擅行廢立，禍亂蕭梁達四年之久，蕭衍、蕭正德、蕭綱三位皇帝均死於其手。

［7］假節：古代大臣奉皇帝之命出行，持符節以爲憑證並示威重。南北朝軍事長官的職權分爲使持節、持節、假節三等。使持節可誅殺二千石以下官員。持節可殺無官位之人，在軍事中可誅殺二千石以下官員。假節唯軍事中得殺犯軍令者。　宣猛將軍：官名。南朝梁置。梁武帝天監七年定爲武職二十四班中的六班。陳擬八品，比秩六百石。　軍主：官名。軍爲軍隊編制名稱，所統兵力多少不一。一軍之統帥即稱軍主，其下設軍副（參見周一良《魏晋南北朝史札記·北齊書札記》，第408—411頁）

［8］親婭：《陳書·孫瑒傳》作“同門”。

［9］宜都：郡名。治夷道縣，在今湖北枝江市。

［10］富陽侯：“富陽開國縣侯”的省稱。富陽，縣名。治所在今浙江杭州市富陽區。

［11］刺文：大德本、汲古閣本、殿本作“刺史”。按，底本誤。

及陳武帝受禪，王琳立梁永嘉王蕭莊於郢州，［1］徵瑒爲少府卿，［2］仍徙都督、郢州刺史，總留府之任。周遣大將軍史寧乘虛攻之，［3］瑒兵不滿千人，乘城拒守，周兵不能剋。及王琳乘勝而進，［4］周兵乃解，瑒於是盡有中流之地。既而遣使奉表歸陳。

［1］梁永嘉王蕭莊：梁元帝蕭繹長孫。元帝承聖元年（552）封爲永嘉王。敬帝立，出質於北齊。陳霸先受禪後，王琳將其從北齊迎回，於郢州稱帝，以續梁嗣。後奔北齊，受封梁王。本書卷五四有附傳。永嘉，郡名。治永寧縣，在今浙江温州市。

［2］少府卿：官名。本爲少府長官之尊稱，南朝梁武帝天監七年（508）官班改革，建置十二卿，改少府爲少府卿，遂爲正式官名。掌宫廷手工業及冶鑄、磚木、庫藏等事務，領材官將軍、左中右尚方、甄官、平水署、南塘、邸税庫、東西冶、中黄、細作、炭庫、紙官、梁署等令丞。梁十一班，位視尚書左丞。陳三品，秩中二千石。按，《陳書·孫瑒傳》作"太府卿"。

［3］史寧：字永和，建康表氏（今甘肅高臺縣）人。北周孝閔帝即位後，出任荆襄淅郢等五十二州及江陵鎮防諸軍事、荆州刺史。陳文帝天嘉元年（560），趁王琳東下與陳軍交戰之際，攻襲郢州。《周書》卷二八、《北史》卷六一有傳。

［4］及王琳乘勝而進：語意不通。《陳書·孫瑒傳》作"及聞大軍敗王琳，乘勝而進"，中華本校勘記以爲"大軍謂陳軍。時王琳攻陳，周乘虚攻郢。及聞陳大軍勝琳而進，乃解圍去"，故據《陳書》在"及"與"王琳"中間補"聞大軍敗"四字。可從。

天嘉元年，授湘州刺史，封定襄縣侯。[1]瑒懷不自安，[2]乃固請入朝，徵爲侍中、領軍將軍。[3]未拜，文帝謂曰："昔朱買臣願爲本郡，[4]卿豈有意授乎？"[5]改授吴郡太守，給鼓吹一部。[6]秩滿，徵拜散騎常侍、中護軍。[7]及留異反，據東陽，[8]詔瑒督舟師進討。異平，遷鎮右將軍。[9]頃之，出爲建安太守。[10]

［1］定襄縣侯：封爵名。定襄，縣名。治所在今湖北荆州市荆州區東北。據《陳書》卷二三《孫瑒傳》，定襄縣侯食邑一千户。

［2］瑒懷不自安：孫瑒爲王琳舊將，剛歸順陳朝，即被調離郢州故地，足見陳文帝對其尚有疑慮。當時湘州尚在北周控制之下，湘州刺史實爲虚職，故孫瑒心存不安（參見程剛《東晋南朝荆州政治地理研究——兼論雍州、湘州、郢州》，博士學位論文，南京大學，2014年，第261頁）。

［3］徵爲侍中、領軍將軍：按，《陳書·孫瑒傳》作“徵爲散騎常侍、中領軍”。領軍將軍，官名。常省稱爲“領軍”。掌京師禁軍及駐軍。職掌同中領軍，但任職者資重於中領軍。梁十五班。陳三品，秩中二千石。

［4］朱買臣：字翁子，會稽吴（今江蘇蘇州市）人。早年貧賤，後被漢武帝任命爲會稽郡太守，衣錦還鄉。《漢書》卷六四有傳。

［5］卿豈有意授乎：《陳書·孫瑒傳》作“卿豈有意乎”，中華本據删“授”字。

［6］鼓吹：本爲皇帝出行儀仗的組成部分，南朝時往往賜予皇親國戚或有功大臣，以示尊崇。高級儀仗分爲前部鼓吹、後部鼓吹，前部鼓吹在前開道，以鉦、鼓等大型樂器爲主，樂工步行演奏；後部鼓吹殿後，以簫、笳、鼙等小型樂器爲主，樂工或步行，或在馬上演奏。

［7］中護軍：官名。主掌京城防衛，權任頗重。資輕者爲中護軍，資重者爲護軍將軍。梁十四班。陳三品，秩中二千石。

［8］東陽：郡名。治長山縣，在今浙江金華市。

［9］鎮右將軍：官名。梁、陳時鎮前、鎮後、鎮左、鎮右將軍與鎮東、鎮西、鎮南、鎮北將軍合稱八鎮將軍。爲重號將軍，是内官專用之軍號。梁武帝天監七年（508）定爲武職二十四班中的二十二班。陳擬二品，比秩中二千石。

［10］建安：郡名。治建安縣，在今福建建甌市。

太建四年，爲都督、荆州刺史，出鎮公安，爲鄰境所憚。居職六年，以公事免。及吴明徹軍敗吕梁，詔授都督緣江水陸諸軍事。尋授都督、郢州刺史。

十二年，坐疆場交通，[1]抵罪。後主嗣位，復爵邑。歷位度支尚書、侍中、祠部尚書。[2]後主頻幸其宅，賦詩述勳德之美。遷五兵尚書，[3]領左軍將軍，[4]侍中如故。禎明元年，[5]卒官，[6]謚曰桓。

[1]疆場交通：軍法罪名。當謂在戰場上與敵方來往。

[2]度支尚書：官名。南朝尚書省六尚書之一，領度支、金部、倉部、起部四曹，掌管全國貢税租賦的統計、調撥等事務。陳三品，秩中二千石。　祠部尚書：官名。尚書省六尚書之一，領祠部、儀曹二曹，掌宗廟禮儀。與尚書右僕射通職，不常置。陳三品，秩中二千石。

[3]五兵尚書：官名。尚書省六尚書之一，掌軍事行政。三國時曹魏置，領中兵、外兵、騎兵、别兵、都兵五郎曹。南朝梁、陳領中兵、外兵、騎兵三曹。陳三品，秩中二千石。

[4]左軍將軍：官名。與右軍、前軍、後軍合稱四軍將軍，掌宫廷宿衛。不領營兵。陳五品，秩千石。《陳書》卷二三《孫瑒傳》作“右軍將軍”。

[5]禎明：南朝陳後主陳叔寶年號（587—589）。

[6]卒官：據《陳書·孫瑒傳》，時年七十二歲。

瑒事親以孝聞，於諸弟甚篤睦。性通泰，[1]有財散之親友。居家頗失於侈，家庭穿築，[2]極林泉之致，歌鍾舞女，當世罕儔。賓客填門，軒蓋不絶。及出鎮郢州，乃合十餘船爲大舫，[3]於中立亭池，植荷芰，[4]每良辰美景，賓僚並集，泛長江而置酒，亦一時之勝賞焉。常於山齋設講肆，集玄儒之士，冬夏資奉，爲學者所稱。而處己率易，不以名位驕物。時興皇寺朗法師該通釋典，[5]瑒每造講筵，時有抗論，法侣莫不傾心。又巧思過人，爲起部尚書，[6]軍國器械，多所創立。有鑒識，男女昏姻，[7]皆擇素貴。及卒，尚書令江總爲之銘誌，[8]後主又題銘後四十字，遣左户尚書蔡徵就宅宣敕鐫之。[9]其詞曰："秋風動竹，烟水驚波。幾人樵徑，何處山阿。今時日月，宿昔綺羅。天長路遠，地久靈多。功臣未勒，[10]此意如何。"時論以爲榮。

[1]通泰：豁達寬和。

[2]家庭：《陳書》卷二三《孫瑒傳》作"庭院"。據《建康實録》卷二〇記載，青溪是當時京師鼎族聚居之地，孫瑒宅邸在青溪東大路北，西臨青溪，與尚書令江總宅院隔溪相望，地理位置相當優越。

[3]大舫：將兩船或多船並在一起而成的大船。

[4]荷芰（jì）：荷花。

[5]興皇寺：佛寺名。宋明帝泰始初年建成，位於建康城建陽門外。　朗法師：《陳書》卷三〇《傅縡傳》作"惠朗法師"，《册府元龜》卷八二一作"慧朗法師"。"慧""惠"古字通，中華本據補"慧"字，甚是。慧朗法師，南朝梁、陳時名僧，曾受學於僧旻，尤擅《成實論》。《續高僧傳》卷五稱其"居貧好學，博達多通，久當師匠，巧於傳述"。　釋典：佛教經典。

[6]起部尚書：官名。尚書省諸曹尚書之一，掌營建宗廟宫室、修造軍國器械等事。不常置，往往以他官兼領，事畢即省，以其事分屬度支、都官、左民、祠部等曹尚書。陳三品，秩中二千石。

[7]昏：大德本、汲古閣本、殿本作“婚”。

[8]尚書令：官名。尚書省長官，居宰相之位，爲百官之長。位尊權重，故常闕而不置，由僕射主持尚書省事務。陳一品，秩中二千石。　江總：字總持，濟陽考城（今河南民權縣）人。仕梁爲太子洗馬、太子中舍人，參與創製《述懷詩》，爲梁武帝所嗟賞。入陳歷左民尚書、太子詹事、祠部尚書、尚書僕射、尚書令等職。有辭采，善屬文，尤長於五言、七言詩。《隋書·經籍志四》著録《開府江總集》三十卷、《江總後集》二卷。本書卷三六有附傳，《陳書》卷二七有傳。

[9]左户尚書：官名。即左民尚書，唐人避唐太宗李世民名諱而改“民”爲“户”。尚書省列曹尚書之一，領左民、駕部、起部、屯田諸曹，掌修繕功作、鹽池園苑等土木工程，兼掌户籍。陳三品，秩中二千石。　蔡徵：字希祥，濟陽考城（今河南民權縣）人。本書卷六八有附傳，《陳書》卷二九有傳。

[10]功臣未勒：臣，《建康實録》卷二〇作“名”。沈濤《銅熨斗齋隨筆》云：“‘臣’疑當作‘成’。”

瑒二十一子，第二子訓頗知名，位高唐太守，[1]陳亡入隋。

[1]高唐：郡名。陳宣帝太建五年（573）五月，陳軍北伐收復梁故高唐郡（亦作“高塘郡”），治高唐城，在今安徽來安縣半塔鎮。另《陳書》卷五《宣帝紀》記載，宣帝太建六年詔書中提到赦“江州之齊昌、新蔡、高唐”士民，太建八年十一月“分江州晋熙、高唐、新蔡三郡爲晋州”，似乎江州亦有高唐。

徐世譜字興宗，巴東魚復人也。[1]世居荆州，爲主帥，征伐蠻蜒。[2]至世譜，尤勇敢，[3]有旅力，善水戰。

[1]巴東：郡名。治魚復縣，在今重慶奉節縣東白帝城。

[2]蠻蜑：古代南方少數民族名。活動於今湘西與川、鄂、黔接壤地區，爲土家族先民（參見劉美嵩《試論夔越與土家族先民蠻蜑的關係》，《民族論壇》1985年第2期）。

[3]勇敢：《陳書》卷一三《徐世譜傳》作“敢勇”。

梁元帝之爲荆州刺史，世譜將領鄉人事焉。侯景之亂，因預征討，累遷至員外散騎常侍。[1]尋領水軍，從司徒陸法和與景戰於赤亭湖。[2]時景軍甚盛，世譜乃别造樓船、拍艦、火舫、水車，[3]以益軍勢。將戰，又乘大艦居前，大敗景軍，禽景將任約。[4]景退走，因隨王僧辯攻郢州。世譜復乘大艦臨其倉門，賊將宋子仙據城降。[5]以功除信州刺史，封魚復縣侯。[6]仍隨僧辯東下，恒爲軍鋒。景平，以衡州刺史資領河東太守。[7]

[1]員外散騎常侍：官名。初爲正員之外添差之散騎常侍，後轉爲定員官，與散騎常侍、散騎侍郎、通直散騎常侍、通直散騎侍郎、員外散騎侍郎合稱六散騎。南朝梁、陳隸集書省，掌侍奉規諫，備顧問應對，實爲閑職，用以安置閑退官員、衰老之士，多授宗室、公族子弟。梁十班。陳四品，秩二千石。

[2]司徒：官名。與司空、太尉並爲三公。多爲大臣加官。梁十八班。陳一品，秩萬石。　陸法和：早年禮佛隱居，梁武帝末年，率弟子投官從戎，抗擊侯景，因功任都督、郢州刺史、司徒等職。後降北齊。入鄴後，營造佛寺，自號“荆山居士”。《北齊書》卷三二、《北史》卷八九有傳。　赤亭湖：在今湖南華容縣南。《通典》卷一八三云：“今郡西華容界有赤亭城是也。城近赤亭湖，因以爲名。”

[3]拍艦：一種攻擊型戰艦，設有拍竿，上懸巨石，由轆轤操縱，用以砸毀敵艦。　火舫：用來發起火攻的戰艦。

[4]任約：侯景部將。兵敗降梁，任晋安王司馬、征南將軍、南豫州刺史、征南大將軍。後起兵反擊陳霸先，兵敗後歸順北齊。

[5]宋子仙：侯景部將。征戰屢有克獲，被封爲司徒、太保，後爲王僧辯所敗，被俘後送江陵斬首。

[6]魚復縣侯：據《陳書》卷一三《徐世譜傳》，食邑五百户。

[7]河東：郡名。僑寄松滋縣，在今湖北松滋市西北。

西魏攻荆門，[1]世譜鎮馬頭岸，[2]據有龍洲。[3]元帝授侍中、都督江南諸軍事、鎮南將軍、護軍將軍。[4]魏尅江陵，世譜東下依侯瑱。

[1]荆門：《陳書》卷一三《徐世譜傳》作“荆州”。中華本以爲“馬頭岸”近荆州，故據改“荆門”爲“荆州”。

[2]馬頭岸：地名。在今湖北公安縣北。地在長江南岸，北對江陵之江津戍，爲江防要地。

[3]龍洲：又稱龍陂，長江中沙洲，在今湖北荆州市荆州區北紀南城西南長江中。

[4]鎮南將軍：官名。梁、陳時鎮前、鎮後、鎮左、鎮右將軍與鎮東、鎮西、鎮南、鎮北將軍合稱八鎮將軍，爲重號將軍，梁武帝天監七年（508）定武職二十四班，班多者爲貴，鎮南將軍二十二班。陳擬二品，比秩中二千石。

紹泰元年，[1]徵爲侍中、左衛將軍。陳武帝之拒王琳，其水戰之具，悉委世譜。世譜性機巧，諳解舊法，所造器械，並隨機損益，妙思出人。

[1]紹泰：南朝梁敬帝蕭方智年號（555—556）。

永定二年，遷護軍將軍。文帝即位，歷特進、右光禄大夫。以疾失明，謝病不朝。卒，[1]謚曰桓。

[1]卒：據《陳書》卷一三《徐世譜傳》，卒於陳文帝天嘉四年（563），時年四十五歲。

周敷字仲遠，臨川人也。爲郡豪族。敷形貌眇小，如不勝衣，[1]膽力勁果，超出時輩。性豪俠，輕財重士，鄉黨少年任氣者咸歸之。

[1]如不勝衣：謂身體不能承受衣服的重量，常以形容人身體瘦弱。語出《荀子·非相》："葉公子高，微小短瘠，行若將不勝其衣。"

侯景之亂，鄉人周續合衆以討賊爲事，梁内史始興蕃王蕭毅以郡讓續，[1]續所部有欲侵掠毅者，敷擁護之，親率其黨，捍送至豫章。時梁觀寧侯蕭永、長樂侯蕭基、豐城侯蕭泰避難流寓，[2]聞敷信義，皆往依之。敷愍其危懼，屈體崇敬，厚加給邮，送之西上。俄而續部下將帥争權，殺續以降周迪。迪素無簿閥，[3]又失衆心，倚敷族望，深求交結。敷未能自固，事迪甚恭，迪大憑杖之。迪據臨川之工塘，[4]敷鎮臨川故郡。侯景平，梁元帝授敷寧州刺史，[5]封西豐縣侯。[6]

[1]梁内史始興蕃王蕭毅以郡讓續：梁始興王蕭憺死后，世子蕭亮嗣位，史書未見名爲蕭毅的始興王。錢大昕《廿二史考異》、張森楷《校勘記》皆惑而不解。《資治通鑑》卷一六六《梁紀二十二》梁敬帝太平元年記其事爲“侯景之亂，臨川民周續起兵郡中，始興王毅以郡讓之而去”，由此知當時始興人王毅爲臨川内史，爲形勢所迫，將臨川讓給周續。“蕃”“蕭”二字當爲後人擅加（詳見本書中華本校勘記）。

[2]觀寧侯蕭永：梁武帝弟鄱陽王蕭恢之子，鄱陽嗣王蕭範之弟，封觀寧侯。　豐城侯蕭恭：大德本、汲古閣本、殿本“恭”作“泰”。按，豐城侯指蕭泰，底本誤。蕭泰，字世怡，亦爲蕭恢之子，蕭範之弟。仕梁爲中書舍人、譙州刺史，後投奔北齊，任永州刺史。復投奔西魏，拜開府儀同三司，封義興郡公，授蔡州刺史。本書卷五二有附傳，《北史》卷二九有傳。

[3]簿閥：又作“簿世”“簿伐”，爲士人家世的記録。魏晋實行九品官人之法，選官時須參考郡望、父祖仕宦經歷，此即所謂“考之簿世，然後授任”。

[4]工塘：城名。在今江西撫州市臨川區東南。

[5]寧州：州名。治南城縣，在今江西南城縣東南。

[6]西豐縣侯：封爵名。西豐，縣名。治所在今江西撫州市臨川區西南。據《陳書》卷一三《周敷傳》，西豐縣侯食邑一千户。

陳武帝受禪，王琳據有上流，余孝頃與琳黨李孝欽等共圍周迪，[1]敷助於迪，迪禽孝頃等，敷功最多。熊曇朗之殺周文育，[2]據豫章，將兵襲敷，敷大破之。曇朗走巴山郡，[3]敷因與周迪、黄法𣰰等進兵屠之。王琳平，授散騎常侍、豫章太守。

[1]余孝頃：南朝梁傒人首領。初爲新吴洞主，後歷豫章太守、

南江州刺史。梁末，與蕭勃起兵對抗控制朝廷的陳霸先，兵敗求降。陳霸先稱帝，余孝頃復與王琳呼應，擁梁抗陳，兵敗被擒。仕陳爲宣毅將軍、南豫州刺史。陳文帝時任信義太守，天嘉四年（563），以信威將軍、益州刺史身份參與討平陳寶應之役。廢帝光大元年（567）二月，謀反伏誅。

[2]熊曇朗：豫章南昌（今江西南昌市）人。本書卷八〇、《陳書》卷三五有傳。

[3]巴山：郡名。治巴山縣，在今江西崇仁縣西南。

時南江酋帥，[1]並顧戀巢窟，唯敷獨先入朝。天嘉二年，詣闕，進號安西將軍，[2]令還鎮豫章。周迪以敷素出己下，超致顯達，深不平，乃舉兵反，遣弟方興襲敷。敷大破之，仍從都督吴明徹攻破迪，禽方興。再遷都督、除豫州刺史。[3]迪又收餘衆襲東興，文帝遣都督章昭達征迪，敷又從軍。至定川縣，[4]與迪相對，迪紿敷求還朝，欲立盟，敷許之。方登壇，爲迪所害。[5]謚曰脱。子智安嗣，[6]位至太僕卿。[7]

[1]南江：本書通常指今廣州南部，此處指江州南部，即今江西一帶，亦稱“南川”（參見周一良《魏晋南北朝史札記·陳書札記》，第296頁）。

[2]進號安西將軍：據《陳書》卷一三《周敷傳》，周敷此前因平王琳之功，獲授平西將軍。安西將軍位在平西將軍之上，故稱“進號”。安西將軍，官名。南朝梁、陳時爲八安（安東、安南、安西、安北，安前、安後、安左、安右）將軍之一。梁武帝天監七年（508）定爲武職二十四班中的二十一班。陳擬三品，比秩中二千石。

[3]除豫州刺史：大德本、汲古閣本、殿本及《陳書·周敷傳》皆作“南豫州刺史”。底本“除”當爲“南”之誤。

[4]定川：縣名。治所在今江西撫州市臨川區北。

[5]爲迪所害：據《陳書·周敷傳》，時年三十五歲。

[6]智安：周智安。據《隋書》卷五二《賀若弼傳》記載，陳後主禎明三年（589）隋軍渡江伐陳時，在白土岡與隋將賀若弼對壘，兵敗降隋。

[7]太僕卿：官名。本爲太僕之尊稱，南朝梁武帝天監七年官班改革，建置十二卿，改太僕爲太僕卿，遂爲正式官名。總管南馬牧、左右牧、龍厩、内外厩等國家養馬機構，不掌車輿。梁十班。陳三品，秩中二千石。

荀朗字深明，潁川潁陰人也。[1]祖延祖，梁潁川太守。父伯通，衛尉卿。[2]

[1]潁川：郡名。治許昌縣，在今河南許昌市東。　潁陰：縣名。治所在今河南許昌市。

[2]衛尉卿：官名。東漢魏晋常作爲衛尉的尊稱。南朝梁正式定爲官稱，位列十二卿。掌宫門宿衛屯兵，巡行宫外，糾察不法，管理武器庫藏，領武庫、公車司馬令。梁十二班。陳沿置，三品，秩中二千石。

朗少慷慨，有將帥大略。侯景之亂，據巢湖，[1]無所屬。臺城陷没後，梁簡文帝密詔授朗豫州刺史，[2]令與外蕃討景。景使儀同宋子仙、任約等頻征之，不能克。時都下饑，朗更招致部曲，[3]衆至數萬。侯景敗於巴陵，[4]朗截破其後軍。景平後，又别破齊將郭元建於踟蹰山。[5]及魏剋荆州，陳武帝入輔，齊遣蕭軌、東方老等來寇，[6]據石頭。朗自宣城來赴，[7]與侯安都等大破之。

［1］巢湖：即今安徽巢湖。

［2］梁簡文帝：蕭綱。字世纘，小字六通，梁武帝蕭衍第三子。本書卷八、《梁書》卷四有紀。　豫州：州名。梁時寄治今安徽壽縣。

［3］時都下饑，朗更招致部曲：《陳書》卷一三《荀朗傳》作"時京師大饑，百姓皆於江外就食，朗更招致部曲"。本書删"百姓皆於江外就食"，致語意蹇澀。部曲，漢代本爲軍隊編制用語。魏晋南北朝時演變爲世族、豪强的私屬依附，平時耕田從役，戰時隨主家作戰，父死子繼，地位低下。陳朝從建立至亡國，戰事頻仍，部曲私兵的主要職責是隨主家征戰（參見周一良《魏晋南北朝史札記·陳書札記》，第301—304頁）。

［4］巴陵：郡名。治巴陵縣，在今湖南岳陽市。

［5］郭元建：本梁將，後降歸侯景。侯景敗，復降北齊。事見《梁書》卷五六《侯景傳》。　踟蹰山：古稱阺箕山。在今安徽含山縣西南古東關附近。一説即今安徽合肥市巢湖區散兵鎮附近的楚歌嶺，西瀕巢湖。

［6］東方老：北齊官員。安德鬲（今山東德州市陵城區）人。封陽平縣伯，位南兖州刺史。與蕭軌等渡江攻建業，兵敗被殺。《北史》卷三一有附傳。

［7］宣城：郡名。治宛陵縣，在今安徽宣城市宣州區。

武帝受禪，賜爵興寧縣侯，[1]以朗兄昂爲左衛將軍，弟晷爲太子右衛率。[2]武帝崩，宣太后與舍人蔡景歷秘不發喪，[3]朗弟曉在都微知之，謀率其家兵襲臺。事覺，景歷殺曉，仍繫其兄弟。文帝即位，並釋之，因厚撫朗，令與侯安都等拒王琳。琳平，遷都督、合州刺史。[4]卒，[5]謚曰壯。子法尚嗣。

[1]興寧縣侯：封爵名。興寧，縣名。治所在今廣東興寧市西北。據《陳書》卷一三《荀朗傳》，興寧縣侯食邑二千户。

[2]太子右衛率：官名。與太子左衛率宿衛東宮，地位頗重。陳四品，秩二千石。

[3]宣太后：南朝陳武帝皇后章要兒，駕崩後謚爲宣太后。本書卷一二、《陳書》卷七有傳。　舍人：官名。“中書舍人”的省稱。中書舍人，本名中書通事舍人，梁、陳去“通事”二字，徑稱“中書舍人”，間或簡稱“舍人”。職掌收納、轉呈章奏等事。陳八品。

[4]合州：州名。治汝陰縣，在今安徽合肥市。

[5]卒：據《陳書·荀朗傳》，卒於陳文帝天嘉六年（565），時年四十八歲。

法尚少倜儻，[1]有文武幹略。禎明中，爲都督、郢州刺史。及隋軍濟江，法尚降。入隋，歷邵、觀、綿、豐四州刺史，[2]巴東、敦煌二郡太守。[3]

[1]倜：大德本、汲古閣本及《陳書》卷一三《荀法尚傳》皆作“俶”。

[2]邵：州名。治垣縣，在今山西垣曲縣東南。　觀：州名。治東光縣，在今河北東光縣。　綿：州名。治巴西縣，在今四川綿陽市涪城區。　豐：州名。治九原縣，在今内蒙古包頭市。

[3]巴東：郡名。治民復縣，在今重慶奉節縣。　敦煌：郡名。

治敦煌縣，在今甘肅敦煌市西。

周炅字文昭，汝南安成人也。[1]祖强，齊梁州刺史。[2]父靈起，梁廬、桂二州刺史，[3]保城縣侯。[4]

[1]汝南：郡名。治上蔡縣，在今河南上蔡縣西南。　安成：縣名。治所在今河南汝南縣東南。

[2]梁州：州名。治南鄭縣，在今陝西漢中市東。

[3]廬：州名。治所不詳。　桂：州名。治始安縣，在今廣西桂林市。

[4]保城：縣名。治所在今湖北蘄春縣西南。

炅少豪俠任氣，有將帥才。梁太清元年，爲弋陽太守。[1]侯景之亂，元帝承制改授西陽太守，[2]封西陵縣伯。[3]以軍功累遷都督、江州刺史，[4]進爲侯。[5]陳武帝踐祚，王琳擁據上流，炅以州從之，後爲侯安都所禽，送都。文帝釋之，授定州刺史，[6]帶西陽、武昌二郡太守。[7]

[1]弋陽：郡名。治弋陽縣，在今河南潢川縣西。

[2]西陽：郡名。治西陽縣，在今湖北黄岡市東。

[3]西陵：縣名。治所在今湖北黄石市。

[4]江州：州名。治湓口城，在今江西九江市。

[5]進爲侯：進爵爲西陵縣侯。據《陳書》卷一三《周炅傳》，食邑五百户。

[6]定州：州名。治蒙籠城，在今湖北麻城市東北。錢大昕《廿二史考異》卷二七云："梁置定州於江北蒙籠城，陳初畫江爲

界，未得有其地。炅蓋鎮武昌而遥帶州名耳。”

［7］武昌：郡名。治武昌縣，在今湖北鄂州市。按，當時西陽、武昌雖名爲郡，實僅二城屬陳，郡境多爲北齊所據。如石泉、魯西奇即認爲，“侯景敗，周炅繼續保有西陽、武昌，衹是西陽轄境盡爲北齊占領，周炅衹有西陽城一個據點而已。陳太建五年（573年）北伐，周炅即由此出發，攻克北齊巴州城”（詳見石泉、魯西奇《東晋南朝西陽郡沿革與地望考辨》，《江漢考古》1996年第2期）。

太建五年，爲都督、安州刺史，改封龍源縣侯。[1]其年，隨都督吴明徹北討，所向剋捷，一月之中，獲十二城。敗齊尚書左丞陸騫軍。[2]進攻巴州，[3]剋之。於是江北諸城及穀陽土人，[4]並誅其渠帥以城降。[5]進號和戎將軍。[6]仍敕追炅入朝。

［1］龍源縣侯：據《陳書》卷一三《周炅傳》，食邑並前增至一千户。龍源，縣名。治所不詳。

［2］尚書左丞：官名。爲尚書省佐官，位次尚書，與右丞共掌尚書省庶務，職權甚重。北齊從四品上。

［3］巴州：北齊州名。治西陽縣，在今湖北黄岡市。

［4］穀陽：郡名。治高昌縣，在今安徽固鎮縣。

［5］渠帥：首領。舊時對武裝反抗者或部落酋長的一種蔑稱。

［6］和戎將軍：官名。南朝梁武帝大通三年（529）置，專施用於境外，地位較高。陳擬七品，比秩六百石。

後梁定州刺史田龍昇以城降，[1]詔以爲定州刺史，封赤亭王。[2]及炅入朝，龍昇以江北六州七鎮叛入于齊，齊遣歷陽王高景安應之。於是令炅爲江北道大都督，總統衆軍以討龍昇，斬之，盡復江北之地。進號平北將軍。[3]卒於官，[4]贈司州刺史，[5]改封武昌郡公，謚曰壯。

[1]後梁：承聖三年（554），西魏攻陷江陵，殺梁元帝蕭繹，扶立梁岳陽王蕭詧爲帝，仍以梁爲國號，實爲西魏附庸，史稱後梁或西梁。歷三帝，公元587年爲隋所廢。

[2]赤亭：地名。在今湖北麻城市西南。西陽郡有赤亭水（即今舉水），爲豫州蠻聚居之處。《宋書》卷九七《豫州蠻傳》記載，“西陽有巴水、蘄水、希水、赤亭水、西歸水，謂之五水蠻，所在並深岨，種落熾盛，歷世爲盗賊。北接淮、汝，南極江、漢，地方數千里”。南朝宋文帝時，於其地置十八左縣，以統治蠻民，其中就包括赤亭左縣。

[3]平北將軍：官名。平東、平南、平西、平北四平將軍之一。多授予持節都督或監某一地區的軍事，或作爲刺史監理軍務的加官。陳擬三品，比秩中二千石。

[4]卒於官：據《陳書》卷一三《周炅傳》，陳宣帝太建八年（576）卒官，時年六十四歲。

[5]司州：州名。寄治黄城縣，在今湖北武漢市黄陂區東。陳宣帝太建五年，陳軍攻克北齊南司州鎮所黄城，改置司州。太建十一年復歸北周。

魯悉達字志通，扶風郿人也。[1]祖斐，齊衡州刺史、陽塘侯。[2]父益之，梁雲麾將軍，[3]新蔡、義陽二郡太守。[4]

[1]扶風：郡名。治池陽縣，在今陝西涇陽縣西北。　郿：縣

名。治所在今陝西眉縣東渭河北岸。此爲其祖籍所在。

[2]齊衡州刺史：《梁書》卷二《武帝紀中》記梁武帝天監四年（505）六月“分湘廣二州置衡州”。

[3]雲麾將軍：官名。南朝梁武帝天監七年置，爲武職二十四班中的十八班。陳擬四品，比秩中二千石。

[4]新蔡：郡名。寄治鮦陽縣，在今河南商城縣南。　義陽：郡名。寄治安鄉縣，在今湖南安鄉縣西南。

悉達幼以孝聞。侯景之亂，糺合鄉人保新蔡，力田蓄穀。時兵荒，都下及上川餓死者十八九，[1]有得存者，皆攜老幼以歸焉，悉達所濟活者甚衆。招集晋熙等五郡，[2]盡有其地。使其弟廣達領兵隨王僧辯討平侯景。梁元帝授北江州刺史。[3]

[1]上川：郡名。治淮安縣，在今河南桐柏縣固縣鎮西。

[2]晋熙：郡名。治懷寧縣，在今安徽潜山市。　五郡：大德本、汲古閣本、殿本作“五部”。《陳書》卷一三《魯悉達傳》同底本。中華本校勘記云：“‘五郡’各本作‘五部’，據《陳書》改。按下‘悉達撫綏五郡’，則‘五部’訛。”今按，中華本所改甚是，然對底本未予關注，故有“各本作五部”之論。

[3]北江州：州名。梁之北江州治鹿城關，在今湖北麻城市西。

敬帝即位，王琳據有上流，留異、余孝頃、周迪等所在蜂起，悉達撫綏五郡，甚得人和。琳授悉達鎮北將軍，[1]陳武帝亦遣趙知禮授征西將軍、江州刺史，[2]悉達兩受之，遷延顧望。武帝遣安西將軍沈泰潜師襲之，不能剋。齊遣行臺慕容紹宗來攻鬱口諸鎮，[3]悉達與戰，大敗齊軍，紹宗僅以身免。王琳欲圖東下，以悉達制其中流，遣使招誘，悉達終不從。琳不得下，乃連結於齊，齊遣清河王高岳助之。[4]會裨將梅天養等懼罪，乃引齊軍入城，悉達勒麾下數千人濟江而歸武帝。[5]帝見之喜曰："來何遲也！"授北江州刺史，[6]彭澤縣侯。[7]

[1]鎮北將軍：官名。梁、陳時鎮前、鎮後、鎮左、鎮右將軍與鎮東、鎮西、鎮南、鎮北將軍合稱八鎮將軍，爲重號將軍。梁武帝天監七年（508）定武職二十四班，班多者爲貴，鎮南將軍二十二班。陳擬二品，比秩中二千石。

[2]趙知禮：字齊旦，天水隴西（今甘肅隴西縣）人。本書卷六八、《陳書》卷一六有傳。　征西將軍：官名。與征東、征南、征北將軍合稱四征將軍，多授持節都督，出鎮方面，地位顯要。梁武帝天監七年定爲武職二十四班中的二十三班。陳擬二品，比秩中二千石。　江州：州名。治湓口城，在今江西九江市。

[3]行臺：官署名。代行尚書臺職權的地方行政機構。此處代指行臺長官。　慕容紹宗：昌黎棘城（今遼寧義縣）人。官至東魏南道行臺，封燕郡公。《北齊書》卷二〇、《北史》卷五三有傳。按，慕容紹宗死於東魏孝静帝武定七年（549），鬱口之戰發生在梁敬帝即位（555）之後，史書所記有誤。錢大昕《廿二史考異》卷二七即云："按慕容紹宗之死在齊未受禪以前，安得此時尚存。此史家傳聞之誤，《南史》亦仍舊聞，而未據《北史》以正之。"林礽乾《陳書異文考證》疑慕容紹宗爲"慕容儼"之誤，並云："考《北齊書》卷二十《慕容儼傳》，慕容儼仕齊爲揚州行臺，嘗敗陳新蔡太守魯悉達於大蛇洞。據本書此處所言，慕容儼復來攻鬱口諸鎮，則是爲魯悉達所敗，僅以身免也。"（第131頁）

[4]清河王高岳：字洪略。北齊宗室。官至驃騎大將軍、宗師、司州牧、太保，封清河郡王。《北齊書》卷一三、《北史》卷五一

有傳。清河，郡名。治清河縣，在今山東臨清市東。

[5]按，上段與本段中脱誤較多，且記述順序也有錯誤。魯悉達事迹的先後順序應是：（1）魯悉達曾戰敗過慕容紹宗；（2）侯景之亂時，魯悉達曾保有晋熙五郡之地；（3）敬帝即位後，陳霸先授其爲征西將軍，王琳授其爲鎮北將軍；（4）因魯悉達“兩不就”，故王琳衹好借助北齊高岳來排除魯悉達的阻擋；（5）敬帝紹泰二年（556）三月，陳霸先利用調集軍隊抵禦北齊來犯之機，命沈泰偷襲魯悉達，但未成功；（6）後來，魯悉達部將梅天養勾引齊兵入城，魯悉達收拾餘部歸附陳霸先（參見蔣伯良《〈梁書〉〈陳書〉舛誤辨》，《寧波大學學報》2003年第3期）。

[6]北江州：州名。本梁之南陵郡，陳初置爲北江州。寄治南陵縣，在今安徽池州市貴池區西南。

[7]彭澤縣侯：前脱“封”字。彭澤，縣名。治所在今江西湖口縣。

悉達雖仗氣任俠，不以富貴驕人。雅好詞賦，招禮賢才，[1]與之賞會。文帝即位，遷吴州刺史。[2]遭母憂，哀毁過禮，因遘疾卒，[3]謚孝侯。子覽嗣。弟廣達。

[1]才：大德本、殿本同，汲古閣本作“士”。

[2]吴州：州名。治吴縣，在今江蘇蘇州市。

[3]因遘疾卒：據《陳書》卷一三《魯悉達傳》，時年三十八歲。

廣達字徧覽，少慷慨，志立功名，虚心愛士，賓客自遠而至。時江表將帥各領部曲，動以千數，而魯氏尤爲多。仕梁爲平南當陽公府中兵參軍。[1]侯景之亂，與兄悉達聚衆保新蔡。梁元帝承制授晉州刺史。[2]王僧辯之討侯景，廣達出境候接，資奉軍儲。僧辯謂沈炯曰：[3]“魯晉州亦是王師東道主人。”仍率衆隨僧辯。景平，加員外散騎常侍。

[1]平南當陽公府中兵參軍：平南當陽公，指蕭大心。字仁恕，梁武帝蕭衍之孫，簡文帝蕭繹之子。梁武帝中大通四年（532），以皇孫封當陽公。大同三年（537）進號平南將軍，故稱“平南當陽公”。本書卷五四、《梁書》卷四四有傳。中兵參軍爲諸公府、軍府僚屬。職掌本府中兵曹事務，兼備參謀咨詢。其品位隨府主地位高低不等。

[2]晉州：州名。治懷寧縣，在今安徽潛山市。

[3]沈炯：字禮明（《南史》作“初明”），吴興武康（今浙江德清縣）人。本書卷六九、《陳書》卷一九有傳。

陳武受禪，授東海太守。[1]後代兄悉達爲吴州刺史，封中宿縣侯。[2]光大元年，遷南豫州刺史。華皎稱兵上流，詔司空淳于量進討。[3]軍至夏口，[4]見皎舟師强盛，莫敢進。廣達首率驍勇，直衝賊軍。廣達墮水，沈溺久之，因救獲免。皎平，授巴州刺史。

[1]東海：郡名。僑寄京口城，在今江蘇鎮江市。陳武帝永定二年（558）八月，改南徐州所領南蘭陵郡爲東海郡。

[2]中宿縣侯：封爵名。中宿，縣名。治所在今廣東清遠市西北。據《陳書》卷三一《魯廣達傳》，中宿縣侯食邑五百户。

[3]淳于量：字思明，其先濟北（今山東肥城市）人，世居建鄴（今江蘇南京市）。本書卷六六、《陳書》卷一一有傳。

[4]夏口：又稱沔口、漢口。夏水（漢水）入長江口。在今湖北武漢市。

太建初，與儀同章昭達入峽口，[1]招定安蜀等諸州鎮。[2]時周圖江左，[3]大造舟艦於蜀，并運糧青泥，廣達與錢道戢等將兵掩襲，縱火焚之，仍還本鎮。

[1]峽口：此指西陵峽口。

[2]招定安蜀：招，《陳書》卷三一《魯廣達傳》作“拓”。安蜀，城名。在今湖北宜昌市西陵峽口南岸。時爲信州鎮所。

[3]江左：即江東。古人在地理上以西爲右，以東爲左。其地本指今安徽蕪湖市、江蘇南京市長江河段以東的地區。但因爲陳定都建康（今江蘇南京市），故此處以江左代指陳。

廣達爲政簡要，推誠任下，吏人便之。及秩滿，皆詣闕表請，於是詔申二年。

衆軍北伐，[1]畧淮南舊地。[2]廣達與齊軍會於大峴，[3]大破之，斬其敷城主張元範。[4]進剋北徐州。仍授北徐州刺史。十年，授都督、合州刺史。

[1]衆軍北伐：《陳書》卷三一《魯廣達傳》作“五年，衆軍北伐”。中華本校勘記云：“‘五年’二字，各本並脱，據《陳書》補。按下所出各事，皆繫之以年，與《陳書》合，不應此條獨異。”

[2]淮南：地域名。泛指淮水以南之地，大致爲今江蘇、安徽二省淮河以南、長江以北的地方。

[3]大峴（xiàn）：古城名。在今安徽含山縣東北大峴山上。

[4]敷城主張元範：中華本校勘記云：“‘敷城王’各本作‘敷

城主’。按《魏書·地形志》，晋州有敷城郡及敷城縣，肆州秀容郡有敷城縣。大峴在合肥之南，歷陽之北，其地無名敷城者。且若是城主，當云敷城城主，不當言敷城主。蓋‘主’是‘王’字之訛。北齊張保洛封敷城王，張元範或是張保洛之子，襲爵爲王。今訂正。”

十一年，周將梁士彦圍壽春，[1]詔遣中領軍樊毅、左衛將軍任忠等分部趣陽平、秦郡，[2]廣達率衆入淮，爲掎角以擊之。周軍攻陷豫、霍二州，[3]南北兖、晋等各自拔，諸將並無功，盡失淮南之地，廣達因免官，以侯還第。

[1]梁士彦：字相如，安定烏氏（今寧夏固原市）人。時爲北周柱國。《周書》卷三一、《北史》卷七三有傳。　壽春：縣名。即壽陽。治所在今安徽壽縣。

[2]陽平：郡名。寄治安宜縣，在今江蘇寶應縣西南。

[3]霍：州名。治霍山縣，在今安徽霍山縣。

十二年，與南豫州刺史樊毅北討，[1]剋郭默城。[2]尋授平西將軍、都督郢州以上七州諸軍事，[3]頓兵江夏。[4]周安州總管元景征江外，[5]廣達命偏師擊走之。

[1]南豫州刺史樊毅北討：中華本校勘記云：“《陳書·樊毅傳》毅無爲南豫州事，其弟猛爲南豫州乃在後主至德四年。或樊毅爲任忠之訛，任忠爲南豫州刺史正在太建十二年。”

[2]郭默城：古城名。在今安徽壽縣西。相傳爲晋咸和年間右軍將軍郭默叛亂時所築。

[3]七州：《陳書》卷三一《魯廣達傳》作“十州”。“七”“十”形近，不知何者爲是。

[4]江夏：郡名。治夏口城，在今湖北武漢市武昌區。

[5]安州：北周州名。治安陸縣，在今湖北安陸市。　總管：官名。北周明帝武成元年（559）改“都督諸州軍事”爲總管，轄一州或數州，加使持節，總理軍區軍政民政。　元景：即元景山。字珤岳，河南洛陽（今河南洛陽市）人。北周宗室。仕北周官至安州總管、柱國，爵拜平原郡公。仕隋爲上柱國。《隋書》卷三九有傳。《陳書·魯廣達傳》作“元景”。《隋書·元景山傳》，《資治通鑑》卷一七四《陳紀八》、卷一七五《陳紀九》皆作“元景山”，林礽乾《陳書異文考證》據此以爲《陳書》各本脱“山”字，當據《隋書》及《資治通鑑》補（第244頁）。中華本校勘記亦云：“‘元景山’各本作‘元景’，據《隋書·元景山傳》訂正。”或以爲《周書》亦稱“元景”，此雙名單稱之例，無版本證據，以《隋書》《資治通鑑》存參即可，不需補字（參見《今注本二十四史·陳書》，中國社會科學出版社2020年版，第957頁）。

至德二年，爲侍中，改封綏越郡公。[1]尋爲中領軍。及賀若弼進軍鍾山，[2]廣達於白土岡置陣，[3]與弼旗鼓相對。廣達躬擐甲胄，手執桴鼓，率勵敢死而進，隋軍退走。如是者數四。及弼乘勝至宫城，[4]燒北掖門，[5]廣達猶督餘兵，苦戰不息。會日暮，乃解甲，面臺再拜慟哭，謂衆曰：“我身不能救國，負罪深矣。”士卒皆涕泣歔欷，於是就執。

[1]綏越：郡名。治綏越縣，在今廣西富川瑶族自治縣南。

[2]賀若弼：字輔伯，河南洛陽（今河南洛陽市）人。賀若敦

之子。《隋書》卷五二有傳，《北史》卷六八有附傳。　鍾山：又稱金陵山，即今江蘇南京市東北紫金山。東晉、南朝時爲京師建康北部屏障。《元和郡縣圖志》卷二五《江南道一·上元縣》："賀若弼壘，在縣北二十里。隋平陳，弼過江，於蔣山龍尾築壘。"

［3］白土岡：鍾山與秦淮河之間南北向的岡阜，位置相當於明代南京城以朝陽門（今中山門）控扼的東墻段（參見蔡宗憲《六朝軍事史上的鍾山——以龍尾與白土岡爲中心的考察》，《早期中國史研究》第十一卷，2019 年，第 287—327 頁）。《讀史方輿紀要》卷二〇《南直二·順天府》："白土岡，府東十三里。隋賀若弼與陳兵戰於白土岡，擒蕭摩訶於此。《金陵記》：'白土岡周回十里，高十丈，南至淮，即鍾山之南麓也。'"

［4］宫城：即臺城。

［5］北掖門：建康宫城北門之一。原名承明門，南朝齊避高帝蕭承之名諱而改。梁、陳時或稱北掖門，或稱承明門。按，梁、陳時宫城有三座北門，由西而東依次爲大通門、北掖門、平昌門。

禎明三年，依例入隋。廣達近愴本朝淪覆，[1]遺疾不療，[2]尋以憤慨卒。[3]尚書令江總撫柩慟哭，乃命筆題其棺頭，爲詩曰："黄泉雖抱恨，白日自留名，悲君感義死，不作負恩生。"又製廣達墓銘，述其忠槩。[4]

［1］廣達近愴本朝淪覆：近，大德本、汲古閣本、殿本作"追"。《陳書》卷三一《魯廣達傳》作"廣達愴本朝淪覆"。

［2］遺疾不療：遺，大德本、汲古閣本、殿本及《陳書·魯廣達傳》皆作"遘"。底本誤。

［3］尋以憤慨卒：據《陳書·魯廣達傳》，時年五十九歲。

［4］又製廣達墓銘，述其忠槩：《陳書·魯廣達傳》載其墓銘略曰："災流淮海，險失金湯，時屯運極，代革天亡。爪牙背義，介

冑無良，獨摽忠勇，率禦有方。誠貫皎日，氣勵嚴霜，懷恩感報，撫事何忘。”

初，隋將韓擒之濟江，[1]廣達長子世真在新蔡，乃與其弟世雄及所部奔擒，擒遣使致書招。[2]廣達時屯兵都下，乃自劾廷尉請罪，[3]後主謂曰：“世真雖異路中大夫，[4]公國之重臣，吾所恃賴，豈得自同嫌疑之間乎？”加賜黄金，即日還營。

[1]韓擒之濟江：大德本、汲古閣本同，殿本作“韓擒虎濟江”。韓擒，即韓擒虎。唐避高祖李淵祖父李虎名諱而去“虎”字。字子通，河南東垣（今河南新安縣）人。《隋書》卷五二有傳，《北史》卷六八有附傳。

[2]擒遣使致書招：大德本、汲古閣本作“擒遣使致書招廣達”，殿本作“擒虎遣使致書招廣達”。底本脱“廣達”二字。

[3]廷尉：官名。南朝梁、陳稱“廷尉卿”。職掌國家刑獄事。陳三品，秩中二千石。

[4]異路：指敵方。　中大夫：官名。王國屬官，職掌奉使京城及諸國之事。

廣達有隊主楊孝辯，[1]時從廣達在軍中，力戰陷陣，其子亦隨孝辯揮刀殺隋兵十餘人，力窮，父子俱死。

[1]隊主：隊，軍隊編制名稱，首領稱隊主。或以爲隊與軍、幢不同，似更强調兵種特徵（參見周一良《魏晋南北朝史札記·北齊書札記》，第408—411頁）

蕭摩訶字元胤，蘭陵人也。[1]父諒，梁始興郡丞。[2]摩訶隨父之郡，年數歲而父卒，其姊夫蔡路養時在南康，[3]乃收養之。稍長，果毅有勇力。

[1]蘭陵：郡名。治承縣，在今山東棗莊市東南。

[2]郡丞：官名。爲郡太守副手，職權較重，由朝廷任命。陳制，萬户郡丞七品，萬户以下郡丞八品，秩皆六百石。

[3]姊夫：《册府元龜》卷八四七同，《陳書》卷三一《蕭摩訶傳》作“姑夫”。　蔡路養：南康郡人。乘侯景之亂，據南康與義軍對抗，爲陳霸先所敗。　南康：郡名。治贛縣，在今江西贛州市西南。

侯景之亂，陳武帝赴援建鄴。路養起兵拒武帝，摩訶時十三，[1]單騎出戰，軍中莫有當者。及路養敗，摩訶歸侯安都，常從征討，安都遇之甚厚。及任約、徐嗣徽引齊兵爲寇，武帝遣安都北拒齊軍於鍾山龍尾及北郊壇。[2]安都謂摩訶曰：“卿驍勇有名，千聞不如一見。”摩訶對曰：“今日令公見之。”及戰，安都墜馬被圍，摩訶獨騎大呼，直衝齊軍，稍解去，[3]安都乃免。以平留異、歐陽紇功，累遷巴山太守。

[1]時：大德本、汲古閣本、殿本及《陳書》卷三一《蕭摩訶傳》皆作“時年”。

[2]龍尾：鍾山西南方的富貴山，俗稱龍尾坡。或以爲在鍾山之北，即今江蘇南京市蔣王廟社區靠近鍾山登山口一帶（參見蔡宗憲《六朝軍事史上的鍾山——以龍尾與白土岡爲中心的考察》，《早期中國史研究》第十一卷，2019 年，第 287—327 頁）。由山脚

或城底沿坡勢逶迤而上的小道，由上俯視，宛如下垂之龍尾，故名。《資治通鑑》卷一六六《梁紀二十二》梁敬帝太平元年胡三省注："自山趾築道，陂陀以登山，曰龍尾。"

[3]稍解去：大德本、汲古閣本、殿本作"齊軍稍解去"。

太建五年，衆軍北伐，摩訶隨都督吴明徹濟江攻秦郡。時齊遣大將尉破胡等率衆十萬來援，[1]其前隊有"蒼頭""犀角""大力"之號，皆身長八尺，[2]旅力絶倫，其鋒甚鋭。又有西域胡，[3]妙於弓矢，弦無虚發，衆軍尤憚之。及將戰，明徹謂摩訶曰："若殪此胡，[4]則破軍奪氣。[5]君有關、張之名，可斬顔良矣。"[6]摩訶曰："願得識其形狀。"明徹乃召降人有識胡者，云胡絳衣，[7]樺皮裝弓，兩端骨弭。[8]明徹遣人覘伺，知胡在陣，仍自酌酒飲摩訶。摩訶飲訖，馳馬衝齊，[9]胡挺身出陣前十餘步，彀弓未發，摩訶遥擲銑鋧，[10]正中其額，應手而仆。齊軍"大力"十餘人出戰，摩訶又斬之，於是齊師退走。以功封廉平縣伯。[11]尋進爲侯，位大僕卿。[12]又隨明徹進圍宿豫，擊走齊將王康德，[13]以功封晋熙大守。[14]

[1]尉破胡：北齊官員。時任北齊領軍將軍、開府儀同三司。與陳軍拒戰事可參《北齊書》卷八《後主傳》、卷二四《王琳傳》。

[2]八尺：約合今 196 釐米。南朝度制，一尺約合今 24.5 釐米。

[3]西域胡：又作"西胡"，古代對西域各族的泛稱。

[4]殪（yì）：殺死。

[5]破：大德本、汲古閣本、殿本及《陳書》卷三一《蕭摩訶

傳》皆作“彼”。

[6]君有關、張之名，可斬顔良矣：關即關羽，字雲長；張即張飛，字益德。皆爲漢末三國蜀國名將，以勇猛善戰著稱。《三國志》卷三六均有傳。漢獻帝建安五年（200），曹操東征袁紹，以關羽爲偏將軍，在萬衆之中斬袁紹帳下猛將顔良，威振天下。

[7]絳衣：黑色衣服。

[8]骨弭：弓兩端的骨製裝飾品。弭，弓末彎曲處。

[9]齊：大德本、汲古閣本、殿本及《陳書·蕭摩訶傳》皆作“齊軍”。

[10]銑（xiǎn）鋧（xiàn）：小矛。

[11]廉平縣伯：封爵名。廉平，縣名。治所在今廣東清遠市清新區西北。據《陳書·蕭摩訶傳》，廉平縣伯食邑五百户。

[12]大僕卿：官名。即太僕卿。始爲“太僕”的尊稱，至梁始定爲正式官名，位列十二卿。管理皇室車馬及畜牧諸事。陳三品，秩中二千石。

[13]王康德：代（今河北蔚縣）人。追隨東魏權臣高歡，官至尚書左僕射、開府儀同三司，封新蔡郡王。《北齊書》卷一九、《北史》卷五三有附傳。

[14]封晋熙大守：大德本、汲古閣本、殿本作“除晋熙太守”。按，底本誤。

九年，明徹進軍吕梁，與齊大戰，摩訶率七騎先入，手奪齊軍太旗，[1]齊衆大潰。以功授譙州刺史。[2]

[1]太旗：大德本、汲古閣本、殿本作“大旗”。

[2]譙州：州名。治渦陽縣，在今安徽蒙城縣。

及周武帝滅齊，[1]遣其將宇文忻争吕梁。[2]忻時有精騎數千，摩訶領十二騎，深入周軍，從横奪擊，[3]斬馘甚衆。[4]及周遣大將王軌來赴，[5]結長圍連鏁於吕梁下流，[6]斷大軍還路。摩訶謂明徹曰："聞軌始鏁下流，其兩頭築城，今尚未立，公若見遣擊之，彼必不敢相拒。彼城若立，則吾屬虜矣。"明徹奮髯曰：[7]"搴旗陷軍，[8]將軍事也。長筭遠畧，[9]老夫事也。"摩訶失色而退。一旬之中，水路遂斷，周兵益至。摩訶又請曰："今求戰不得，進退無路，若潛軍突圍，未足爲耻。願公率步卒乘馬輿徐行，摩訶驅馳前後，必使公安達京邑。"明徹曰："弟計乃良圖也。然老夫受命專征，[10]今被圍逼，慙寘無地。[11]且步軍既多，吾爲總督，必須身居其後，相率兼行，弟馬軍宜須在前。"摩訶因夜發，選精騎八千，[12]率先衝突，自後衆騎繼焉。比旦，達淮南。[13]宣帝徵還，授右衛將軍。

[1]周武帝：宇文邕。北周第三任皇帝，廟號高祖。《周書》卷五、卷六，《北史》卷一〇有紀。

[2]宇文忻：字仲樂，北周大司空宇文貴之子。攻滅北齊有功，進位大將軍。吕梁之戰中擊敗吴明徹，進位柱國，除豫州總管。入隋，官至右領軍大將軍，封杞國公，後因謀反被誅。《北史》卷六〇有附傳。

[3]從横：同"縱横"。　奪：大德本、汲古閣本、殿本及《陳書》卷三一《蕭摩訶傳》皆作"奮"。

[4]斬馘（guó）：古代戰争時割下所殺敵人或俘虜的左耳用來按數記功。

[5]大將王軌：《陳書·蕭摩訶傳》作"大將軍王軌"。本書卷六六《吴明徹傳》作"上大將軍王軌"。據《周書》《北史》王軌

本傳，當爲“上大將軍”爲是。王軌，小名沙門，太原祁（今山西祁縣）人。仕北周爲上開府儀同大將軍，封上黄縣公。攻滅北齊有功，進位上大將軍，封郯國公。以行軍總管出拒吴明徹陳軍，取得吕梁大捷，進位柱國。爲人忠正，直言無諱，後爲周宣帝所誅。《周書》卷四〇、《北史》卷六二有傳。

[6]鏁（suǒ）：同“鎖”。

[7]奮髯：發怒貌。

[8]軍：大德本、汲古閣本、殿本及《陳書·蕭摩訶傳》皆作“陣”。

[9]筭（suàn）：同“算”，意謂謀劃。

[10]命：大德本、汲古閣本、殿本及《陳書·蕭摩訶傳》皆作“脤”。脤（shèn），祭祀所用的肉。古代出兵征戰前需舉行祭祀。祭祀完畢，把祭肉頒賜衆人，謂之受脤。

[11]寘（zhì）：同“置”。安置，安放。

[12]精騎八千：《陳書·蕭摩訶傳》作“精騎八十”，中華本校勘記故云“疑《南史》有誤”。

[13]淮南：郡名。寄治姑孰，在今安徽當塗縣。

及宣帝崩，始興王叔陵於殿内手刃後主，[1]遂奔東府城。[2]摩訶入受敕，乃率馬步數百趣東府城，斬之。以功授車騎大將軍，[3]封綏建郡公。[4]叔陵素所蓄聚金帛累巨萬，後主悉以賜之。改授侍中、驃騎大將軍、左光禄大夫。[5]舊制，三公黄閤，[6]聽事置鴟尾。[7]後主特詔摩訶開黄閤，門施行馬，[8]聽事、寢堂，並置鴟尾。仍以其女爲皇太子妃。

[1]始興王叔陵：陳叔陵。字子嵩，陳宣帝陳頊第二子，封始

興郡王。本書卷六五、《陳書》卷三六有傳。　後主：南朝陳後主陳叔寶。字元秀，陳宣帝陳頊嫡長子。南朝陳最後一任皇帝。本書卷一〇、《陳書》卷六有紀。

[2]東府城：又稱東城。揚州刺史治所。在今江蘇南京市通濟門附近，南臨秦淮，西阻青溪，地據衝要。因在臺城之東，故名。孫吴以建業爲都，東府爲丞相所居。宋人張敦頤《六朝事迹編類》卷一引《吴實録》有云："有曰臺城，蓋宮省之所寓也；有曰東府，蓋宰相之所居也；有曰西州，蓋諸王之所宅也。"東晋時，東府爲揚州刺史治所。南朝時，揚州刺史治所或在臺城西之西州城，或在東府。宋孝武帝孝建三年（456）之前，宗室諸王以宰相録尚書事而兼揚州刺史者居東府，其他任揚州刺史者（包括異姓宰相録尚書事兼揚州刺史）則居西州。宋孝武帝孝建三年之後，在通常情況下，不管是否是宰相録尚書事，揚州刺史皆居東府（參見熊清元《南朝之揚州刺史及其治所考析》,《黄岡師專學報》1994 年第 2 期）。

[3]車騎大將軍：官名。陳時鎮衛、驃騎、車騎將軍擬一品，比秩中二千石。加"大"爲車騎大將軍，位進一階。多用於加賜元老重臣，以示尊崇。按，《陳書·後主紀》記爲"車騎將軍"。

[4]綏建郡公：封爵名。綏建，郡名。治新招縣，在今廣東廣寧縣南。據《陳書》卷三一《蕭摩訶傳》，綏建郡公食邑三千户。

[5]驃騎大將軍：官名。陳時驃騎將軍擬一品，比秩中二千石。加"大"爲驃騎大將軍，位進一階。多加授重臣，無具體職掌。按，《陳書·後主紀》記爲"驃騎將軍"，《蕭摩訶傳》記爲驃騎大將軍。林礽乾《陳書異文考證》云："按各本作'驃騎大將軍'有誤。據卷六《後主紀》，禎明元年八月丁未，蕭摩訶由車騎將軍進爲驃騎將軍。九月乙亥，豫章王叔英由驃騎將軍進號驃騎大將軍。同年十月丁亥，叔英以驃騎大將軍兼司徒，自是終陳之亡，豫章王叔英皆爲驃騎大將軍。是時豫章王叔英既爲驃騎大將軍，則蕭摩訶不得同時爲驃騎大將軍可知。且驃騎大將軍爲宰執之加銜，陳多以

皇弟皇子爲司徒者乃加焉，如廢帝即位，安成王頊拜司徒，進號驃騎大將軍、録尚書、都督中外諸軍事（見卷五《宣帝紀》）及後主禎明元年十一月丁亥，驃騎大將軍豫章王叔英兼司徒即是。蕭摩訶特陳之虎將耳，雖頻戰建功，得授爲驃騎將軍，然位非司徒，未得爲驃騎大將軍。明此各本作‘驃騎大將軍’者有誤，當從《後主紀》作‘驃騎將軍’爲是。”（第239頁）此説甚是，當從。左光禄大夫：官名。屬光禄勳。多作爲加官，或致仕、卒後的封贈官。無實際職掌。陳二品，秩中二千石。

[6]黄閤：漢代丞相、太尉以及後世的三公官署爲有别於天子制度，避用朱門，而代之以黄漆著色，故稱。

[7]聽事：官府辦公之所。　鴟（chī）尾：中國古代宫殿屋脊兩端的裝飾性構件。

[8]行馬：官署前攔阻人馬通行的路障。其制，一木横中，兩木互穿以成四角，俗亦稱鹿角。

會隋總管賀若弼鎮廣陵，[1]後主委摩訶禦之，授南徐州刺史。[2]禎明三年元會，[3]徵摩訶還朝，弼乘虚濟江，襲京口。摩訶請率兵逆戰，後主不許。及弼進鍾山，摩訶又曰："弼懸軍深入，壘壍未堅，[4]出兵掩襲，必剋。"又不許。及將出戰，後主謂曰："公可爲我一決。"摩訶曰："從來行陣，爲國爲身，今日之事，兼爲妻子。"後主多出金帛賦諸軍，以充賞賜。令中領軍魯廣達陳兵白土岡，居衆軍南；鎮東大將軍任忠次之；[5]護軍將軍樊毅、都官尚書孔範又次之；[6]摩訶軍最居北。衆軍南北亘二十里，首尾進退不相知。

[1]廣陵：郡名。治廣陵縣，在今江蘇揚州市西北蜀岡上。

[2]南徐州：州名。治京口城，在今江蘇鎮江市。

[3]元會：皇帝於元旦朝見群臣。亦稱“正會”。

[4]壘塹：大德本、汲古閣本同，殿本作“塹壘”。

[5]鎮東大將軍：官名。較鎮東將軍進一階。鎮東將軍，八鎮將軍之一。陳擬二品，比秩中二千石。

[6]都官尚書：官名。南朝尚書省六尚書之一，領都官、水部、庫部、功論四曹。陳三品，秩中二千石。　孔範：字法言，會稽山陰（今浙江紹興市）人。本書卷七七有傳。

弼初謂未戰，將輕騎登山，望見衆軍，因馳下置陣。後主通於摩訶之妻，故摩訶雖領勁兵八千，初無戰意，[1]唯魯廣達、田端以其徒力戰。[2]賀若弼及所部行軍七總管楊牙、韓洪、員明、黄昕、張默言、達奚隆、張辨等甲士凡八千，[3]各勒陣以待之。弼躬當魯廣達，麾下戰死者二百七十三人，弼縱煙以自隱，窘而復振。陳兵得人頭，皆走獻後主，求賞金銀。弼更趣孔範，範兵暫交便敗走。陳軍盡潰，死者五千人。諸門衛皆走，黄昕馳燒北掖門而入。員明擒摩訶以送弼，[4]弼以刀臨頸，詞色不撓，乃釋而禮之。

[1]後主通於摩訶之妻，故摩訶雖領勁兵八千，初無戰意：此句不見於《陳書》，蓋史家爲陳後主及蕭摩訶隱諱。

[2]田端：南朝陳官員。《北史》卷六八《賀若弼傳》、《隋書》卷五二《韓擒虎傳》皆作“田瑞”。

[3]行軍七總管：即行軍總管，官名。北周置。戰時臨時任命大臣充任，統兵出征，事訖即罷。在重大軍事行動中隸屬於行軍元帥。自隋始，行軍總管漸漸過渡爲地方軍政長官，或掌一道軍政，

或領數道，時有大總管、總管之分。　韓洪：隋官員。《隋書》卷五二、《北史》卷六八有附傳。　張辨：大德本、汲古閣本、殿本作“張辯”。

[4]擒：大德本、汲古閣本、殿本作“禽”。

及城平，弼置後主於德教殿，[1]令兵衛守。摩訶請弼曰：“今爲囚虜，命在斯須，[2]願一見舊主，死無所恨。”弼哀而許之。入見後主，俯伏號泣，仍於舊厨取食進之，辭訣而出，守衛者皆不能仰視。隋文帝聞摩訶抗答賀若弼，[3]曰：“壯士也，此亦人之所難。”入隋，授開府儀同三司。[4]尋從漢王諒詣并州，[5]同諒作逆伏誅，年七十三。

[1]德教殿：殿省名。在宫城中。陳時置德教殿學士，承擔編纂著録之事。《隋書·經籍志二》録有《陳德教殿四部目録》四卷。

[2]斯須：片刻時間，形容短暫。《禮記·祭義》：“禮樂不可斯須去身。”

[3]隋文帝：楊堅。小名那羅延，弘農華陰（今陝西華陰市）人。隋朝開國皇帝。《隋書》卷一、卷二，《北史》卷一一有紀。

[4]開府儀同三司：官名。隋初采北周制度，設十一等勳以酬功勞，即：上柱國、柱國、上大將軍、大將軍、上開府儀同三司、開府儀同三司、上儀同三司、儀同三司、大都督、帥都督、都督。開府儀同三司爲第六等，正四品上。煬帝大業三年（607）改爲從一品。

[5]漢王諒：楊諒。又名傑，字德章，小名益錢。隋文帝楊堅第五子。初封漢王，官至上柱國、并州總管、左衛大將軍。文帝死

後，起兵謀反，事敗被廢爲庶人，幽禁至死。《隋書》卷四五、《北史》卷七一有傳。　并州：州名。治晋陽縣，在今山西太原市西南。隋煬帝大業三年罷并州爲太原郡。

摩訶訥於言，恂恂長者。[1]至於臨戎對寇，志氣奮發，所向無前。年未弱冠，隨侯安都在京口，性好獵，無日不畋游。[2]及安都征伐，摩訶功居多。

[1]恂恂：温順恭謹的樣子。《漢書》卷五四《李廣蘇建傳》贊曰："李將軍恂恂如鄙人。"顔師古注曰："恂恂，誠謹貌也。"

[2]畋（tián）游：打獵游樂。

子世廉，有父風，性至孝。及摩訶凶終，[1]服闋，[2]後追慕彌切。其父時賓故脱有所言及，[3]世廉對之，哀慟不自勝，言者爲之歔欷。終身不執刀斧，時人嘉焉。

[1]凶終：不得善終。

[2]服闋：指守喪期滿除服。

[3]脱：或者。

摩訶有騎士陳智深者，勇力過人，以平叔陵功，爲巴陵内史。摩訶之戮也，其子先已籍没，[1]智深收摩訶屍，手自殯斂，哀感行路，君子義之。

[1]籍没：財産登記充公。

潁川陳禹，亦隨摩訶征討。聰敏有識量，涉獵經史，解風角、兵書，[1]頗能屬文，便騎射，官至王府諮議。[2]

[1]風角：古代占卜的一種方式，利用五音卜占四方之風以預測吉凶禍福。

[2]諮議：官名。“諮議參軍事”的省稱。此爲王公府屬官，職掌謀劃左右，參議庶事。隋正五品上。

任忠字奉誠，小名蠻奴，汝陰人也。[1]少孤微，不爲鄉黨所齒。及長，譎詭多計略，旅力過人，尤善騎射，州里少年皆附之。梁鄱陽王蕭範爲合州刺史，史聞其名，[2]引置左右。

[1]汝陰：郡名。治汝陰縣，在今安徽阜陽市。

[2]史聞其名：大德本、汲古閣本、殿本無“史”字，底本衍。

侯景之亂，忠率鄉黨數百人，隨晋熙太守梅伯龍討景將王貴顯於壽春，[1]每戰却敵。會土人胡通聚衆寇抄，範命忠與主帥梅思立并軍討平之。仍隨範世子嗣率衆入援，[2]會京城陷，旋戍晋熙。侯景平，授蕩寇將軍。[3]

[1]王貴顯：《陳書》卷三一《任忠傳》記同。《梁書》卷五六《侯景傳》及《資治通鑑》卷一六一《梁紀十七》梁武帝太清二年、卷一六二《梁紀十八》梁武帝太清三年並作“王顯貴”。

[2]嗣：蕭嗣。字長胤。梁鄱陽王蕭範之子。本書卷五二、

《梁書》卷二二有附傳。

［3］蕩寇將軍：官名。南朝梁置諸將軍之號凡二十四班，班多者爲貴，蕩寇將軍爲一班。

王琳立蕭莊，署忠爲巴陵太守。琳敗，還朝，授明毅將軍、安湘太守，[1]仍隨侯瑱進討巴、湘。累遷豫寧太守、衡陽内史。[2]華皎之舉兵也，忠預其謀。及皎平，宣帝以忠先有密啓於朝廷，釋而不問。

［1］明毅將軍：官名。爲十明將軍之一。梁武帝時置。陳擬六品，比秩千石。　安湘：郡名。即南安湘郡。治安南縣，在今湖南華容縣東。

［2］豫寧：郡名。治豫寧縣，在今江西武寧縣西。　衡陽：郡名。治湘西縣，在今湖南株洲市西南。

太建初，隨章昭達討歐陽紇於廣州，以功授直閣將軍。[1]遷武毅將軍、廬陵内史。[2]秩滿，入爲右軍將軍。[3]

［1］直閣將軍：官名。禁衛將領。南朝宋置。統殿門及上閤屯兵，監殿内直衛，保護皇帝。梁、陳時亦統兵出征。梁時或爲九班，陳時當爲第五品（參見張金龍《魏晋南北朝禁衛武官制度研究》，中華書局2004年版）。

［2］武毅將軍：官名。南朝梁置諸將軍之號凡二十四班，班多者爲貴，武毅將軍爲六班。陳時與武猛、武略、武勝、武力、武健、武烈、武威、武鋭、武勇將軍並稱十武將軍。擬六品，比秩千石。

[3]右軍將軍：官名。與左軍、前軍、後軍合稱四軍將軍，掌宫廷宿衛。不領營兵。陳五品，秩千石。

五年，衆軍北伐，忠將出西道，[1]擊走齊歷陽王高景安於大峴，逐北至東關，[2]仍剋其東西二城。進軍蘄、譙，[3]並拔之。徑襲合肥，[4]入其郛。[5]進剋霍州。[6]以功授員外散騎常侍，封安復縣侯。[7]吕梁之喪師也，忠全軍而還。尋授忠都督壽陽、新蔡、霍州刺緣淮衆軍，[8]霍州刺史。入爲左衛將軍。遷平南將軍、西豫州刺史，[9]加都督。率步騎趣歷陽。周遣王延貴率衆爲援，忠大破之，生禽延貴。

[1]忠將出西道：《陳書》卷三一《任忠傳》作“忠將兵出西道”。中華本據補“兵”字，可從。

[2]東關：即東關壘，在今安徽含山縣西南東關鎮西北。古濡須水源出巢湖，南入長江，三國時孫權在濡須河口築城塢以拒曹魏，稱東關。北控巢湖，南扼長江，爲江淮間軍事重地。

[3]蘄：州名。治所不詳，約在今湖北浠水縣〔參見周振鶴主編，胡阿祥、孔祥軍、徐成著《中國行政區劃通史·三國兩晋南朝卷（下册）》，第1420頁〕。

[4]合肥：縣名。治所在今安徽合肥市。

[5]郛（fú）：古代城邑的外圍城墻。

[6]霍州：州名。治霍山縣，在今安徽霍山縣。

[7]安復縣侯：封爵名。安復，縣名。治所在今江西安福縣西。據《陳書·任忠傳》，安復縣侯食邑五百户。

[8]刺：大德本、汲古閣本、殿本無。底本衍。

[9]平南將軍：官名。平東、平南、平西、平北四平將軍之一。

多授予持節都督或監某一地區的軍事，或作爲刺史監理軍務的加官。陳擬三品，比秩中二千石。　西豫州：大德本、汲古閣本、殿本作“南豫州”。底本誤，應作“南豫州”。

後主嗣位，進號鎮南將軍，給鼓吹一部。入爲領軍將軍，加侍中，改封梁信郡公。[1]出爲吴興内史。[2]

[1]梁信郡公：封爵名。梁信，郡名。治梁信縣，在今廣東封開縣東南賀江口。據《陳書》卷三一《任忠傳》，梁信郡公食邑三千户。

[2]出爲吴興内史：《陳書·任忠傳》此句後有“加秩中二千石”。按，内史爲王國行政長官，掌王國民政，職同太守。陳萬户以上郡爲第六品，不滿萬户郡爲第七品。據《隋書·百官志上》，吴興郡太守禄秩例爲二千石，領軍將軍禄秩爲中二千石。任忠由領軍將軍外調爲吴興内史，仍然享受中二千石禄秩，内有重用、平衡之意。本書徑删“加秩中二千石”一句，易致誤解。

及隋兵濟江、忠自吴興入赴，屯軍朱雀門。[1]後主召蕭摩訶以下於内殿定議，忠曰：“兵法客貴速戰，主貴持重。今國家足食足兵，宜固守臺城，緣淮立栅。[2]北軍雖來，勿與交戰，分兵斷江路，無令彼信得通。給臣精兵一萬，金翅三百艘，下江徑掩六合，[3]彼大軍必言其度江將士已被獲，自然挫氣。淮南土人，與臣舊相知悉，今聞臣往，必皆景從。臣復揚聲欲往徐州，斷彼歸路，則諸軍不擊而自去。待春水長，上江周羅睺等衆軍，[4]必泝流赴援，此良計矣。”[5]後主不能從，明日欻然曰：[6]“腹煩殺人，[7]喚蕭郎作一打。”[8]忠叩頭苦請勿戰，後主從孔範言，乃戰，於是據白土岡陣。及軍敗，忠馳入臺，見後主，言敗狀，曰："官好住，無所用力。"[9]後主與之金兩滕：[10]"爲我南岸收募人，猶可一戰。"忠曰："陛下唯當具舟檝，就上流衆軍，臣以死奉衛。"後主信之，敕忠出部分。[11]忠辭云："臣處分訖，即奉迎。"後主令宫人裝束以待忠，[12]久望不至。時隋將韓擒自新林進軍，[13]忠率數騎往石子岡降之。[14]仍引擒軍共入南掖門。[15]臺城平，入長安，隋授開府儀同三司。卒，年七十七。

[1]朱雀門：又名大航門。建康南門，南臨淮水（秦淮河），北對都城宣陽門，爲南北御道之南端。故址在今江蘇南京市中華門内秦淮河北岸。

[2]淮：淮水，即秦淮河。

[3]六合：縣名。治所在今江蘇南京市六合區。

[4]周羅睺：字公布，九江尋陽（今江西九江市）人。《隋書》卷六五、《北史》卷七六有傳。

[5]此良計矣：任忠所議，《陳書》卷三一《任忠傳》記爲："兵家稱客主異勢，客貴速戰，主貴持重。宜且益兵堅守宫城，遣水軍分向南豫州及京口道，斷寇糧運。待春水長，上江周羅睺等衆軍，必沿流赴援，此良計矣。"本書所記更詳，可補《陳書》不足。

[6]欻（xū）然：忽然。

[7]煩殺人：意同"煩死人"。

[8]蕭郎：此指蕭摩訶。　打：同"擊"，東晋、南朝時常用口語詞〔參見汪維輝《東漢—隋常用詞演變研究（修訂本）》，商務印書館 2017 年版，第 458—460 頁〕。

[9]官好住，無所用力：意謂"陛下好自爲之，臣下已經無能

爲力了”。《資治通鑑》卷一七七《隋紀一》隋文帝開皇九年作：“官好住，臣無所用力矣。”胡三省注曰：“好，宜也；住，止也；今南人猶有是言。”官，指皇帝，南北朝時口語習用（參見王鳴盛《十七史商榷》卷六二《官》）。此句不見於《陳書》，有補史之益。

[10]後主與之金兩縢：《通志》作“後主與之金兩縢曰”。中華本據補“曰”字。縢，以繩捆束。

[11]部分：安排布置。

[12]裝束：準備行裝。

[13]新林：即新林浦。在今江蘇南京市西南西善橋鎮。其地瀕臨大江，爲六朝軍事、交通要地。

[14]石子岡：崗阜名。在建康城南，即今江蘇南京市雨花臺。《太平寰宇記》卷九〇《江南東道二·昇州》引《金陵記》云：“梁都之時，城中二十八萬餘户。西至石頭城，東至倪塘，南至石子岡，北過蔣山，東西南北各四十里。”

[15]南掖門：建康宫城（臺城）南門之一。宫城南面有二門，正門爲大司馬門，東側即南掖門。

隋文帝後以散騎常侍袁元友能直言於後主，[1]嘉之，擢拜主爵侍郎，[2]謂群臣曰：“平陳之初，我悔不殺任蠻奴。受人榮禄，兼當重寄，[3]不能横屍，云‘無所用力’，與弘演納肝，[4]何其遠也！”子幼武，位儀同三司。

[1]袁元友：陳郡陽夏（今河南太康縣）人。南朝陳特進、金紫光禄大夫袁敬之子。

[2]主爵侍郎：官名。隋初爲吏部四曹之一主爵曹長官，掌封爵等事。正六品上。文帝開皇三年（583）加爲從五品。煬帝大業三年（607）諸曹侍郎並改稱“郎”，主爵侍郎改稱主爵郎。

[3]重寄：被寄予重托。《史記》卷一二八《龜策列傳》："盛德不報，重寄不歸。"

[4]弘演納肝：弘演，春秋時衛懿公之臣。懿公荒淫，不得人心，狄人攻衛，殺懿公，盡食其肉，獨舍其肝。弘演出使回到衛國，睹此慘景，遂剖腹，掏出内臟，把懿公的肝放置腹中，君體免於暴露，自己也因此送命。齊桓公聽聞此事，感慨説："衛之亡也，以無道也。今有臣若此，不可不存。"於是出兵驅狄，使衛國在楚丘重新立國。

樊毅字智烈，南陽湖陽人也。[1]祖方興，梁散騎常侍、司州刺史、魚復縣侯。父文熾，梁散騎常侍、東益州刺史、新蔡縣侯。[2]

[1]南陽：郡名。治宛縣，在今河南南陽市。　湖陽：縣名。治所在今河南唐河縣西南。

[2]東益州：州名。治晋壽縣，在今四川彭州市西北。《陳書》卷三一《樊毅傳》作"益州"。

毅家本將門，少習武，善騎射。侯景之亂，率部曲隨叔父文皎援臺城。文皎於青溪戰殁，毅赴江陵，仍隸王僧辯，討河東王蕭譽，以功除右中郎將。[1]代兄俊爲梁興太守，[2]領三州游軍，[3]隨宜豐侯蕭循討陸納於湘州。[4]軍次巴陵，營頓未立，納潛軍夜至，薄營大譟，[5]軍中將士皆驚擾，毅獨與左右數十人當營門力戰，斬十餘級，擊鼓申令，衆乃定焉。以功封夷道縣伯。[6]尋除天門太守，[7]進爵爲侯。[8]及西魏圍江陵，毅率郡兵赴援。會魏剋江陵，爲後梁所俘，久之遁歸。

[1]右中郎將：官名。與左中郎將並爲皇帝近衛侍從武官。梁八班。陳五品，秩千石。

[2]梁興：郡名。治梁興縣，在今安徽臨泉縣南。

[3]游軍：流動作戰的軍隊。

[4]宜豐侯蕭循：蕭循，一作蕭脩。字世和，梁武帝弟鄱陽王蕭恢之子。封宜豐縣侯。仕梁歷衛尉卿、梁秦二州刺史、湘州刺史等職。本書卷五二有附傳。宜豐，縣名。治所在今江西宜豐縣北。陸納：南朝梁湘州刺史王琳長史。王琳爲梁元帝所囚，陸納據湘州反。事見本書卷六四《王琳傳》。

[5]薄：迫近。

[6]夷道縣伯：封爵名。夷道，縣名。治所在今湖北枝江市。據《陳書》卷三一《樊毅傳》，夷道縣伯食邑三百户。

[7]天門：郡名。治澧陽縣，在今湖南石門縣。

[8]進爵爲侯：據《陳書·樊毅傳》，夷侯食邑並前增至一千户。

陳武帝受禪，毅與弟猛舉兵應王琳，琳敗奔齊。太尉侯瑱遣使招毅，毅率子弟部曲還朝。太建初，爲豐州刺史，封高昌縣侯。[1]入爲左衛將軍。五年，衆軍北伐，毅攻廣陵楚子城，[2]拔之，擊走齊軍。及吕梁喪師，詔以毅爲大都督，率衆度淮，對清口築城，[3]與周人相抗。霖雨城壞，[4]毅全軍自拔。尋遷中領軍。十一年，周將梁士彦圍壽陽，詔以毅爲都督北討前軍事。[5]十三年，爲荆州刺史。

[1]高昌縣侯：封爵名。高昌，縣名。治所在今江西泰和縣西北。據《陳書》卷三一《樊毅傳》，高昌縣侯食邑一千户。

［2］廣陵：史家多以爲是南兖州治所廣陵，故址今江蘇揚州市西北蜀岡上。如清儒汪中認爲："《陳書》宣帝太建五年、六年、十二年所云廣陵，皆在今揚州府治之北四里，漢之廣陵國，隋之江陽縣也。陳承梁亂，淮南州郡，或陷或存，廣陵則爲南兖州如故也。太建五年，則樊毅乃從吴明徹北伐。當時兵路由江入淮，由淮入泗。六年，則新克壽陽，江北兵力正盛。楚子城、金城，蓋軍戍之别壘，爲齊人所據者。故《樊毅傳》云'攻廣陵楚子城，拔之，擊走齊軍'是也。"或以爲此廣陵爲東魏、北齊東豫州治所廣陵城(在今河南息縣)。《資治通鑑》卷一七一《陳紀五》陳宣帝太建五年胡三省注云"此廣陵非江都之廣陵。按魏太和中，蠻帥田益宗納土於魏，魏爲立東豫州，治廣陵城。《五代志》：汝南郡新息縣，魏置東豫州。則此廣陵乃新息之廣陵也。又，梁武帝置楚州於汝南郡之城陽縣，治楚城，即楚子城也。《水經》：淮水先過城陽縣而後過新息縣，則知廣陵城與楚子城相近"。《魏書·地形志中》"東豫州"條云"太和十九年置，治廣陵城。孝昌三年陷，武定七年復"。　楚子城：即楚城，在今河南信陽市平橋區長臺關西。梁之楚州、東魏北齊之西楚州，皆治此。

［3］清口：即泗口、淮泗口。古泗水入淮水之處。在今江蘇淮安市淮陰區西南。

［4］壤：大德本、汲古閣本、殿本作"壞"。按，底本誤。

［5］詔以毅爲都督北討前軍事：中華本校勘記："'諸軍事'各本作'前軍事'，據《陳書·宣帝紀》改。按都督北討前軍事者乃任忠，見本傳及《宣帝紀》。"

後主即位，改封逍遥郡公。[1]入爲侍中、護軍將軍。及隋軍濟江，毅謂僕射袁憲曰：[2]"京口、採石，[3]俱是要所，各領鋭卒數千，[4]金翅二百，都下江中，上下防捍。如其不然，大事去矣。"諸將咸從其議。會施文慶等寢隋兵消息,[5]毅計不行。臺城平，隨例入關,[6]卒。

[1]逍遥郡公：封爵名。逍遥郡治所不詳，約在今廣西昭平縣南。據《陳書》卷三一《樊毅傳》，逍遥郡公食邑三千户。

[2]僕射：官名。尚書僕射的省稱。爲尚書省副官，主持尚書省的日常事務。陳二品，秩中二千石。 袁憲：字德章，陳郡陽夏（今河南太康縣）人。本書卷二六有附傳，《陳書》卷二四有傳。

[3]採石：即采石磯，又名牛渚磯。在今安徽馬鞍山市西南。

[4]領：大德本、汲古閣本、殿本及《陳書·樊毅傳》皆作“須”。底本誤。

[5]施文慶：吴興烏程（今浙江湖州市）人。時任中書舍人。本書卷七七有傳，《陳書》卷三一有附傳。

[6]入關：此指遷入關中地區。

毅弟猛字智武，幼倜儻，有幹略。及長，便弓馬，膽氣過人。青溪之戰，猛自旦訖暮，與侯景軍短兵接戰，殺傷甚衆。臺城平,[1]隨兄毅西上。梁南安侯方矩爲湘州刺史,[2]以猛爲司馬。[3]會武陵王紀舉兵自漢江東下,[4]方矩遣猛隨都督陸法和進軍拒之。猛王禽紀父子三人,[5]斬於艑中,[6]盡收其船艦器械。以功封安山縣伯。[7]進軍撫定梁、益。[8]還遷司州刺史，進爵爲侯。[9]

[1]臺城平：中華本改爲“臺城陷”。中華本校勘記：“‘臺城陷’各本作‘臺城平’，據《陳書》改。按臺城陷，謂侯景陷臺城；臺城平，謂王僧辯平臺城。據《樊毅傳》毅赴江陵即在青溪役後，景陷臺城時，猛隨兄西上自不得在臺城平時。”

[2]南安侯方矩：即蕭方矩。字德規，梁元帝蕭繹第四子。初

封南安縣侯，承聖元年（552）立爲皇太子。西魏破江陵，與元帝一同被殺。本書卷五四、《梁書》卷八有傳。南安，縣名。治所在今湖北武漢市新洲區。

［3］司馬：官名。州刺史僚佐，掌一州軍事。與掌一州庶政之長史並爲上佐，地位亞之，然在戰爭時期其職權反較長史爲重〔參見嚴耕望《中國地方行政制度史・魏晋南北朝地方行政制度（上）》，上海古籍出版社2007年版，第190頁〕。

［4］武陵王紀：蕭紀。字世詢，梁武帝蕭衍第八子，封武陵王。侯景之亂，武帝餓死建康城中，蕭紀於蜀稱帝，後爲梁元帝蕭衍所敗，被殺。本書卷五三、《梁書》卷五五有傳。武陵，郡名。治臨沅縣，在今湖南常德市。

［5］王：大德本、汲古閣本、殿本作“手”。底本誤。

［6］艑：大船。《集韻》:“艑，兩槽大船。”

［7］安山縣伯：封爵名。安山，縣名。治所在今河南淅川縣南。據《陳書》卷三一《樊猛傳》，安山縣伯食邑一千户。

［8］梁：州名。治南鄭縣，在今陝西漢中市東。

［9］進爵爲侯：據《陳書・樊猛傳》，安山縣侯食邑並前增至二千户。

陳永定元年，周文育等敗於沌口，爲王琳所獲。琳乘勝將事南中諸郡，[1]遣猛與李孝欽等將兵攻豫章，進逼周迪。軍敗，爲迪所執。尋遁歸王琳，琳敗，還朝。天嘉二年，授永陽太守。[2]太建中，以軍功封富川縣侯。[3]歷散騎常侍、荆州刺史，入爲左衛將軍。

［1］南中：指南江（今江西贛江）流經的南康、安成、廬陵、臨川、豫章等地。

［2］永陽：郡名。治營浦縣，在今湖南道縣西北。

[3]富川縣侯：封爵名。富川，縣名。治所在今廣西鍾山縣。據《陳書》卷三一《樊猛傳》，富川縣侯食邑五百户。

後主即位，爲南豫州刺史。隋將韓擒之濟江，猛在都下，第六子巡攝行州事，擒進軍攻陷之，巡及家口並見執。時猛與左衛將軍蔣元遜領青龍八十艘爲水軍，[1]於白下游弈，[2]以禦隋六合兵。後主知猛妻子在隋，懼有異志，欲使任忠代之，令蕭摩訶徐喻毅。毅不悦，摩訶以聞，後主重傷其意，乃止。禎明三年，入隋。

[1]青龍：艦船名稱。庾信《哀江南賦》："排青龍之戰艦，鬬飛燕之船樓。"

[2]白下：即白下城、白石壘。故址在今江蘇南京市金川門外，幕府山南麓。其地本名白石陂，東晋陶侃築城於此，東晋、南朝爲京師建康北部屏障。

論曰：梁氏云季，運屬雲雷。[1]陳武帝杖旗掃難，經綸伊始，胡穎、徐度、杜稜、周鐵武、程靈洗等，或感會風雲，畢力驅馳之日；或擢自降附，乃贊興王之始，咸得配享清廟，豈徒然哉？沈恪行己之方，不踐非義之迹；子隆持身之節，無失事人之道，仁矣乎！錢道戢、駱文牙、孫瑒、徐譜、周敷、荀朗、周炅、魯悉達、廣達、蕭摩訶、任忠、樊毅等，[2]所以獲用當年，其道雖異，至於功名自立，亦各因時。當金陵覆没，[3]抑惟天數，然任忠與亡之義，無乃致虧，與夫蕭、魯所行，固不同日。持此百心，[4]而事二主，欲求取信，不亦難乎？首領獲全，亦爲幸也。

[1]運屬雲雷：《易·屯卦·象》曰:“雲雷，屯，君子以經綸。”意謂屯難之世，正是君子有爲之時。

[2]徐譜：大德本同，汲古閣本、殿本作“徐世譜”。

[3]金陵：建康的别稱。

[4]百心：異心，雜念。